O MOVIMENTO NEGRO
em Belo Horizonte: 1978-1998

Dissertação defendida e aprovada em agosto de 2001, pela banca examinadora constituída pelos professores:

Professora Dra. Regina Helena Alves da Silva (Orientadora)

Professora Dra. Carla Anastasia (História/UFMG)

Professora Dra. Magda de Almeida Neves (PUC/MG)

Professor Dr. Dalmir Francisco (Comunicação/UFMG)

Marcos Antônio Cardoso

O MOVIMENTO NEGRO em Belo Horizonte: 1978-1998

Belo Horizonte
MAZA
edições

1ª reimpressão: 2006
2ª edição: 2011

Composição eletrônica
Pablo Guimarães

Capa
Rômulo Garcias

Obra atualizada conforme o Acordo Ortográfico da Língua Portuguesa

Cardoso, Marcos Antônio

C268m O movimento negro em Belo Horizonte: 1978-1998 / Marcos Antônio Cardoso. 2. ed. – Belo Horizonte : Mazza Edições, 2011.

240 p.

Originalmente apresentado como dissertação de mestrado na Universidade Federal de Minas Gerais, sob o mesmo título.

1. Negros – Belo Horizonte (MG). 2. Movimentos Sociais – Belo Horizonte (MG). I. Título

CDD: 323.1 (815.11)
CDU: 322.44

Mazza Edições Ltda.
Rua Bragança, 101 – Bairro Pompeia
30280-410 Belo Horizonte – MG
Telefax: (31) 3481-0591 • *e-mail:* edmazza@uai.com.br
www.mazzaedicoes.com.br

Para minha mãe e meu pai (in memoriam) porque são minha origem.

Para Dandara, Titina e Samora, porque são minha continuidade e movimento.

Ao Movimento Negro Unificado onde apreendi o significado da consciência negra e aos militantes do Movimento Negro Brasileiro, em especial aos de Belo Horizonte, que buscam, no exemplo da dignidade guerreira de Zumbi dos Palmares, a inspiração para a nossa luta em prol da libertação do povo negro no Brasil.

À memória de Lélia Gonzalez, Beatriz Nascimento, Hamilton Bernardes Cardoso, Orlando Alves do Nascimento, Lídia Avelar Estanislau, Florestan Fernandes, Seu Chico Tomé do Quilombo do Rio das Rãs e ao Professor Milton Santos, uma sincera homenagem aos que vieram antes e aos que virão depois, pois, o que a memória ama fica eterno.

Sou grato a Vilma Carvalho da Biblioteca da Fafich, pela orientação bibliográfica, e a Rosane Pires pela revisão ortográfica. Agradeço ao poeta Oliveira Silveira pela cessão de documentos que muito contribuíram para a pesquisa e a Lídia Avelar Estanislau, pela inspiração e estímulo.

Ainda sou muitíssimo grato a todos que de alguma forma me ajudaram enfrentar essa tarefa, em especial, a professora Carla Anastasia e a Dóris, pelo afeto, o apoio e a solidariedade.

Agradeço profundamente a professora Regina Helena Alves da Silva, pela orientação intelectual, o estímulo, o carinho e abertura com que recebeu meu projeto e a firme exigência para que deixasse o Movimento falar, ou seja, deslocar o Movimento do pé da página para o corpo do texto. Enfim, mesmo correndo o risco e a certeza de cometer injustiças, agradeço ao Movimento Negro, por me emprestar a sua voz.

RESUMO

Partindo do pressuposto de que o racismo é uma prática estruturante na formação da sociedade brasileira, nossa pesquisa busca compreender o Movimento Social Negro contemporâneo como uma continuidade das lutas travadas pela população negra no passado. O eixo da nossa análise está ancorado no significado da resistência negra que, a partir da experiência histórica do quilombo, busca visibilizar a importância do Movimento Negro no processo de revisão crítica da História da população de origem africana no Brasil.

Na disputa pela memória, a ação sociopolítica do Movimento Negro procura inverter o foco das análises produzidas sobre a população negra no Brasil, desmistificar o "mito da democracia racial" brasileira e contribuir para reintroduzir o povo negro como sujeito fundante da nossa História. Como um tênue fio que religa o tempo presente ao tempo vivido, a emergência política do Movimento Negro no final dos anos 70, constitui-se como um salto de qualidade política, ou seja, buscamos historicizar, nesse período curto da história recente do Movimento Negro, o papel da resistência negra no processo de afirmação política da população negra.

Nesse sentido, buscamos analisar as ações culturais e políticas realizadas pelo Movimento Negro na cidade de Belo Horizonte e articuladas no plano nacional, como uma estratégia que contribui para a redefinição do papel de homens e mulheres negras na luta pela sua dignidade enquanto povo na História e a sua presença na construção da identidade cultural brasileira.

SUMÁRIO

INTRODUÇÃO

"O nosso futuro é cada vez mais o nosso passado"

Exu, não me alienes,
não alteres as palavras da minha fala,
não desorientes o movimento
dos meus pés.
Tu, que traduzes as palavras d' antanho,
em novas expressões,
não me alienes.
Eu te canto homenagem

(Oriqui africano a Exu Elegbara)[1]

Os movimentos sociais politizaram o cotidiano. O que denominamos de movimentos sociais são os movimentos operários e populares, que surgiram nos anos 70, com a marca da autonomia e da contestação à ordem estabelecida. Estamos nos referindo ao chamado "novo sindicalismo" – as oposições sindicais e as comissões de fábrica – que se pretendiam independentes do Estado e dos partidos políticos; a auto-organização dos movimentos comunitários e associações de moradores que se pautavam pela solidariedade e a autoajuda; as comunidades eclesiais de base da Igreja Católica; ao movimentos das mulheres, clubes de mães e grupos de mulheres na luta por creches; comissões de saúde, movimentos de luta pela melhoria do transporte

[1]Cf. MARTINS, Leda Maria. *A cena em sombras.* São Paulo: Perspectiva, p. 9, 1995.

coletivo, grupos de jovens, entre outros, especialmente, o Movimento Negro.

A característica mais importante dos movimentos populares era a sua diversidade e as suas formas diferenciadas de expressão, histórias e experiências. Organizando-se a partir do local de trabalho ou de moradia, segundo alguma questão específica ou algum princípio comunitário, os movimentos populares repudiavam à forma instituída da prática política – vista como manipulação – e privilegiavam as ações diretas para manifestar a sua vontade política.

A partir da luta contra as desigualdades sociais e apoiando-se na solidariedade entre os oprimidos, os movimentos sociais fizeram da dignidade constituída na própria luta, o reconhecimento do seu valor e a afirmação da própria identidade: só com a luta se conquistam direitos.

> "A novidade eclodida em 1978 foi primeiramente enunciada sob a forma de imagens, narrativas e análises referindo-se a grupos populares os mais diversos que irrompiam na cena pública reivindicando seus direitos, a começar pelo primeiro, *pelo direito de reivindicar direitos.* (grifo meu) O impacto dos movimentos sociais em 1978 levou a uma revalorização de práticas sociais presentes no cotidiano popular, ofuscadas pelas modalidades dominantes de sua representação. Foram assim redescobertos movimentos sociais desde sua gestação no curso da década de 70. Eles foram vistos, então, pelas suas linguagens, pelos lugares de onde se manifestavam, pelos valores que professavam, como indicadores da emergência de novas identidades coletivas. Tratava-se de uma novidade no real e nas categorias de representação do real."[2]

Com isso, os movimentos sociais modificaram o cenário político da sociedade brasileira ao trazer para o debate público uma "nova configuração de classe"[3] – um novo tipo de representação das condições de classe – marcado por uma atitude de profunda desconfiança em toda a institucionalização e a valorização da autonomia de cada movimento – "a autonomia dos sujeitos coletivos que buscavam o controle das suas condições de vida contra as instituições de poder estabelecidas".[4]

---

[2] SADER, Eder. *Quando novos personagens entraram em cena*: Experiências e lutas dos trabalhadores da Grande São Paulo – 1970-1980, 2. ed. Rio de Janeiro: Paz e Terra, 1988, p. 26.

[3] SADER, Eder. Op. Cit. p - 311.

[4] SADER, Eder. Op. Cit. p - 314

> "Quando uso a noção de sujeito coletivo é no sentido de uma coletividade onde se elabora uma identidade e se organizam práticas através das quais seus membros pretendem defender seus interesses e expressar suas vontades, constituindo-se nessas lutas. (...) Mas trata-se, sim, de uma pluralidade de sujeitos, cujas identidades são resultado de suas interações em processos de reconhecimentos recíprocos, e cujas composições são mutáveis e intercambiáveis."[5]

A referência ao cotidiano, longe de ser uma mera manifestação de conformismo, da vida repetida, da reiteração acrítica da opressão silenciosa; o cotidiano denota um sentido de lugar de resistência – lugar onde se gesta um projeto autônomo das classes subalternas, livres dos discursos elitistas e institucionalizados em agências que lhes são exteriores.

Os movimentos sociais constituíram um espaço público além do sistema de representação política. Ao tomar nas suas próprias mãos as decisões que afetam as suas condições de existência, alargaram a própria noção de política e politizaram as múltiplas esferas do cotidiano. Em contrapartida, ao lutar pela democracia no campo da vida social, onde a população trabalhadora está diretamente vinculada: nas fábricas, nos sindicatos, nos serviços públicos e nos bairros; os movimentos sociais tornavam-se os "sujeitos da sua própria história" – um novo sujeito político.

> "Constitui-se um novo sujeito político quando emerge uma matriz discursiva capaz de reordenar enunciados, nomear aspirações difusas ou articulá-las de outro modo, logrando que os indivíduos se reconheçam nesses novos significados. É assim que, formados no campo comum do imaginário de uma sociedade, emergem matrizes discursivas que expressam as divisões e os antagonismos dessa sociedade."[6]

Nas lutas sociais, os sujeitos envolvidos elaboram suas representações sobre os acontecimentos e sobre si mesmos. Para essas reelaborações de sentido, eles recorrem a matrizes discursivas constituídas, de onde extraem modalidades de nomeação do vivido.

---

5 SADER, Eder. Op. Cit. p - 55.

6 SADER, Eder. *Quando novos personagens entram em cena.* Op. Cit. p - 60..

Ao usar palavras feitas para nomear conflitos onde justamente se enfrentam interpretações antagônicas e se instauram novos significados, os sujeitos em luta operam mudanças de sentido nessas mesmas palavras que eles usam.

Nos anos 70, de acordo com Eder Sader, os centros de elaboração discursiva que atuavam no cotidiano popular, que buscavam reatar as suas relações com os segmentos populares e que abrem espaço para novas elaborações, eram, pelo menos, três: da Igreja Católica – em crise pela perda de influência junto ao povo – surgem as comunidades eclesiais de base (as CEBS); dos grupos de esquerda – desarticulados pela derrota política e a repressão do regime militar implantado em 1964 – surge uma busca de "novas formas de integração com os trabalhadores"; da estrutura sindical – esvaziada por falta de função – surge um "novo sindicalismo".

> "A matriz discursiva da teologia da libertação, que emerge nas comunidades da Igreja, têm raízes mais fundas na cultura popular e apoia-se numa organização bem implantada. Beneficia-se do 'reconhecimento imediato' estabelecido através da religiosidade popular. A matriz marxista não dispõe dessa base, enfrenta uma profunda crise e ainda os grupos que a sustentavam vinham de uma derrota desarticuladora. Ela, traz, no entanto, em seu benefício, um corpo teórico consistentemente elaborado a respeito dos temas da exploração e da luta sob (e contra) o capitalismo. A matriz sindicalista não extrai sua força nem das tradições populares nem da sistematicidade teórica, mas do lugar institucional em que se situa, lugar constituído para agenciar conflitos trabalhistas. Por isso mesmo a categoria de eficácia será central nas suas representações. (...) Embebidos da cultura constituída, os discursos do novo sindicalismo são os mais imediatamente aderidos aos conflitos, são os mais 'atuais'. Eles se constituem operando progressivos deslizamentos de significados nas fissuras dos discursos dominantes, produzidos nos enfrentamentos sociais."[7]

Ou seja, no final dos anos 70, os movimentos sociais se constituem recorrendo a tais matrizes, adaptando-as a cada situação e mesclando também entre si na produção das falas, personagens e horizontes. Enfim, os movimentos sociais modificaram as próprias matrizes que os alimentaram.

---

[7] SADER, Eder. *Quando novos personagens entram em cena.* Op. Cit. p - 144.

O Movimento social negro surge, também, das lutas travadas no cotidiano da população negra brasileira. Entretanto, o que marca uma profunda diferença entre o Movimento Negro e o conjunto dos demais movimentos sociais e populares que emergiram no Brasil, nos anos 70, é a história.

Para o Movimento Negro, o cotidiano da população negra é determinado pela estrutura do racismo da sociedade brasileira. Ao emergir na cena nacional a partir da especificidade da luta política contra o racismo que marcou os anos 70, o Movimento Negro teve que buscar na história a chave para compreender a realidade da população negra brasileira. Impelido pela necessidade de negar a história convencional (oficial) e contribuir na construção uma nova interpretação da trajetória do povo negro no Brasil, é que Movimento Negro distinguiu-se dos demais movimentos sociais e populares. Na verdade, o Movimento Negro é fruto de uma "negatividade histórica", ou seja:

> "O Movimento Negro é também um coletivo de indivíduos perdidos da história, desprovidos de sua lógica própria, sua identidade por afirmação, e que buscam realizá-la através da negação daquela identidade atual, determinada que está de fora para dentro. O Movimento Negro se radica na tradição comum, ele busca da tradição os elementos que permitam perceber-se a si próprio. Simultaneamente, ele é a afirmação de uma negatividade histórica, de um papel desempenhado na História. Ele é a busca de um outro si mesmo, para além da alteridade desse outro presente, que não é de si."[8]

Foi por meio do trabalho incessante da denúncia, da mobilização, da organização de atividades políticas e culturais, que o Movimento Negro politizou as "múltiplas esferas do cotidiano" da comunidade negra – cotidiano este marcado pelo racismo, a discriminação racial, o preconceito, a violência e as desigualdades econômicas e sociais. Com isso, o Movimento Negro constituiu-se como sujeito coletivo e, no processo constante de afirmação da sua identidade política, buscou tornar-se o "sujeito da sua própria história".

---

[8] BARBOSA, Wilson Nascimento, SANTOS, Joel Rufino. *Atrás do muro da noite*: Dinâmica das culturas afro-brasileiras. Brasília: Ministério da Cultura/Fundação Cultural Palmares, 1994.

> "O negro brasileiro foi sempre um organizador. Durante o período no qual perdurou o regime escravista, e, posteriormente, quando se iniciou – após a Abolição – o seu processo de marginalização, ele se manteve organizado, com organizações frágeis e um tanto desarticuladas, mas sempre constantes: quilombos, confrarias religiosas, irmandades, cantos na Bahia, grupos religiosos como o candomblé, terreiros de xangô e mesmo de umbanda, mais recentemente.
>
> Com isto ele procurava obter alforria, minorar a sua situação durante o regime escravista e, posteriormente, fugir à situação de marginalização que lhe foi imposta após o 13 de maio. Em toda a nossa história social vemos o negro se organizando, procurando um reencontro com as suas origens étnicas ou lutando, através dessas organizações, para não ser destruído social, cultural e biologicamente."[9]

Desde a Colônia aos dias atuais, pode-se afirmar que o Movimento Negro é a continuidade da resistência contínua e coletiva do povo negro frente à escravização, opressão colonial, a marginalização e ao racismo. A permanência dessa radicalidade do Movimento Negro funda-se na busca incessante pela memória histórica dos homens e mulheres negras, sistematicamente agredida pela estrutura de dominação ocidental-europeia vigente no País nos últimos quinhentos anos. Para o Movimento Negro essa estrutura é o racismo. Portanto, a recorrente expressão dos panfletos e manifestos: "a luta continua, a vitória é certa".

Enquanto movimento social, o Movimento Negro é um processo constante de organização de forças culturais e sociais bastante heterogêneas em torno de um projeto histórico. Para efetivar-se a si mesmo, o Movimento Negro está situado dentro de um jogo dialético: negação, construção e afirmação permanente da identidade racial.

A questão da identidade racial se coloca como um desafio ético, estético e político para o Movimento Negro. Esta, por incorporar valores e formas sociais e culturais afro-brasileiras, implica uma complexa análise social e histórica. Portanto, não é uma tarefa muito fácil, mesmo para aqueles, que de alguma forma, estão integrados ou articulados com as expressões culturais, organizações religiosas e instituições políticas da comunidade negra; dimensionar o problema político da identidade racial, seja no campo da subjetividade ou no plano coletivo e individual.

---

[9] MOURA, Clóvis. *Organizações negras. In: São Paulo: O povo em movimento*, 2. ed. Petrópolis: Vozes/CEBRAP, 1981, p. 43.

Isso nos permite afirmar que a peculiaridade que distingue o Movimento Negro, em relação a outros movimentos sociais, está na compreensão do Movimento Negro como uma ponte de equilíbrio entre a tradição – nossa herança cultural fundada na ancestralidade – e a "modernidade." Por essa razão, a "matriz discursiva" do Movimento Negro está fundada na herança histórico-cultural negro-africana (ancestralidade) e daí a sua diferença em relação a outros atores sociais da nossa realidade política, o que marca a singularidade do Movimento.

Nesse sentido, escrever a história do Movimento Negro, só é possível, metodologicamente, se relermos o passado com os olhos do presente; buscar no entretecido do passado o tecido do presente. O Movimento Negro percebe o presente pelo que ele é, mas só percebe o passado pelo que é presente. Nesta paradoxilidade de só entendermos pelo que se está a entender, procede às releituras do passado, cheias dos vícios do presente.

Para responder a uma situação de extrema violência e opressão, negros e negras se organizaram na tentativa de conquistar uma sociedade humana, onde todos tenham direito à vida. A este fenômeno de reação ao processo de escravização e à sua destruição cultural, denominou-se de **resistência negra**. Nessa perspectiva, o que este trabalho busca é reintroduzir a participação dos negros e negras na história brasileira, tendo como referência a força emergente na cena social brasileira de um novo ator: o Movimento Negro.

> "A história não se reescreve', afirmou o Presidente da República José Sarney, em seu pronunciamento à nação no 13 de maio. Para os militares do CML {Comando Militar do Leste} a revisão da história (...) longe de suscitar um morno debate acadêmico, é tarefa arriscadíssima entre nós, capaz de pôr em operação toda a parafernália repressiva do chamado 'dispositivo de segurança'.
>
> No entanto, historiadores como Joel Rufino reconhecem que a revisão da história brasileira, como consequência das demandas do movimento negro, constitui mesmo um dos fatos mais interessantes do nosso quadro intelectual recente.
>
> A revisão da historiografia colonial a partir da longa luta de Palmares, a Inconfidência Mineira vista de uma perspectiva sociorracial, o sacrifício negro feito na Guerra do Paraguai e o mito de Caxias, as ações dos escravos no processo da Abolição, são alguns tópicos sob a mira dessa nova historiografia, que identifica o escravo e o negro como sendo atores principais da sua própria história.
>
> Feita a partir do interior do movimento negro, a revisão da história nacional articula-se necessariamente com as exigências do

tempo presente. E o presente é o indicativo: eu quero. Não só reconhecem seu papel histórico no passado como querem exercê-lo no presente: *'Nada mudou, vamos mudar'*[10]". (grifo meu)

A emergência de um novo personagem na cena brasileira[11] – o Movimento Negro – significa um contraponto a essa realidade, uma outra possibilidade de entendimento do real. O nosso objetivo é o de contribuir para que esse outro "ponto de vista" que busca apreender o real, venha à tona, através da interpretação das ações e do discurso produzido pelo Movimento Social Negro, no período de 1978 a 1988.

A nossa reflexão parte da premissa de que nos quase cinco séculos da presença de negros e negras no Brasil, revelam uma sistemática ação de extermínio institucionalizada. Isso fica evidente quando pontuamos um aspecto fundamental dessa presença, na forma como os negros e negras foram transplantados da África, e aqui transformados em instrumento de trabalho e objeto de reprodução sexual.

A violência da escravidão no Brasil e a lentidão das leis emancipacionistas estruturaram a institucionalização de um processo de genocídio que se prolonga até os dias de hoje, forjada a partir da supressão dos mais vitais valores culturais e na eliminação física do negro.

> "Apesar de negros e negras terem se constituído na principal força motriz da economia da escravização, remanejado que fora pelos ciclos da cana-de-açúcar, do gado, da mineração, do algodão, da borracha; a política etnocida assume foros científicos ao complementar a política imigratória instaurada pelo império em decadência pós-guerra do Paraguai, sob a alegação de despreparo da força de trabalho negra para os novos desafios da Nação, assinalando, assim, o instante no qual se formula o projeto de marginalização do negro no processo produtivo e de uma ação voltada ao seu extermínio, a partir da relação inferioridade/superioridade racial."[12]

---

[10] CARDOSO, Edson Lopes. *Bruxas, Espíritos e outros Bichos.* Belo Horizonte: Mazza Edições, 1992.

[11] SADER, Eder. *Quando novos personagens entram em cena.* Op. Cit.

[12] XAVIER, Arnaldo e SILVA, Nilza Iraci da. *Há um buraco negro entre a vida e a morte.* Rio de Janeiro: GELEDÉS – Instituto da Mulher Negra, SOWETO – Organização negra, 1992, p.17. (Documento editado pelas entidades Geledés e Soweto, no formato de caderno, que buscava orientar a atuação do Movimento Negro na Conferência Mundial das Nações Unidas sobre o Meio Ambiente e Desenvolvimento Sustentável realizada no Rio de Janeiro – Eco/92).

A escrita desse trabalho pressupõe que o racismo está na base da nossa formação social e histórica e na estrutura da sociedade brasileira, conformando a nossa mentalidade e o nosso modo de "ser brasileiro". Além disso, queremos dizer que a violência física que tornava o corpo de homens e mulheres negras em "coisa", visavam a expropriação da sua humanidade e a domesticação para o trabalho escravo.

Da mesma maneira, a violência manifesta no campo do simbólico, efetivada através da desvalorização da sua cultura, da desqualificação da sua subjetividade e destruição da sua memória, produziram uma brutal invisibilidade do povo negro como sujeito social na sua relação com a História. Mais ainda, o racismo ao gerar formas de exclusão desses sujeitos da vida política, econômica e da produção cultural e simbólica, procura anular a presença negra na construção da identidade nacional, constituindo-se como um instrumento poderoso para justificar a subalternização econômica e social da população negra na sociedade brasileira.

A escrita da dissertação está estruturada em 03 capítulos. No capítulo I, descrevemos o processo de constituição do Movimento Negro, tendo como marco de referência a criação do Movimento Negro Unificado – MNU – em 1978. Buscamos articular uma linha evolutiva entre o Movimento Negro contemporâneo que se organiza para lutar contra o racismo existente na sociedade brasileira e as formas organizativas anteriores que a população negra encontrou para resistir ao processo da escravização e à violência do projeto de colonização, portanto, para sobreviver e manter-se dignamente como um povo.

Buscamos, ainda, compreender a trajetória recente do Movimento Social Negro contemporâneo como uma continuidade das lutas travadas pelo povo negro no Brasil, tendo como eixo da nossa análise o papel da resistência negra, cuja centralidade é o significado do quilombo – experiência de organização comunal/coletiva, que marca profundamente a nossa história – e onde o Movimento Negro foi buscar a sua base de legitimidade e inspiração para travar a sua luta, construir a sua identidade e afirmar-se como um fio que o religa ao tempo vivido, ao passado.

No Capítulo II, o nosso foco centra-se no debate em torno de um dos maiores desafios políticos enfrentados pelo Movimento Negro na luta de combate ao racismo – o mito da "democracia racial brasileira" – um discurso hegemônico e dominante, aparentemente simples e ingênuo, mas bastante eficaz para justificar os privilégios raciais no Brasil, por parte das elites, entre eles, o acesso aos bens materiais e simbólicos e o controle do poder.

Não se trata de desenvolver uma análise exaustiva dos autores que corroboraram à tese da democracia racial ou que produziram uma reflexão crítica a essa teoria. Tratar-se-á, sobretudo, de discutir o papel e as ações do Movimento Negro na desconstrução do mito da "democracia racial" brasileira, a partir do questionamento, de um ponto de vista crítico a uma obra clássica, *Casa Grande e Senzala* de Gilberto Freyre e a outros correspondentes teóricos como Oliveira Viana e Nina Rodrigues, que assentaram as bases do mito da "democracia racial brasileira", até hoje alimentada pelo Estado Brasileiro e Governos de quaisquer matizes político-ideológicos.

Escolhemos *Casa Grande e Senzala* de Gilberto Freyre – obra traduzida em quase todo o mundo – por ser uma instigante abordagem das relações raciais na sociedade brasileira e um dos pilares de sustentação teórica à tese de que temos uma "democracia racial" no Brasil; cujas ideias influenciam, até os nossos dias, o pensamento das elites dominantes, da chamada "*inteliggentsia*", dos formadores da opinião pública e o senso comum da população.

A tese da "democracia racial" é vista como um instrumento ideológico que contribuiu para o falseamento da realidade e para a fragmentação da identidade cultural negro-africana no Brasil. Para o Movimento Negro, o mito da "democracia racial" funciona como uma política racial que molda a compreensão das relações raciais no Brasil, constituindo-se como uma poderosa ofensiva ideológica na negação da existência do racismo e que visa anular a força política da população negra.

Entretanto, é a entrada na cena social brasileira desse novo personagem – o Movimento Negro – que a partir da sua ação política e a vigorosa denúncia empreendida pelo conjunto de seus participantes, consolidando a revisão crítica e histórica produzida por alguns estudiosos da temática racial, especialmente, pela pequena mas expressiva intelectualidade negra. Portanto, o Movimento Negro constitui-se como uma evidência inequívoca: é a antítese das teorias defendidas por Gilberto Freyre e seus seguidores, solapando o "mito da democracia racial" no Brasil.

A essência do racismo é a negação da humanidade de homens e mulheres negras. Um dos efeitos perversos da ideologia da "democracia racial" foi a fragmentação da identidade negra. Na contramão desse processo, tentaremos mostrar o significado da cultura negra no processo de resistência e afirmação da identidade negro-africana no Brasil, como a matriz que envolve a formação da consciência negra, ou seja, é o pano de fundo no processo de construção da identidade política do Movimento Negro atual.

A diversidade de manifestações e expressões artísticas e, especialmente, a religiosidade de matriz africana, no processo de resistência secular ao massacre cotidiano da identidade étnico-cultural de homens e mulheres negras, só é absorvida pela sociedade brasileira, quando é desvinculada da história de luta e opressão do povo negro, dentro e fora da África. Nesse sentido:

> "A adoção de símbolos negros como marca da cultura nacional cumpre um papel político importante, na medida em que permite mascarar o racismo e evitar conflitos, oferecendo aos negros e negras a ilusão de também participar, de contribuir para a configuração da imagem da sociedade."[13]

Para o Movimento Negro, o processo de embranquecimento da Cultura Brasileira procura forçar a distorção de manifestações de inegável origem africana. Essa distorção faz com que a identidade cultural dos negros e negras não chegue a se organizar completamente, uma vez que, desde criança, é objeto de uma violência simbólica que elimina totalmente os negros e negras do processo de construção do País, silenciando a sua história.

Nesse sentido, "não só a identidade cultural do negro não se organiza, como também a própria identidade cultural do povo brasileiro[14]." Portanto, se por um lado, a importância da cultura negra para a sobrevivência da identidade negra é inquestionável, por outro, ela é fundamental no processo de formação da identidade do próprio Movimento: a consciência política, ou seja, a afirmação da consciência negra.

No Capítulo III, trataremos do Movimento Negro na cidade de Belo Horizonte. Nosso foco da análise está concentrado nas ações empreendidas pelo Movimento Negro, o desenvolvimento político da sua organização e suas principais fases; a sua articulação nacional, os principais desafios, os avanços e recuos, e a sua relação com a cidade.

---

[13] MOVIMENTO NEGRO UNIFICADO. Salvador: *Programa de Ação*, 1992, p.14 (mimeo).

[14] MOVIMENTO NEGRO UNIFICADO. Belo Horizonte: III Congresso Nacional, *Programa de Ação*, abr.1982. (mimeo).

Nessa análise, será importante observar que não se pretende dissociar o passado do presente, na medida em que a histórica desqualificação da população negra para novas tarefas sociais e econômicas, no tempo e no espaço, se cristaliza no âmbito das relações sociais através das formas de pensar, de agir, de construir limites de convivência e de formular teorias e práticas que terminam por adquirir a dimensão e o estatuto de ideologia.

Ora, a transição da Monarquia para a República, de uma economia agrícola para um capitalismo incipiente, sob a égide da Inglaterra, marca a passagem do século XIX para o século XX, com a transferência da população negra da senzala para a favela e para a periferia dos grandes centros; desprovidos de propriedade, portanto de força e expressão, e sem possibilidade de se inserir na sociedade brasileira como alternativa de poder.

Nesse contexto, a construção da cidade de Belo Horizonte para ser a capital do estado de Minas Gerais, mesmo sem experimentar o estatuto legal da escravidão, é a prova *sine-qua-non* deste processo de divisão racial e social do espaço urbano e do poder; na medida em que a persistência das desigualdades sociorraciais, estão assinaladas por vantagens e compensações materiais e simbólicas baseadas na diferença da cor da pele dos indivíduos.

Optamos, então, em mostrar que as ações do Movimento Negro e a sua conflituosa relação com o Estado e partidos políticos vão culminar na necessidade de implementar políticas públicas voltadas para a população negra. A combinação desses fatores, determinada pela invisibilidade e imobilidade social da população negra, coloca para o Movimento Negro o enorme desafio de sensibilizar outros setores organizados da sociedade, para a formulação e disputa por um projeto político capaz de erradicar o racismo, respeitar a diferença e eliminar a desigualdade.

CAPITULO I

O MOVIMENTO NEGRO

"É ainda mais difícil unificar a identidade nacional em torno da raça. Em primeiro lugar, porque – contrariamente à crença generalizada – a raça não é uma categoria biológica ou genética que tenha qualquer validade científica. Há diferentes tipos e variedades, mas eles estão tão largamente dispersos no interior do que chamamos de 'raças' quanto entre uma 'raça' e outra. A diferença genética – o último refúgio das ideologias racistas – não pode ser usada para distinguir um povo de outro. A raça é uma categoria discursiva e não uma categoria biológica. Isto é, ela é a categoria organizadora daquelas formas de falar, daqueles sistemas de representação e praticas sociais (discursos) que utilizam um conjunto frouxo, frequentemente pouco específico, de diferenças em termos de características físicas e corporais – cor da pele, textura do cabelo, características físicas e corporais ,etc. – como marcas simbólicas, a fim de diferenciar socialmente um grupo de outro.

Naturalmente o caráter não científico do termo 'raça' não afeta o modo como a lógica racial e os quadros de referência raciais são articulados e acionados, assim como não anula suas consequências. Nos últimos anos, a noções biológicas sobre raça, entendida como constituída de espécies distintas (noções que subjaziam a formas extremas da ideologia e do discurso nacionalista em períodos anteriores; o eugenismo vitoriano, as teorias europeias sobre raça, o fascismo) têm sido substituídas por *definições culturais*, as quais possibilitam que a raça desempenhe um papel importante nos discursos sobre a nação e identidade nacional."[15]

(Stuart Hall)

---

[15] HALL, Stuart. *A identidade cultural na pós-modernidade.* 3.ed. Rio de Janeiro: DP&A, p. 62-63, 1999.

1. 1978: A PRIMAVERA DE MAIO DO MOVIMENTO NEGRO

" a palavra negro pulando de boca em boca
como se fosse uma pimenta acesa
os olhos queimando as vendas
o fogo
o vento das lembranças gerando o elo
das palavras-lanças
o batuque
as lanças afiadas em dias de pedra-limo
dias de cisma
de pólvora que já tá pronta
e palavras que se reencontram para reportar
um futuro
sem algemas."[16]

(Cuti)

No período anterior à abolição da escravidão, homens e mulheres negras escravizados encontraram inúmeras formas para confrontar com a classe dos senhores de escravos. Entre algumas dessas, podemos destacar o banzo – espécie de greve de fome –, o assassinato individual do senhor pelo escravo, a fuga isolada, o aborto praticado pela mulher negra escrava, o suicídio, a organização de confrarias religiosas, a manutenção das religiões africanas, as guerrilhas e insurreições urbanas (Alfaiates, Balaiada, Cabanagens, Farroupilha, Revolta dos Búzios, Chibata, etc.)[17].

A esse fenômeno presente na trajetória histórica dos povos africanos escravizados no Brasil e seus descendentes, nomeamos de resistência negra, ou seja, a reação individual e coletiva ao ato cruel de negação física e cultural da humanidade de homens e mulheres negras. Os movimentos ocorridos ao longo da escravidão contam a intensa luta de negros e negras e são uma resposta à brutal repressão física e a violência a que a população negra foi submetida.

> "Fazê-los trabalhar bem e surrá-los melhor' – este velho refrão português do século XVII traduzia o usual, mas não o mais cruel, da vida do negro. A crônica das crueldades e do sadismo desenfreado é tão

[16] CUTI (Luiz Silva)." *Tocaia.*"São Paulo: Cadernos negros, 3, jan. ago. p. 49, 1980. (trecho do poema).

[17] MOURA, Clóvis. *Rebeliões da Senzala.* 3.ed. São Paulo: Lech Livraria Editora Ciências Humanas, 1981.

rica que é preciso selecionar alguns casos típicos: eles não são os únicos – são demonstrativos de cada espécie de sofrimento imposto aos negros.

Um desses casos aconteceu no Recôncavo Baiano, perto de Santo Amaro. Em uma das casas-grandes, um senhor à mesa e sua mulher eram servidos por uma *mulatinha* (grifo meu) de olhos muito bonitos. O homem elogiou os olhos da mulata. No dia seguinte, a mulher ofereceu um grande jantar que se encerrou com uma sobremesa especial. Em uma bandeja de prata, coberta com uma toalha de linho, ela serviu ao senhor de engenho o doce especial: ao levantar a toalha, ele viu horrorizado os dois olhos da mulata, arrancados a ponta de faca.

(...) Na crônica das barbaridades da época conta-se que olhos, seios, mãos e até vaginas assadas foram à mesa dos grandes e senhores. (...) Um dos mais terríveis quadros da escravidão é o destino dado às "crias" dos negros.

Não era econômico que as negras criassem seus filhos: por isso, nos períodos em que o preço do escravo estava em baixa, os recém-nascidos eram mortos. Jogados ao chão, pisados, enterrados vivos – mortos – para não custarem nada ao senhor: nem na perda de tempo do trabalho da negra, nem no parco alimento que o *negrinho* (grifo meu) iria comer até aos dezesseis anos, quando começasse a trabalhar."[18]

Vale ressaltar que dentre todas as formas de lutas desenvolvidas pelo povo negro, a organização dos quilombos (comunidades constituídas por negros e negras livres – além de povos indígenas e brancos marginalizados – estruturados em leis comunitárias), constituiu-se na mais avançada e sofisticada organização de resistência coletiva, em especial a "República Negra dos Palmares" que existiu de 1595 a 1695 e chegou a abrigar 50.000 pessoas, na Serra da Barriga, hoje, estado do Alagoas.

"Foi no século passado, na sua primeira metade, que ocorreram as principais lutas do Negro contra o sistema escravista, mas foi neste período que as concepções libertárias e de progresso começam a tomar conta dos setores médios da população. E tais setores integram a partir da metade do século, as lutas abolicionistas.

---

[18] CHIAVENATO, Júlio José. *O Negro no Brasil: Da senzala à Guerra do Paraguai.* 2.ed. São Paulo: Livraria Brasiliense Editora, 1980, p.131-132.

Após a Independência do Brasil, caminham em busca da República, da industrialização, unindo-se aos Negros pelo fim da escravidão. É, a partir daí, que nosso País começa a viver o processo de distensão, lenta, gradual e segura.

Na escola, aprendemos do primário ao colégio que a princesa Isabel, aproveitando-se da ausência de D. Pedro II, num ato de bondade, assinou a Lei Áurea. Na verdade, a abolição da escravatura é fruto de um conjunto de contradições vividas na época pela população brasileira e mesmo assinada pela princesa, não deixou de ter suas salvaguardas: a Imigração Europeia, a direção dos setores liberais. Ela surge como fruto das lutas do Negro, contra a escravidão, dos setores liberais contra a monarquia, o ascenso do capitalismo inglês em busca de novos mercados de consumo para seus produtos industrializados, incompatíveis como o modo de produção escravista."[19]

No período compreendido entre 1888 – marco da abolição formal do trabalho escravo no Brasil – até os anos 70 do século XX, com raras exceções, os negros e negras não puderam expressar, por sua própria voz, a luta pelo reconhecimento da sua participação social.

"Durante o período da escravidão o desenvolvimento do Negro foi impedido, e após a Abolição, não atendia as exigências de trabalho assalariado. Mesmo os setores abolicionistas não tinham interesse em estimular e desenvolver um processo de adaptação do negro ao novo modo de produção instalado no País. Foi, então, instituído a sua substituição por imigrantes europeus. Durante todo o período da escravidão, forjou-se a ideologia de superioridade racial. A burguesia surgida com o novo modo de produção era branca; os primeiros operários eram brancos. Os imigrantes chegados ao Brasil não tinham origem africana.

Sem trabalho, com o estigma de escravo-coisa e não ser humano, o Negro discriminado pela sociedade, foi jogado à marginalidade. Às favelas e mocambos. À fome. "Roubar" era a única alternativa para continuar vivo. Somente após a 1ª guerra mundial com o processo de industrialização, o negro começa a integrar o processo produtivo.

---

[19] MOVIMENTO NEGRO UNIFICADO. O Papel do aparato policial do Estado no processo de dominação do negro. São Paulo, 1979. (mimeo) Documento apresentado ao Congresso Nacional do Comitê Brasileiro pela Anistia pelo Movimento Negro Unificado Contra a Discriminação Racial.

Ao mesmo tempo que ocorria a imigração japonesa, ocupando terras cedidas pelo governo.

Sem compreender o próprio condicionamento na sociedade, as formas organizativas do negro não eram mais os Quilombos. Aqui, surgiram os grupos de capoeira, as entidades recreativas; as religiosas. E tais associações sofriam violentas perseguições policiais. Aqui, os setores dominantes da sociedade já não perseguiam o escravo. As classes médias, não lutavam contra a Abolição. Sem "Dono", que justificasse sua opressão, os Negros eram perseguidos como marginais, como desempregados, como bagunceiros. Agora, a sociedade brasileira tinha uma nova organização sem escravos – com imigrantes europeus, ocidental, cristã e liberal.

O Negro formava uma massa miserável, sobrevivendo como dava, sem informação, sem organização, sem técnica. Trazia o estigma do escravo e todas as forças para libertar-se do senhor. Um ser violento e incapaz dentro da nova sociedade; com formas de ser diferentes. Um animal com cara, corpo e voz de ser humano. Um homem para ser visto como homem, mas não para ser tratado com tal. Desde então, ser negro passou a ser vergonha para o indivíduo e um perigo para a sociedade. E a perseguição policial ao negro já não era um fato político, mas uma perseguição comum."[20]

Como forma de resistir a essa situação surgem, neste período, diversas entidades e grupos negros em todo o país, principalmente nas capitais e cidades do interior, como associações beneficentes e recreativas, clubes, jornais e grupos culturais. Os clubes combatiam o preconceito racial, buscavam a integração do negro na sociedade e propunham uma estrutura organizativa para a comunidade, construindo as suas sedes com base no sistema de ajuda mútua e cooperação.

Nesse sentido, cabe registrar, mesmo que sucintamente, algumas das formas de organização que os negros e negras encontraram para responder àquela situação de marginalização e de abandono social. Dentre elas é fundamental destacar a "A Revolta da Chibata", a importância da "imprensa negra", o significado político da Frente Negra Brasileira e do Teatro Experimental do Negro.

Pouco mais de 20 anos após o 13 de maio de 1888, precisamente em 1910, eclodiu na cidade do Rio de Janeiro uma sublevação de

---

[20] MOVIMENTO NEGRO UNIFICADO. O papel do aparato policial do Estado no processo de dominação do negro e a anistia. Op. Cit. Cf: MOURA, Clóvis. *As raízes do protesto negro.* São Paulo: Global Editora, 1983.

marinheiros, na sua maioria negros, que exigiam o fim dos castigos corporais impingidos aos marinheiros com a chibata – prática remanescente da época da escravidão e vigente até aquele momento na Marinha Brasileira – além de melhores condições de trabalho e salários. Este movimento, liderado pelo marinheiro João Cândido, ficou conhecido como "A revolta da chibata."[21]

Em 1915, cinco anos após a "Revolta da Chibata", surge na cidade de São Paulo o jornal *O Menelick*. Este jornal será propulsor de um fenômeno singular no Brasil: a Imprensa Negra. Entre 1903 e 1963, surgirão mais de 20 jornais escritos por negros. Em 1916, surgem os periódicos *A Rua* e *O Xauter*; em 1918, *O Alfinete*; em 1919, *A Liberdade e O Bandeirante*; 1920, *A Sentinela*; 1922, *O Kosmos*; 1923, *O Getulino*; 1924, *O Clarim da Alvorada, O Elite;* em 1929, *O Auriverde, O Patrocínio* e o *Progresso*; em 1932, a *Chibata*; em 1933, *A Evolução* e a *Voz da Raça*; em 1935, o *Clarim da Alvorada, O Estímulo, A Raça e a Tribuna Negra*; em 1936 *A Alvorada*; em 1946, o *Senzala;* em 1950, o *Mundo Novo*; em 1954, o *Novo Horizonte*; em 1957, o *Notícias de Ébano*; em 1958, *O mutirão*; em 1960, *O Hífen e o Niger*; em 1961, o *Nosso Jornal* e em 1963 *o Correio d' Ébano.*[22]

Mantidos pelos próprios negros que os editavam, com a colaboração de membros da comunidade que se cotizavam para ajudálos, estes jornais constituem um fato único no Brasil: revelam a determinação em manter um espaço ideológico e informativo independente e de servir como veículo organizacional da comunidade negra. As discussões pontuadas em suas páginas colocavam os problemas cotidianos, as denúncias contra o racismo e a violência policial contra a comunidade negra. Podemos notar que tratava-se de um esforço editorial surpreendente que reafirma a tradição de luta da população negra e que permitiu, posteriormente, a criação do maior movimento político negro no Brasil, até aquele momento: **a Frente Negra Brasileira.**

Criada no dia 16 de setembro de 1931, na Rua da Liberdade, em São Paulo, liderada por José Correia Leite, Arlindo Veiga dos Santos,

---

[21] MOREL, Edmar. A Revolta da Chibata. Rio de Janeiro. Edições Graal, 1979. (João Cândido e a Revolta da Chibata foram imortalizados na canção "O mestre sala dos mares" dos compositores João Bosco e Aldir Blanc, cujo título e letra da música foram censuradas pela ditadura militar. Cf.: *João Cândido, o Almirante Negro*. Rio de Janeiro: Gryphus: Museu da Imagem e do Som, 1999.

[22] CENTRO DE ESTUDOS E RELAÇÕES NO TRABALHO E DESIGUALDADE. *Relações raciais no trabalho e sindicalismo*. São Paulo: CEERT, 1992.(mimeo).

Francisco Lucrécio e Raul Joviano do Amaral, entre outros, a Frente Negra Brasileira foi um movimento de repercussão nacional. Durante seis anos, manteve milhares de negros e negras mobilizados e em evidência na cidade de São Paulo e em outros estados do País. A Frente Negra Brasileira teve ramificações por todo o interior de São Paulo (naquela época, São Paulo tinha mais de 500 municípios) e em vários estados, entre eles, o Maranhão, Pernambuco, Sergipe, Bahia, Espírito Santo, Rio de Janeiro, Rio Grande do Sul e Minas Gerais.

> "Sua estrutura organizacional já era bastante complexa, muito mais do que a quase inexistente dos jornais que a precederam e possibilitaram o seu aparecimento. Era dirigida por um Grande Conselho, constituído de 20 membros, selecionando, entre eles, o Chefe e o Secretário. Havia, ainda, um Conselho Auxiliar, formado pelos Cabos Distritais da Capital. (...) Criou-se ainda uma milícia frentenegrina, organização paramilitar. Os seus componentes usavam camisas brancas e recebiam rígido treinamento militar. Segundo depoimento de um de seus fundadores, Francisco Lucrécio, a Frente Negra foi criada por ele e outros companheiros embaixo de um poste de iluminação. Inicialmente, (ainda segundo ele) houve muita incompreensão. Diziam que estavam fazendo discriminação ao contrário. No entanto, com o tempo, os membros da Frente Negra foram conseguindo a confiança não somente da população, mas também das autoridades. Os seus membros possuíam carteira que os identificava, com retratos de frente e de perfil. Quando as autoridades policiais encontravam um grupo negro com esse documento, respeitavam-no, porque sabiam que na Frente Negra, só entravam pessoas de bem."[23]

Editaram o jornal *A Voz da Raça* no período de 1936 a 1938.[24] Em 1936, a Frente Negra Brasileira transforma-se em partido político. O registro foi concedido, mas em 1937, o golpe de estado deflagrado por Getúlio Vargas dissolveu todos os partidos, entre eles a Frente Negra Brasileira. O golpe que instaurou o "Estado Novo", fechou a incipiente

---

[23] MOURA, Clóvis. Brasil: As raízes do protesto negro. São Paulo: Global Editora, 1983, p. 56-58. Cf: SANTOS, Joel Rufino dos, BARBOZA, Wilson do Nascimento. A luta organizada contra o racismo. In: *Atrás do muro da noite: Dinâmica das culturas afro-brasileiras*. Brasília: Ministério da Cultura/ Fundação Cultural Palmares, 1994, p. 89-92.

[24] LEITE, José Correia, CUTI (Org.). E disse o velho militante José Correia Leite - Depoimentos, artigos e textos. São Paulo: Secretaria Municipal de Cultura, 1992.

abertura democrática instaurada pela Revolução de 30, forçando um recuo nas organizações democráticas, através da ação permanente dos órgãos de repressão e vigilância. O fato é que :

> "A Frente Negra Brasileira congregou a comunidade negra na luta por sua efetiva integração na sociedade de classe, chegando a integrar 60 mil associados (o ABC paulista possui, hoje, [1982] cerca de 100 mil trabalhadores organizados). A F.N.B criou uma contraideologia racial reafirmando as contribuições da comunidade negra na construção do Brasil e cobrando seus direitos ao trabalho às oportunidades que eram negadas na prática, o discurso racista que lhes negava o direito de presença na vida política e social, econômica e cultural, a Comunidade Negra passa a enfrentar o mais duro processo racista que se tem notícia: o do racismo efetivado na prática, mas negado pelas Leis (ineficazes) e *pela teoria mistificadora da democracia racial.* (grifo meu) Tal teoria, que tem em Gilberto Freyre seu grande defensor, afirma claramente que negros e brancos desaparecerão (genocídio) que por isso, o racismo no Brasil não teria lugar."[25]

No entanto, o que é de fundamental importância destacar na experiência da Frente Negra Brasileira, foi o seu propósito de uma articulação política em nível nacional e a sua transformação em partido político. Interessante notar que a existência e as ações concretas desenvolvidas pela Frente Negra Brasileira ocorreram, exatamente, no mesmo período em que se publicava no Brasil a obra clássica *Casa Grande e Senzala*, de Gilberto Freyre, como veremos no capítulo II, adiante.

De 1937 a 1978, muitas outras tentativas de retomada política das lutas do povo negro contra o racismo no Brasil serão desenvolvidas. Entre 1940 e 1970, surgiram e desapareceram dezenas de instituições negras que estimulavam a participação política e artística de negros e negras. Podemos citar o Comitê Democrático Afro-Brasileiro – no período da chamada "redemocratização" da sociedade brasileira em 1945 – o Museu de Artes Negras, a Convenção Nacional do Negro de 1950. Citamos, ainda, a criação em 1936, do Centro de Cultura Afro-brasileira, em

---

[25] MOVIMENTO NEGRO UNIFICADO. Introdução ao Programa de Ação: *Por uma autêntica democracia racial.* Belo Horizonte: III Congresso Nacional, abr.1982. Cf: MOVIMENTO NEGRO UNIFICADO: 1978-1988: 10 anos de luta contra o racismo. São Paulo: Confraria do Livro, 1988, p.23.

Pernambuco, pelo poeta Solano Trindade, a organização em São Paulo, da Associação Cultural do Negro, em 1954, pelo líder José Correia Leite e a Associação José do Patrocínio em Belo Horizonte – Minas Gerais.

Cabe ressaltar ainda o Teatro Experimental do Negro – o TEN, criado em 1944, no Rio de Janeiro, pelo artista, professor, escritor e senador[26] da República, Abdias do Nascimento, talvez, o mais antigo militante do Movimento Negro Brasileiro. Dentre as suas importantes realizações, o TEN contribuiu na criação de duas organizações de mulheres negras: "O Conselho Nacional das Mulheres Negras", fundado em maio de 1950 por Maria de Lourdes Nascimento, e a "Associação das Empregadas Domésticas", criada, também, em 1950 e liderada por Arlinda Serafim e Elza de Souza, ambas empregadas domésticas. As mulheres negras criaram ainda o Ballet Infantil do TEN.[27]

O professor Abdias do Nascimento, no documento: "Revolução Cultural e o Futuro do Pan-Africanismo" – apresentado à Assembleia Geral do VI Congresso Pan-Africano, realizado na cidade de Dar-es-Salaam – Tanzânia – no dia 23 de Junho de 1974 – faz a seguinte afirmação sobre o Teatro Experimental do Negro:

> "Quando em 1944, fundei, no Rio de Janeiro, *o Teatro Experimental do Negro*, o processo de libertação do negro uma vez mais retomou o seu caminho, recuperou suas forças e seu ritmo. O que é o TEN? Em termos dos seus propósitos ele constitui uma organização complexa. Foi concebido fundamentalmente como instrumento de redenção e resgate dos valores negro-africanos, os quais existem oprimidos ou/e relegados a um plano inferior no contexto da chamada cultura brasileira, onde a ênfase está nos elementos de origem branco-europeia. Nosso Teatro seria um laboratório de experimentação cultural e artística, cujo trabalho, ação e produção explícita e claramente enfrentavam a supremacia cultural elitista-arianizante das classes dominantes.
>
> Na rota dos propósitos revolucionários do *Teatro Experimental do Negro* vamos encontrar a introdução do herói negro com seu formidável potencial trágico e lírico nos palcos brasileiros e na literatura dramática do País. Transformou várias empregadas

---

[26] Em 1997, com a morte de Darci Ribeiro, Abdias do Nascimento assume a cadeira de senador da República pelo estado do Rio de Janeiro. Antes, foi um dos primeiros deputados federais negros, com destacada atuação parlamentar na luta contra o racismo no Congresso Nacional.

[27] BENTO, Maria Aparecida Silva. Cidadania em Preto e Branco: Discutindo as relações raciais. 2. ed. São Paulo: Editora Ática, 1999, p. 75.

domésticas – típicas mulheres negras – em atrizes, e muitos trabalhadores e negros modestos, alguns analfabetos, em atores dramáticos de alta qualidade. A existência desses atores e atrizes de valor reconhecido demonstrou a precariedade artística do costume, no teatro brasileiro, de brochar de preto a cara de atores brancos para interpretar personagens negros de responsabilidade artística. A atuação do intérprete negro tornou também obsoleta aquela dominante imagem tradicional de a pessoa negra só aparecer em cena nas formas estereotipadas – o personagem caricatural ou o servo domesticado. A literatura dramática assim como a estética do espetáculo, fundadas sobre valores e ótica da cultura afro-brasileira, emergiram como necessidade e resultado lógico do exame, da reflexão, da crítica e da realização do TEN o qual organizou e patrocinou cursos, conferências nacionais, concursos e congressos, ampliando dessa forma as oportunidades para o afro-brasileiro analisar, discutir e trocar informações e experiências. Também procedeu a uma revisão crítica da tendência prevalecente nos chamados estudos sobre o negro e sua cultura, denunciando como esteticista/diversionista e totalmente inúteis a ênfase puramente descritiva – histórica, etnográfica, antropológica, etc. – assim como as conclusões jubilosas de certas pesquisas conduzidas por carreiristas brancos que usam os negros como objetos de suas pseudo-científicas lucubrações (sic)."[28]

Até neste momento, os movimentos sociais negros, as experiências coletivas e formas organizativas da comunidade negra, visavam à inclusão da população negra e a sua integração definitiva na sociedade brasileira. Em 1937, a ditadura do Estado Novo de Getúlio Vargas fechou a Frente Negra Brasileira; em 1964, o golpe que instala a ditadura militar, mais uma vez, força o recuo das organizações negras e desarticula todos os movimentos sociais brasileiros.

Nos anos 70, a conjuntura política se caracterizava por uma ausência quase absoluta do exercício pleno da cidadania e de canais eficazes de reivindicação. É, exatamente, nesse momento, em que o País vivia mergulhado em uma forte repressão, que a experiência histórica dos quilombos reaparece, servindo como referencia para a emergência das lutas do movimento negro atual.

A fragilidade de uma consciência nacional sobre as questões relacionadas à população negra, ao lado da difusão de uma visão da

[28] NASCIMENTO. Abdias do. *O Quilombismo*. Petrópolis: Ed. Vozes, 1980, p. 68-70.

história extremamente negativa para com os negros e negras no Brasil, faz que os grupos negros remanescentes das mobilizações anteriores se organizem com vistas a buscar algo de positivo para referenciar a luta. Portanto, isso vai implicar, no primeiro momento, uma rejeição a tudo que era considerado "nacional", no sentido de "oficial" e dirigir o movimento para uma identificação com a historicidade heroica do passado, com as lutas travadas pela experiência dos quilombos. Por outro lado, o movimento vai sofrer a influência das lutas travadas pelo movimento negro norte-americano – a luta por direitos civis nos Estados Unidos – e, também, das lutas de libertação dos povos negros africanos, notadamente dos países de língua portuguesa.

Entretanto, de acordo com Maria Beatriz do Nascimento, historiadora e militante do Movimento Negro,

> "devemos fazer a nossa História buscando a nós mesmos, jogando nosso inconsciente, nossas frustrações, nossos complexos, estudando-os, negando-os. Só assim poderemos nos fazer entender, fazer-nos aceitar como somos, antes de mais nada pretos, brasileiros, sem sermos confundidos com americanos ou africanos, pois nossa história é outra, como é outra nossa problemática."[29]

No entanto, é na primeira metade dos anos 70, que o Movimento Negro – constituído de diversos grupos – e com enormes dificuldades internas, reinicia, penosamente, a construção paulatina de sua articulação. Os primeiros grupos que retomam o processo histórico das lutas travadas pelo povo negro, mesmo sendo, extremamente submetidos ao clima de opressão daquela época, puderam começar um movimento social, baseado num discurso e uma prática que visavam autoafirmação e a recuperação da identidade étnica e cultural.

Nesse sentido, teremos a retomada do teatro negro pelo Centro de Cultura e Arte Negra – CECAN, em São Paulo, o alerta do Grupo Palmares, do Rio Grande do Sul, para o deslocamento das comemorações do 13 de Maio para o dia 20 de novembro.[30] No Rio de Janeiro e em Belo Horizonte, ocorria uma resposta da juventude negra aos mecanismos de exclusão que a sociedade impunha: o Movimento "Soul", depois batizado de Black Rio e Black Belô, respectivamente.

---

[29] NASCIMENTO, Beatriz. *Jornal do Brasil*, 13, mai.1978.

[30] O 20 de Novembro é o dia da morte de Zumbi dos Palmares.

O Renascença Clube[31] inaugurou seus bailes-soul, ponto de encontro das pessoas que articularam o Movimento Negro no Rio de Janeiro. Em 1974, o Centro de Estudos Afro-Asiáticos do Rio de Janeiro e a Sociedade de Estudos da Cultura Negra no Brasil – SECNEB – de Salvador, com a participação do Museu de Arte Moderna, realizaram as semanas afro-brasileiras.

Nesse mesmo ano de 1974, surgia no bairro do Curuzu – mais populoso bairro de Salvador, de maioria negra, considerado como o "harlen baiano", a Sociedade Cultural Bloco Afro Ilê Aiyê, expressão dos grupos negros em busca de autoafirmação cultural, que ao homenagear a história das nações africanas, referenciar-se na cultura negra de matriz africana e afirmar a sua identidade na música "*Que Bloco é Esse*" de Paulinho Camafeu, provocou as mais diversas reações de setores brancos racistas publicadas pela imprensa de Salvador.

> "BLOCO RACISTA, NOTA DISTOANTE
>
> Conduzindo cartazes onde se liam inscrições tais como: "Mundo Negro", "Black Power, "Negro para você", etc., o bloco Ilê Aiyê, apelidado de "Bloco do Racismo", proporcionou um feio espetáculo neste carnaval. Além da imprópria exploração do tema e da imitação norte-americana, revelando uma enorme falta de imaginação, uma vez que em nosso país existe uma infinidade de motivos a serem explorados, os integrantes do Ilê Aiyê – *todos de cor* – (grifo meu) chegaram até a gozação dos brancos e das demais pessoas que os observavam no palanque oficial. Pela própria proibição existente no país contra o racismo é de esperar que os integrantes do "Ilê" voltem de outra maneira no próximo ano, e usem em outra forma a natural liberação do instinto característico do Carnaval.
>
> Não temos felizmente problema racial. Esta é uma das grandes felicidades do povo brasileiro. A harmonia que reina entre as parcelas provenientes das diferentes etnias, constitui, está claro, um dos motivos de inconformidade dos agentes de irritação que bem gostariam de somar aos propósitos da luta de classes o espetáculo da luta de raças.
>
> Mas isto no Brasil, eles não conseguem. E sempre que põem o rabo de fora denunciam a origem ideológica a que estão ligados. É

---

[31] Desde a abolição do trabalho escravo, os clubes passam a ser uma tradição da comunidade negra. Através da realização de festas, bailes e eventos diversos, promove-se a integração e a convivência social e comunitária.

muito difícil que aconteça diferentemente com estes mocinhos do "Ilê Aiyê".[32]

Em 1988, no texto *Memórias do surgimento do Movimento Negro na Bahia* do poeta Jônatas Conceição da Silva, naquela época, diretor do Ilê Aiyê e membro da Comissão Executiva Nacional do Movimento Negro Unificado – que comemorava dez anos de existência com a publicação do livro: *Movimento Negro Unificado: 1978-1988 – 10 anos de luta contra o racismo* – afirmava que essa nota do jornal *A Tarde*, expressava bem "a identificação que se fazia na época entre os militantes negros e comunistas. Para o Jornal *A Tarde*, a Bahia era o paraíso da democracia racial que passava a ser ameaçado por vermelhos disfarçados de pretos".[33]

Ora, em 1974, o Brasil vivia num clima de terror extremado e qualquer manifestação cultural ou política que fosse diferente dos padrões estabelecidos pela ordem vigente, era cuidadosamente vigiada e duramente reprimida. Podemos entender que o medo dos primeiros militantes em "abrir o verbo" contra um sistema político que oprimia a todos, soava mais como uma manifestação da falta de garantia individual e coletiva reinante na época. A repressão e a intimidação era produzida por órgãos de segurança, que acusavam qualquer atitude política de oposição como "coisa de comunistas".

Pode-se, dizer, que em 1974 – no 10º aniversário da ditadura militar – o surgimento do Ilê Aiyê propiciou um clima para a afirmação do Movimento Negro, especialmente na Bahia. Nesse período, o Ilê Aiyê e outras organizações socioculturais são a expressão dos grupos negros em busca de autoafirmação cultural.

Podemos inferir que os homens e mulheres negras que se reuniam para fazer o carnaval no Ilê Aiyê tinham a plena consciência de que, além de cultura, estavam fazendo política. Posteriormente, entidades como o Malê Cultura e Arte Negra, o Núcleo Cultural Afro-Brasileiro, O Grupo de Teatro Palmares Inãron, delineavam a necessidade de organização de um movimento negro político, reivindicativo e de oposição, que não se prendesse tão somente à questão cultural.

---

[32] Jornal A Tarde. Salvador: 12, Fev. 1975. Cf: MOVIMENTO NEGRO UNIFICADO: 1978-1988 – 10 anos de luta contra o racismo. São Paulo, Confraria do Livro, 1988, p.10.

[33] SILVA, Jônatas Conceição da. História de lutas negras: memórias do surgimento do Movimento Negro na Bahia. In: MOVIMENTO NEGRO UNFICADO. 1978-1988: 10 anos de lutas contra o racismo. São Paulo: Confraria do Livro, 1988, p-10.

Ao mesmo tempo, em Belo Horizonte, a Associação José do Patrocínio buscava retomar as suas atividades. No Rio de Janeiro, em decorrência da realização das semanas afro-brasileiras e com o aprofundamento das discussões políticas, os participantes mais ativos e interessados resolveram criar uma entidade: a Sociedade de Intercâmbio Brasil-África – o SINBA. Por divergências de método com relação ao trabalho que deveriam realizar, houve uma dissidência, de onde surgiu o Instituto de Pesquisa das Culturas Negras – O IPCN. O trabalho itinerante desenvolvido pelo IPCN, resultaria na criação do Centro de Estudos Brasil-África, em 1976.

Anteriormente, em 1975, a questão racial passa a ser formalmente discutida na universidade, através da primeira Semana de Estudo sobre o negro na Formação Social Brasileira, realizada pelo Grupo de Trabalho André Rebouças. Neste mesmo ano de 1975, no dia 8 de dezembro, um grupo de compositores, sambistas e pessoas ligadas ao samba sob a liderança de Antônio Candeia Filho, fundava o Grêmio de Arte Negra e Escola de Samba Quilombo.

Em 1976, Lélia Gonzalez iniciou o primeiro curso de Cultura Negra no Brasil, na escola de Artes Visuais. Foi, nesse período, que se iniciaram os contatos entre o Rio e São Paulo e as primeiras discussões em torno de uma questão fundamental: a criação de um Movimento Negro de caráter nacional, lançando as bases para o que viria a ser o Movimento Negro Unificado contra a Discriminação Racial – o MNUCDR, posteriormente, MNU.[34]

A efervescência política e a emergente movimentação negra, através de grupos negros existentes naquele período, propugnavam pela necessidade de mobilização da comunidade negra, de sensibilizar intelectuais, estudiosos, pesquisadores e aliados negros ou brancos, com a finalidade de denunciar a existência do racismo na sociedade brasileira e tomar uma atitude de crítica frente as desigualdades sociorraciais existentes entre negros e brancos no Brasil.

Portanto, na segunda metade dos anos 1970, essas organizações e grupos negros voltam a ganhar um novo impulso. O Movimento social negro contemporâneo reafirma a resistência negra e, a partir das suas

---

[34] Para maiores informações sobre os grupos e organizações negras mencionadas, Cf. MOVIMENTO NEGRO UNIFICADO - !978-1988: 10 anos de lutas contra o racismo. Op. Cit. p.76.

ações e da atividade política permanente, retoma e continua a tradição de luta do povo negro, que há cinco séculos vem resistindo e combatendo o racismo e a opressão no Brasil.

Como já foi devidamente mencionado, nos anos 70 já existiam diversas entidades negras em diversas regiões do Brasil: Bahia, Rio Grande do Sul, Minas Gerais, São Paulo, Rio de Janeiro, e outros. Todavia, no dia 7 de julho de 1978, durante um ato de protesto nas escadarias do Teatro Municipal de São Paulo, é lançado, publicamente, o Movimento Unificado Contra a Discriminação Racial. Retomava-se a luta política contra o racismo no Brasil.

2. O MOVIMENTO NEGRO UNIFICADO – MNU

"Negro
se você não reagir
você será morto
morto socialmente
culturalmente
economicamente
psicologicamente
moralmente
precocemente
morto antes de nascer
ainda no ventre materno
será morto sem trabalho
sem escola
sem ter onde morar
não terá direitos
nem saúde
estará sempre acompanhado
da praga da embriaguez
da prostituição
empurrado para o crime
você será morto
nas prisões, nas ruas
no campo, nas cidades
por fome
por uma bala da polícia
morto sem história
com a angústia de não ter lutado

sua dignidade
estraçalhada"[35]
(Milton Barbosa)

No dia 18 de junho de 1978, em reunião, onde participaram representantes do Centro de Cultura e Arte Negra – CECAN, Grupo Afro-Latino América, da Associação Cultural Brasil Jovem, grupos blacks e representantes das equipes de baile soul, Câmara do Comércio Afro-Brasileiro, os jornais *Abertura* e *Capoeira*, estudantes, atletas, esportistas e artistas negros, decidiu-se criar o Movimento Unificado Contra a Discriminação Racial, com vistas a mobilizar e organizar a população negra para lutar contra o racismo.

O Movimento Unificado convoca a sua primeira atividade pública e realiza, no dia 7 de julho de 1978, uma manifestação histórica, um ato público contra o racismo, em frente às escadarias do Teatro Municipal de São Paulo, rompendo, assim, com o silenciamento político da sociedade civil imposto pelo poder militar. Mais ainda, naquele período, os militares consideravam a luta contra o racismo como uma questão de segurança nacional.

A manifestação foi convocada para protestar contra atos de violência: à discriminação racial sofrida por quatro atletas negros, garotos do time juvenil de voleibol do Clube de Regatas Tietê, proibidos de participar do Clube; o assassinato de Robson Silveira da Luz, trabalhador e pai de família, preso sob suspeita da polícia pelo simples fato de ser negro, torturado até a morte, no 44º Distrito Policial de Guaianazes/SP; e a morte, também, pela polícia, do negro, operário, Newton Lourenço, no Bairro da Lapa.

> "Logo após a morte de Robson Silveira da Luz, mãe Tereza foi, com suas filhas de santo, para as ruas. Mãe Tereza, mestiça, foi para as ruas para mostrar aos policiais que negro também tem vez. Vivi ficou sem nada, com seus filhos, sem dinheiro e condições para conseguir emprego. Está grávida e até agora ninguém da polícia falou em indenização (ela preferia o marido com o salário). Mas e agora, o que fazer?

---

[35] BARBOSA, Milton. *"Reaja à violência racial"*. São Paulo, Jornal Nacional do Movimento Negro Unificado, n.18, jan.fev.mar.1991, p12. (poema).

(...) Os quatro meninos atletas negros chegaram à porta do Clube de Regatas Tietê. Há muito esperavam para serem considerados militantes do clube, um dos melhores de São Paulo. Por que o negro não pode querer o melhor? Só porque nasceu na miséria?

Ao chegar, o porteiro explicou que não poderiam entrar. Um deles (Ah! estes garotos!) burlou o porteiro e chamou um dos técnicos, que os mandou entrar. O diretor do clube chamou o técnico para lhe explicar que os garotos não poderiam ser aprovados porque eram negros. Os técnicos, os atletas protestaram. E este protesto alcançou as páginas dos jornais. Muitos brasileiros leram o noticiário. Os nomes dos técnicos chegaram em muitos lugares, até mesmo no Deops, acusados de subversão...

Um dos diretores do clube explicou: 'Se deixo um negro entrar nas piscinas, cem brancos saem imediatamente'... Hoje, um dos novos técnicos é negro. Negro?!!? O que fazer? (...) Entre as populações negras existia revolta contida nas gargantas. Em pleno noventa anos de abolição ninguém responderia, concretamente, a um ato de racismo. Faz tempo que ele existe e faz tempo que os negros gritam. Parados?"[36]

Estes fatos denunciados pelos grupos negros organizados como sendo de discriminação racial, causaram uma profunda indignação na comunidade negra, especialmente, no conjunto dos militantes das entidades e grupos negros de São Paulo e de outros estados. Ao compreender que a violência do racismo e da discriminação racial é o cotidiano da população negra e pobre em todo o País, resolveram criar um movimento para lutar contra aquela realidade.

"Em algumas entidades, no mural, estavam estampados vários recortes de jornais 'Discriminação no Tietê'. 'Cerimônias para assassinato de um negro'. 'Negro tem que morrer no pau!'. Os debates sobre o racismo e as formas de combatê-lo continuavam. (...) Temos que fazer um protesto! Devemos fazer um protesto na frente do Clube Tietê para mostrar para estes brancos que não podem ficar discriminando a gente não! Surpresas e debates procederam a decisão: criar uma comissão para consultar os vários setores da Comunidade. Conversar em busca do que fazer.

[36] CARDOSO, Hamilton Bernardes. São Paulo: Jornal Versus, seção afro-latino-américa, n. 23, jul. ago. 1978, p.33-34.

> No domingo, uma grande reunião. Uma longa tarde de debate. Fora, todos assistiam o jogo Brasil e Argentina. Ao final estava decidida a criação de um Movimento Unificado contra a Discriminação racial. Sua primeira atividade já estava marcada: a realização de um ato público no 7 de julho no viaduto do chá, em São Paulo. O movimento deveria reunir todos os setores da Comunidade Negra, independente da ideologia contra um inimigo comum, a Discriminação Racial."[37]

Em São Paulo foram distribuídas cartas à população, denunciando a violência policial, os assassinatos pela Polícia dos negros e operários, Robson Silveira da Luz e Newton Lourenço, a discriminação racial a que foi submetida os atletas negros e à situação de exclusão social e de cidadania incompleta da população negra brasileira.

> "Hoje estamos nas ruas numa campanha de denúncia! Campanha contra a discriminação racial, contra a opressão policial, contra o desemprego, o subemprego e a marginalização. Estamos nas ruas para denunciar as péssimas condições de vida da Comunidade Negra. Hoje é um dia histórico. Um novo dia começa a surgir para o negro! Estamos saindo das salas de reuniões, das salas de conferência e estamos indo para as ruas. Um novo passo foi dado contra o racismo."[38]

No Rio de Janeiro, onde um dos atletas foi estabelecer contatos e informar dos acontecimentos, rapidamente, foi iniciada uma mobilização das entidades negras cariocas, entre elas, o Grêmio de Arte Negra e Escola de Samba Quilombo, o Renascença Clube, o Núcleo Negro Socialista, o Centro de Estudos Brasil-África (CEBA), o Instituto de Pesquisa da Cultura Negra (IPCN), que apoiaram o movimento e assinaram uma nota conjunta de solidariedade enviada para a manifestação em São Paulo.

O ato, também, foi uma forma de divulgar as propostas do Movimento e colocá-lo na rua. A manifestação contou com a participação de mais de 3.000 pessoas, na sua maioria, negros e negras, em plena

---

[37] CARDOSO, Hamilton Bernardes. Op. Cit.

[38] MOVIMENTO NEGRO UNIFICADO. Carta Aberta do Movimento Unificado contra a Discriminação Racial. São Paulo, 1978, (mimeo). Cf: GONZALEZ, Lélia e HASENBALG, Carlos. Lugar de Negro. Rio de Janeiro: Editora Marco Zero, 1982. (Distribuída à população no Ato Público Contra o Racismo no dia 7 de julho de 1978.

ditadura militar. Naquele período, o militante e jornalista do Movimento Negro Unificado, Hamilton Bernardes Cardoso, narrou os acontecimentos dos meses de junho e de julho de 1978, nas páginas da "seção afro-latino-américa" do jornal *Versus.*

> "Pela primeira vez, em muito tempo, os negros receberam nas ruas, um documento discutindo a sua situação, uma carta apontando caminhos, convocando, dizendo (e não perguntando) o que fazer. Um movimento atuante, sem medo e sem esconder-se, forte, lançado publicamente numa manifestação de rua. Havia medo, ironias e preocupações, nas entidades, nas redações de jornais brancos. E a repressão?
>
> Se a polícia atuasse seria um golpe mortal para o movimento negro, um golpe mortal para a *democracia racial.* (grifo meu) Reprimir uma manifestação antirracista não seria aconselhável para um país mestiço; por outro lado, o medo poderia ser instalado na Comunidade Negra. Uma faca de dois gumes.
>
> (...) Cinco mil cartas abertas foram impressas no dia sete, pela manhã. Ao mesmo tempo, chegavam os companheiros cariocas. Um dia de correrias. Ao fim da tarde, chegariam moções de cinco entidades negras da Bahia. Cinco entidades cariocas, fariam um documento único de apoio, primeiro instrumento para a ampliação do Movimento do Rio de Janeiro. Paulistas e cariocas distribuíram juntos cartas Convocatórias.
>
> (...) A carta foi lida por mais de quinhentas pessoas. Assim iniciou-se o Ato Público. Depois vieram as manifestações. Milton Barbosa, associado do CECAN; Antônio Leite, associado da Associação Cultural Brasil Jovem, o poeta Eduardo de Oliveira, Neusa Maria Pereira do grupo Afro-Latino-América. Muitos outros falaram para as massas negras depois de muitos anos de desmobilização. E os negros se achegavam cada vez mais.
>
> O 7 de julho prosseguia. E as pessoas chegavam, cada vez mais em maior quantidade, cada vez mais atentas. Os policiais do Deops, à paisana, misturavam-se entre os presentes. Quietos. Havia negros que ao conhecê-los (qual negro não conhece um policial?) diziam para o companheiro: "Até que enfim, eles aqui, são obrigados a calar, a ficar quietos e não agredir..."
>
> Mais de mil pessoas estavam presentes por volta das 19:00 horas. Nas ruas, corria de mão em mão, cartas abertas a população, chamando todos os negros a se organizarem numa luta comum, nos bairros, nas vilas, nas prisões, nos terreiros de candomblé e de umbanda, nos locais de trabalho, escolas de samba,

igrejas, em todos lugares onde haja negros, para dali, atacarem todo tipo de discriminação, unindo-se a um grande movimento unificado, tornando-o forte, ativo e combatente.

Dos setores democráticos, a carta dizia esperar o apoio, criando assim as condições para criar uma verdadeira democracia racial. O ato, ao mesmo tempo que um protesto, era uma festa. A rua, a praça, estavam momentaneamente liberadas. Velhos companheiros de luta ali se encontravam.

Abdias do Nascimento, fundador do Teatro Experimental do Negro, hoje professor e conferencista, nos EUA, também estava ali. Ele não poderia faltar a tão importante manifestação, após longos anos de exílio, após a negativa do governo brasileiro em dar-lhe passaporte, apesar do racismo, por uma sociedade não branca, sem discriminações, uma verdadeira democracia racial.

Prisioneiros da Casa de Detenção enviaram uma carta apoiando e ampliando o Movimento. (grifo meu). A Juventude Judaica, a Convergência Socialista e outros setores estiveram presentes.

As televisões, rádios e jornais foram obrigadas a falar dos negros que protestavam. Algumas, como a TV Globo, mostravam mais brancos falando, do que negros, mas os poucos que podiam falavam, com suas vozes negras, o que queriam. E as vozes negras entraram pelas casas de negros e brancos, suas palestras foram escritas nos jornais.

Nas ruas, no 7 de julho, todos os negros gritaram as palavras de ordem:

Contra a discriminação racial! Contra a opressão policial!
Pela ampliação do movimento!
Por uma autêntica democracia racial! "(grifo meu)[39]

Durante aquela manifestação histórica, que contou com a participação de representantes das entidades negras do Rio de Janeiro, o Movimento Negro recebeu a solidariedade política e moções de apoio de diversas associações e grupos negros de vários estados brasileiros, inclusive, Minas Gerais.

O dia **Sete de Julho**, passou para história do movimento social negro contemporâneo como "Dia Nacional de luta contra o Racismo ".

É importante perceber que o Movimento Negro em 1978 nascia com um ato inaugural não só de resistência, mas também, de reação à

---

[39] CARDOSO, Hamilton Bernardes. São Paulo: Jornal Versus, n.º 23, jul./ago.1978, p. 33-34

discriminação racial e à violência, particularmente, à violência policial específica contra negros, um fato comum, natural, cotidiano, banal, em qualquer lugar do Brasil. Nesse sentido, cabe salientar que não é de estranhar o fato de que, uma das primeiras bandeiras de luta presentes no discurso da militância negra, durante muitos anos, seja a denúncia contra a violência policial.

Por outro lado, um dado de suma importância refere-se à participação do MNUCDR, naquele período, no Congresso Nacional do Comitê Brasileiro pela Anistia, propondo uma tese sobre *o Papel do aparato policial no processo de dominação do negro*, denunciando a violência policial contra os negros no Brasil, as condições subumanas da população carcerária e as torturas nos presídios. Este documento defende que a perseguição policial ao negro não é uma perseguição comum, mas uma perseguição política.

A carta enviada pelo grupo de presidiários "Netos de Zumbi" da Casa de Detenção de São Paulo é um dos documentos mais significativos na trajetória recente do Movimento Negro. Se o Movimento Negro Unificado nascia como resistência e reação aos atos de violência e ao assassinato de negros, a voz dos sem voz, a voz dos presos, negros em sua maioria e que conviviam cotidianamente com a violência institucionalizada do Estado brasileiro, deveria ser ouvida para denunciar as condições de vida nas prisões:

> "Pelo que entendo o negro aqui é tratado como uma fera, mas em se tratando de prisão estadual, com o objetivo de recuperar o ser humano para a sociedade, as condições são precárias, promíscuas, mesmo tratando-se de um presídio. Englobando tudo, temos aqui uma prisão para 2.300 homens, comportando 6.354 com um movimento ascendente para cada dia que passa. Estes números compõem a realidade. Daí o Estado se obriga a vestir, a nutrir, como cuidar de um potencial inerte, dando-lhe assistência social, hospitalar, jurídica e outros, todavia, o Estado só se obriga a isto porque não cumpre com a sua obrigação. Desde o calçado até as próprias palavras do "Estado" em relação ao preso é sempre cheia de mil sentidos (práxis e conceitos), obsoletos e antiquados. Quanto à alimentação, é algo tão promíscuo que é até impossível de ser observada por outros que não vivem por aqui, tão pouca a quantidade servida que há perda de proteínas e outros elementos necessários a uma manutenção saudável do corpo.
>
> O tratamento médico-odonto-hospitalar dentro dos pavilhões é algo vergonhoso para qualquer médico, grupo ou juntas que se

orgulhem de o serem. Só servem mesmo para primeiros socorros, sendo possível (na maioria das vezes) uma vítima de vários infortúnios, morrer por falta de um pronto-socorro adequado. Dizem aqui que o pior infortúnio de um preso é precisar de um médico; maior e último (infortúnio) se for coisa fatal. O serviço odontológico parece que tem, aqui, a obrigação de extrair o máximo de dentes possíveis: 'extrair sempre; obturar, recuperar: nunca, nunca, nunca'. Eis o lema da Casa de Detenção, dá-se a impressão que ganham por extrações e não por capacidade.

Todos aqui almejam ter alguém que os represente no mundo exterior. Aos Afro-brasileiros (70% dos 6.354 homens), é praticamente negada a ajuda estadual em relação às necessidades judiciais. Isto dentro do termo CONDIÇÕES DE VIDA é a parte importante no dia-a-dia do presidiário, pois o que mais oprime é saber que ninguém o defende diante do poder judiciário; quem o faz, geralmente está à procura de projeção social ou política.

Por isto desanimam de lutar, ficando a espera de oportunidades de mudanças jurisprudenciais e ao mesmo tempo que vai revoltando consigo mesmo, pois sentem-se podados, em todos os seus passos e tentativas de avanços, pelos membros do poder público que detém nas mãos nossa vitória e nos impõe a derrota. Ora, que condições de vida humana têm as pessoas que, não agindo tornam-se pesos mortos, e têm consciência potencial que são "isto" e que forçosamente, pelo menos enquanto o poder judiciário não tirar a venda que usa há séculos, de peso morto não passaremos. E sempre haverá enquanto NÓS não abrirmos os olhos 'um negão disto ou daquilo' para ser bode-expiatório de alguém. E sempre haverá se não abrirmos os olhos, mais um Robson na mira do cano. Mais um morto! E quantos na cadeia , sem crime, sem perdão para a cor que não sai da pele?"[40]

Passados mais de vinte anos da denúncia do grupo "Netos de Zumbi", o documento ainda surpreende pela sua atualidade, pela força do conteúdo da sua denúncia em relação aos direitos humanos dos presidiários no Brasil, seja pelas condições de vida da população carcerária dentro das prisões, seja dentro das instituições do Estado, responsáveis pela ressocialização de crianças infratoras.

A carta, além da denúncia das condições subumanas dos presídios, revela uma profunda consciência política em torno da relação

---

[40] Cf. CARDOSO, Hamilton Bernardes. São Paulo: Jornal Versus, n.º 23, jul.ago. 1978, p.35.

entre racismo e direitos humanos, ao questionar sobre a quantidade de presos, que não cometeram crimes, que não têm antecedentes criminais e estão na cadeia, pelo simples fato de serem negros.

A perseguição policial sobre os negros pode ser justificada pela manifestação racista e cotidiana, muitas vezes em forma de piada de mau gosto ou vista de forma engraçada: de que 'branco correndo é atleta, preto correndo é ladrão' ou 'todo preto parado é suspeito, até que se prove o contrário' – presente no discurso dos oficiais, comandantes e delegados policiais, internalizado pelos próprios policiais ou agentes do aparelho repressor do Estado, que vão para a rua realizar a vigilância, rondas, blitz, buscas, apreensões, prisões arbitrárias para averiguações em delegacias; como também, está presente no imaginário da população, em geral, que muitas vezes termina por corroborar as ações arbitrárias da Polícia, por medo de se envolver ou por puro preconceito racial.

É nesse sentido que o documento do Movimento, apresentado ao Congresso da Anistia, afirma que a perseguição policial aos negros não é perseguição comum e de que tanto a perseguição quanto as prisões são questões políticas, dadas as condições sociais e históricas da população negra no Brasil ou do racismo que incide na prática cotidiana, seja dos agentes do Estado, seja da população brasileira.

A partir daquele ato inaugural, o Movimento Unificado contra a Discriminação Racial – MUCDR – desenvolveu um intenso trabalho de organização em vários estados do Brasil. Logo após a realização do Ato Público contra o Racismo, no dia 8 de julho, foi realizada uma reunião para balanço e, posteriormente, no dia 23 de julho, a primeira Assembleia de Organização e Estruturação Mínima para o movimento, com participantes do Rio de Janeiro, São Paulo e Minas Gerais, ambas, na sede da Associação Cristã Brasileira de Beneficência. Entre as propostas aprovadas nesse encontro, destaca-se a inclusão da palavra **"Negro"** ao nome do Movimento, que passou a ser denominado Movimento Negro Unificado Contra A Discriminação Racial – MNUCDR – na medida em que é a população negra a principal vítima do racismo e da discriminação racial.

Na segunda Assembleia Nacional realizada nos dias 9 e 10 de setembro do mesmo ano, no Rio de Janeiro, foram aprovados *a Carta de Princípios, o Estatuto e o Programa de Ação.*

Já na terceira Assembleia Nacional, realizada no dia 4 de novembro (1978), foi aprovado o dia 20 de Novembro – dia da morte de Zumbi – como o **Dia Nacional da Consciência Negra**. Na realidade, o MNUCDR acata e amplia uma proposição do Grupo Palmares do Rio Grande do Sul:

"Com a publicação de artigo no Jornal do Brasil em novembro de 1974, o Grupo Palmares do Rio Grande do Sul, do qual participava entre outros o poeta Oliveira Silveira, sugeria que a data de 20 de novembro, lembrando o assassinato de Zumbi e a queda do Quilombo dos Palmares, passasse a ser comemorada como data nacional contrapondo-se ao 13 de maio. Argumentava que a lembrança de um acontecimento em todos os sentidos dignificante da capacidade de resistência dos antepassados traria uma identificação mais positiva que a Abolição da escravatura, até então vista como uma dádiva de cima para baixo, do sistema de S. Alteza Imperial."[41]

Na prática, o MNU efetiva e consolida, ao longo dos anos, aquela proposição do Grupo Palmares[42], com a divulgação de um manifesto nacional pela consciência negra.

O manifesto tornou-se o ponto de partida do debate e da mobilização nacional em torno da luta contra o racismo. Segundo o Movimento, era necessária a construção de um mote, de uma palavra que pudesse centralizar e mobilizar pessoas, que chamasse a atenção da população negra, que expressasse o conteúdo histórico das lutas por si mesmas. A palavra que emergiu foi "consciência negra." Vejamos, na íntegra, o manifesto nacional do MNUCDR, divulgado no dia 20 de Novembro de 1978:

"AO POVO BRASILEIRO! MANIFESTO NACIONAL DO MNUCDR – MOVIMENTO NEGRO UNIFICADO CONTRA A DISCRIMINAÇÃO RACIAL – A ZUMBI – 20 DE NOVEMBRO: DIA NACIONAL DA CONSCIÊNCIA NEGRA

Nós, negros brasileiros, orgulhosos por descendermos de ZUMBI, líder da República Negra de Palmares, que existiu no Estado de Alagoas, de 1595 a 1695, desafiando o domínio português e até holandês, nos reunimos hoje, após 283 anos, para declarar a todo o povo brasileiro nossa verdadeira e efetiva data: 20 de novembro – DIA NACIONAL DA CONSCIÊNCIA NEGRA!

Dia da morte do grande líder negro nacional, ZUMBI, responsável pela PRIMEIRA E ÚNICA tentativa brasileira de estabelecer uma sociedade democrática, ou seja, livre, e em que todos – negros, índios e brancos – realizaram um grande avanço político e

[41] NASCIMENTO, Beatriz. AFRODIÁSPORA. Op. Cit.
[42] o Grupo Palmares, posteriormente, transforma-se no Movimento Negro Unificado - MNU/RS.

social, tentativa esta que sempre esteve presente em todos os quilombos.

Hoje, estamos unidos numa luta de reconstrução da sociedade brasileira, apontando para uma nova ordem, onde haja a participação *real e justa* do negro, uma vez que somos *os mais oprimidos dos oprimidos,* não só aqui, mas em todos os lugares onde vivemos.

Por isso negamos o 13 de Maio de 1888, dia da abolição da escravatura, como um dia de libertação. Por quê? Porque nesse dia foi assinada uma lei que apenas ficou no papel, encobrindo uma situação de dominação em que até hoje o negro encontra: JOGADO NAS FAVELAS, CORTIÇOS, ALAGADOS E INVASÕES, EMPURRADO PARA A MARGINALIDADE, A PROSTITUIÇÃO, A MENDICÂNCIA, OS PRESÍDIOS, O DESEMPREGO E O SUBEMPREGO e tendo sobre si ainda, o peso desumano da VIOLÊNCIA E REPRESSÃO POLICIAL.

Por isso, mantendo o espírito de luta dos quilombos, GRITAMOS contra a situação de *exploração* a que estamos submetidos, lutando contra o RACISMO e toda e qualquer forma de OPRESSÃO existente na sociedade brasileira, e pela MOBILIZAÇÃO E ORGANIZAÇÃO da comunidade, visando uma REAL emancipação política, econômica, social e cultural.

Desde o dia 18 de junho somos o MOVIMENTO NEGRO UNIFICADO CONTRA A DISCRIMINAÇÃO RACIAL, movimento que se propõe a ser um canal das reivindicações do negro brasileiro e que tem suas bases nos CENTROS DE LUTA, formados onde quer que o negro se faça presente. É preciso que o MOVIMENTO NEGRO UNIFICADO CONTRA A DISCRIMINAÇÃO RACIAL se torne forte, ativo e combatente, mas para isso é necessária a participação de todos, afirmando o 20 de novembro como DIA NACIONAL DA CONSCIÊNCIA NEGRA! **PELO DIA NACIONAL DA CONSCIÊNCIA NEGRA! PELA AMPLIAÇÃO DO MNUCDR! POR UMA VERDADEIRA DEMOCRACIA RACIAL! PELA LIBERTAÇÃO DO POVO NEGRO!"** [43] **(Novembro, 1978)**

O *Manifesto do Dia Nacional da Consciência Negra* do MNU, tornou-se uma referência muito importante para a comunidade negra. A partir de 1978, a procura de maiores informações sobre a resistência

---

[43] MOVIMENTO NEGRO UNIFICADO. Manifesto Nacional. In: *1978-1988 – 10 anos de luta contra o racismo.* São Paulo: Confraria do Livro, 1988. Op. cit. Cf: coletânea de textos do MNU.

negra – especialmente, a história do Quilombo dos Palmares e de Zumbi – tomou a forma de palestras, aulas, debates, conferências, pesquisas, projeções, que buscavam alimentar o anseio de liberdade da juventude, através das entidades negras, grupos culturais, departamentos universitários e da mídia.

Em setembro de 1979, o MNUCDR realizou o seu I Encontro Nacional em Belo Horizonte e desenvolveu um balanço crítico das suas atividades, visando à preparação do I Congresso Nacional do MNUCDR, realizado nos dias 14, 15 e 16 de dezembro, na Baixada Fluminense, no Rio de Janeiro.

A Baixada Fluminense foi escolhida como local do Congresso, não em função de assegurar as condições mais adequadas para a realização do evento, mas, muito mais no sentido de possibilitar que o conjunto dos militantes do Movimento conhecesse aquela região do estado do Rio de Janeiro, a fim de negar a imagem construída pelos meios de comunicação de massa, que colocavam a Baixada Fluminense como a região mais violenta do Brasil. Ironicamente, os órgãos de segurança pública do Estado – a Polícia – realizavam uma espécie de execução sumária de pessoas – "esquadrão da morte" – sob a justificativa de estarem eliminando "bandidos" e "marginais" de alta periculosidade do convívio social, através de uma operação que ficou conhecida como "Mão Branca".

O I Congresso Nacional do MNUCDR teve um significado muito importante, ao marcar um grande passo na luta política contra o racismo. Reuniu delegados de Minas Gerais, Rio de Janeiro, São Paulo, Bahia, Rio Grande do Sul e Espírito Santo. O Congresso debateu um conjunto de análises, objetivos, proposições e projetos. O corpo da orientação política do MNU, definida naquele primeiro congresso, estruturou-se, a partir da elaboração e discussão dos seus documentos básicos, a saber: *a Carta de Princípios, o Programa de Ação, o Estatuto e o Regimento Interno.* Estes documentos, elaborados por comissões, grupos de trabalho, pelas instâncias de direção do movimento, eram discutidos pelo conjunto dos membros filiados e aprovados nos Encontros e Congressos Nacionais da organização.

Com o tempo, os documentos traduziam as modificações e alterações, adequando-se à dinâmica da realidade política e social, na qual o movimento e a comunidade negra estavam inseridos. Um dos documentos mais importantes do Movimento, que neste processo permaneceu inalterado, foi a Carta de Princípios:

CARTA DE PRINCÍPIOS DO MNUCDR

Nós, membros da população negra brasileira – entendendo como negro todo aquele que possui na cor da pele, no rosto ou nos cabelos, sinais característicos dessa raça, reunidos em Assembleia Nacional,

CONVENCIDOS da existência de discriminação racial; marginalização racial, política, econômica, social e cultural do povo negro; péssimas condições de vida; desemprego; subemprego; discriminação na admissão em empregos e perseguição racial no trabalho; condições subumanas de vida dos presidiários; permanente repressão, perseguição e violência policial; exploração sexual, econômica e social da mulher negra; abandono e mau tratamento dos menores, negros em sua maioria; colonização, descaracterização, esmagamento e comercialização de nossa cultura; *mito da democracia racial.* (grifo meu)

RESOLVEMOS juntar nossas forças por: defesa do povo negro em todos os aspectos políticos, econômicos, sociais e culturais através da conquista de maiores oportunidades de emprego;melhor assistência à saúde, à educação e à habitação; reavaliação do papel do negro na história do Brasil; valorização da cultura negra e combate sistemático à sua comercialização, folclorização e distorção; extinção de todas as formas de perseguição, exploração, repressão e violência a que fomos submetidos; liberdade de organização e de expressão do povo negro.

E CONSIDERANDO ENFIM QUE nossa luta de libertação deve ser somente dirigida por nós, queremos uma nova sociedade onde todos realmente participem e como não estamos isolados do restante da sociedade brasileira,

NOS SOLIDARIZAMOS com toda e qualquer luta reivindicativa dos setores populares da sociedade brasileira que vise à real conquista de seus direitos políticos, econômicos e sociais; com a luta internacional contra o racismo.

POR UMA AUTÊNTICA DEMOCRACIA RACIAL (grifo meu)

PELA LIBERTAÇÃO DO POVO NEGRO![44]

A carta de princípios aprovada na Assembleia Nacional de 1978 é um documento básico fundamental, pois aponta os objetivos do Movimento ao desenvolver um resumo das condições de vida da

[44] MOVIMENTO NEGRO UNIFICADO. Carta de Princípios. Cf. *1978-1988 – 10 anos de luta contra o racismo.* Op. Cit. p.18

população negra. É a partir dessa carta que serão elaborados o primeiro programa de ação e o estatuto da entidade. Na realidade, estes dois documentos são o desdobramento da Carta de Princípios, refletindo a análise política que o Movimento havia acumulado até aquele momento.

A partir de relatórios de atividades, de avaliações políticas produzidas, periodicamente, novas estratégias e ações políticas iam se desenhando, baseadas na análise da realidade social e econômica da comunidade negra e da conjuntura política.

Mesmo diante da adversidade das condições econômicas dos seus militantes, diante de um conjunto enorme de dificuldades, obstáculos, barreiras e as contradições de toda ordem que o desenvolvimento da luta contra o racismo impunha, o MNU conseguia produzir muito. Além do trabalho de elaboração teórica e a formação política dos militantes, das inumeráveis reuniões e a participação sistemática no conjunto das lutas gerais pela democratização do País, desenvolvidas por outros segmentos da sociedade civil, foram realizados debates, palestras, seminários temáticos, encontros regionais, congressos nacionais, edição de jornais, boletins, notas e panfletos, atos públicos contra o racismo e pelo dia nacional da consciência negra, campanhas contra a violência policial, campanhas de solidariedade internacional pelo fim do *Apartheid* na África do Sul, e, fundamentalmente, o trabalho de mobilização e de conscientização da população negra e da sociedade brasileira pelo fim do racismo e da discriminação racial.

Com relação à estrutura do Movimento, seus documentos básicos – a Carta de Princípios, o Estatuto, o Regimento Interno foram aprofundados e o Programa de Ação ampliado e aprovado. Como a bandeira de luta prioritária do movimento é o combate ao racismo e à discriminação racial, o nome da organização foi simplificado para MOVIMENTO NEGRO UNIFICADO – MNU – e a questão da "discriminação racial" passa a ser uma das principais bandeiras de luta, do programa de ação, do Movimento.

Assim, 1978 marca a retomada da luta política contra o racismo no Brasil a partir da criação do Movimento Negro Unificado, primeiro movimento negro de caráter nacional depois da Frente Negra Brasileira, na década de 30. De acordo com Jônatas Conceição da Silva, "a primavera de maio do Movimento Negro brasileiro recente aconteceu dez anos depois da primavera de Praga e do maio de 1968 dos estudantes franceses.[45]" Este acontecimento na nossa história recente significou

---

[45] SILVA, Jônatas Conceição da. *História de lutas negras: memórias do surgimento do Movimento Negro na Bahia.* Cf. MOVIMENTO NEGRO UNIFICADO. 1978-1988: 10 anos de luta contra o racismo. 0p. Cit. p.7.

uma ruptura com mais de 40 anos de silêncio político sobre a luta contra o racismo na sociedade brasileira, na medida em que, desde 1937, o fechamento da Frente Negra Brasileira provocou um recuo em torno da ampliação do debate político da questão racial.

Certamente não estamos negando as experiências do Teatro Experimental do Negro em 1945, a Convenção Nacional do Negro de 1950 e o movimento das Ligas Camponesas do Nordeste brasileiro.

A promulgação da "*Lei Afonso Arinos*" em 1951 – que transformou a prática do racismo em simples contravenção penal – além de ser fruto das lutas do Movimento é uma evidência desse recuo, na medida em que a Lei passou a ser uma "prova" inconteste do discurso que procurava esvaziar a temática racial. Se, por um lado, o fato de existir a lei comprovava a existência da prática de racismo, por outro, por ser uma lei ineficaz, não tinha consequências efetivas. A existência da lei amenizava a tensão e a emergência do conflito racial, esvaziando a luta do Movimento, ou seja: não existe problema racial na sociedade brasileira, pois, existe até uma lei que proíbe a discriminação racial!

Para o Movimento Negro, um dado que corroborou este silenciamento foi a retirada do "item cor" como pré-requisito dos censos populacionais realizados pelo Instituto Brasileiro de Geografia Estatística – o IBGE, nos anos de 1960 e 1970. Era importante saber quantos são os negros e negras, onde vivem, como moram, onde trabalham, quanto ganham, quais as suas condições de vida, como morrem, quantos são analfabetos, etc. Ora, na medida em que não existe o problema racial no Brasil e que a "Constituição Brasileira" não discrimina ninguém, os negros e negras desapareceram das estatísticas e dos indicadores sociais no Brasil. Ou seja, a invisibilidade nas estatísticas oficiais aprofundou o silêncio sobre o racismo na sociedade brasileira.

Todavia, foi a produção e difusão das ideias de que, no Brasil, as relações raciais são harmoniosas e de que vivemos num verdadeiro "paraíso racial", sobretudo, levadas ao pé da letra pelo poder militar instalado em 1964; com a alegação de que "Somos todos brasileiros" e sob a égide doutrinária da "*Lei de Segurança Nacional*"; que sepultara de vez o incipiente debate político em torno do racismo, das relações raciais e da realidade social da população negra no Brasil.

Pois bem, é a partir de 1978, especialmente no decorrer da década de 1980, que a luta contra o racismo e a discriminação racial se amplia. O espaço aberto pela organização e ação política do MNU propiciou que diversas entidades e grupos negros existentes retomassem, com mais fôlego, a realização de suas atividades e, especialmente, a criação de novas entidades e associações, bem como inúmeros grupos negros se organizaram e passaram a atuar em diversas regiões do País.

A polêmica em torno da existência ou não do racismo na sociedade brasileira passa a ser fruto de um intenso debate com os setores organizados que lutam pela transformação política, econômica, social e cultural do País, entre eles, os partidos políticos dos mais diferentes matizes ideológicos, o Estado, a Igreja, as Universidades e os meios de comunicação, principalmente, rádios e jornais.

Para exemplificar, na primeira metade do anos 80, a Igreja Católica, através das Pastorais Sociais, da doutrina da "Teologia da Libertação" e das Comunidades Eclesiais de Base, favorecem a discussão no seu interior, possibilitando que cristãos e leigos, se mobilizem em torno da criação dos "Grupos de União e Consciência Negra" que, posteriormente, serão transformados nos "Agentes de Pastorais Negros" – APN's.

Por outro lado, é importante registrar que a primeira experiência no âmbito do Estado em torno da questão racial foi a criação do Conselho Estadual de Participação e Desenvolvimento da Comunidade Negra, no Governo de Franco Montoro (1984) no estado de São Paulo. Em Minas Gerais, este tipo de Conselho será criado em cidades importantes do Triângulo Mineiro (Ituiutaba, Araxá, Uberaba e Uberlândia), sendo que, em 1988, será criado em Belo Horizonte o "Conselho Estadual de Participação e Integração da Comunidade Negra", por Decreto do Governo Newton Cardoso.

Na realidade, o ato contra o racismo em julho de 1978, a publicação do manifesto pelo Dia Nacional da Consciência Negra, a Carta de Princípios e a realização do Iº Congresso Nacional do MNU, foram marcos decisivos que potencializaram um esforço enorme que buscava contribuir para uma revisão crítica da história do povo negro no Brasil, que o Movimento julgava necessário.

Portanto, do final da década de 1970 até os meados dos anos 80, os objetivos centrais do MNU eram a luta política contra o racismo e a discriminação racial. A partir deste eixo central, buscava-se uma articulação política com o conjunto de outros setores democráticos da sociedade brasileira, cuja base era a proposta de que a ação política se dava em torno da luta contra a exploração e a opressão a que estava submetido o conjunto dos trabalhadores brasileiros.

Nesse sentido, o primeiro *Programa de Ação* do MNU, discutido e aprovado no III Congresso Nacional da entidade, realizado em Belo

Horizonte, em abril de 1982, passa a orientar não só a ação da entidade, mas ao conjunto da militância negra, tornando-se uma referência para diversas organizações e grupos do Movimento Negro, para intelectuais, estudiosos e interessados no debate do problema racial no Brasil, que não estavam vinculados a uma estrutura organizativa do Movimento Negro, bem como para outros setores da sociedade civil.

O *Programa de Ação* foi estruturado com uma introdução geral acerca da situação histórica e social da população negra, seguida de dezesseis questões,[46] a seguir. Introdução: "Por uma autêntica democracia racial"; Marginalização do negro; Discriminação racial no trabalho; Desemprego; Condições de vida; Direito e violação; Prisões; Menor abandonado; Cultura Negra; Educação; Mulher Negra; Imprensa Negra; Sindicatos; Área Rural; Posses de terras, doações e invasões; Luta internacional contra o racismo; Transformação geral da sociedade.

Cada uma dessas questões do *Programa de Ação* foram analisadas de forma resumida, seguida das tarefas e das ações políticas que o Movimento deveria desenvolver, finalizando cada ponto com um conjunto de "palavras de ordem" ou bandeiras de luta.

Muitas dessas questões e bandeiras de lutas propostas pelo *Programa de Ação* do MNU continuam atuais e estão na pauta dos movimentos sociais. Algumas foram aprofundadas e revisadas, sendo incorporadas de outra forma no II Programa de Ação do movimento, aprovado mais de uma década depois. Outras ganharam um grande impulso e formas organizativas diferenciadas. Entre essas, cabe destacar a questão da educação – uma prioridade da comunidade negra e do conjunto do Movimento Negro Brasileiro, a luta das mulheres negras, que desenvolverão um debate intenso para garantir a especificidade da questão de gênero, tanto em relação aos homens negros quanto em relação à luta geral das mulheres e que, nesse processo, construirão uma forte articulação nacional e internacional, tomando a si a tarefa de organizar e dirigir o Movimento Negro.

A questão da educação ganhou fóruns especiais, desde seminários, encontros nacionais e regionais específicos organizados pelo Movimento Negro, de instituições de pesquisa governamentais e não governamentais, sendo palco de um intenso e polêmico debate, seja com os próprios

---

[46] MOVIMENTO NEGRO UNIFICADO. Programa de Ação. Belo Horizonte: III Congresso Nacional, abr.1982. (mimeo).

trabalhadores da área de educação, seja com os órgãos do Estado, em todos os níveis, do ensino fundamental ao ensino universitário.

Outras lutas abordadas no Programa ganharam mais ou menos visibilidade, devido ao contexto histórico e a própria conjuntura política. É o caso da cultura negra, até por que, quando tratamos da cultura negra, estamos nos referindo à construção da identidade negra no Brasil, portanto, a cultura negra está na base e mesmo antecede a organização política recente do Movimento Negro. Outras, só ganharam algum impulso muito tempo depois, como a questão das crianças abandonadas, a luta contra discriminação racial no trabalho e a questão das comunidades negras rurais e remanescentes de quilombos pela titularidade das suas terras, conquista do Movimento Negro na Assembleia Constituinte de 1988.

No entanto, é na articulação da luta contra o racismo, no campo da luta pela transformação geral da sociedade, que o Movimento Negro encontrará as suas maiores dificuldades e problemas. Para o Movimento Negro, a exploração, no caso brasileiro, incide, de maneira específica, sobre a população negra, o contigente mais oprimido entre os oprimidos.

> "A Comunidade Negra, situada, nos espaços econômicos menos desenvolvidos do País e formando a massa marginalizada dos grandes centros urbanos, foi quem mais sofreu o processo de espoliação. E mesmo sob o processo repressivo dos anos setenta, buscou formas de expressão como a juventude negra.
>
> Com o fim do milagre e o advento da crise econômica, uma renovada da Classe trabalhadora, no campo e nas cidades, ressurgiu, tendo parceiros outros como as Mulheres, os Negros e outros segmentos oprimidos, num processo diferenciado de reivindicações.
>
> (...) Para avançar na luta, hoje, faz-se necessário garantir a organização pela base, procurando mobilizar a comunidade negra e somar forças à mobilização geral do proletariado. Em relação à comunidade negra é fundamental discutir e tornar claro seus interesses específicos, na luta contra o racismo e a discriminação racial, denunciando os efeitos e as raízes do racismo na estrutura do trabalho e emprego, na divisão da riqueza coletivamente gerada, procurando ampliar a luta por investimentos públicos (saneamento básico, habitação, escolas, posto de saúde, transporte e lazer) e contra a política recessiva ou de transferir aos setores populares, o ônus da crise econômica."[47]

---

[47] MOVIMENTO NEGRO UNIFICADO. Programa de Ação. Belo Horizonte, abr. 1982. Op. Cit.

Para o Movimento Negro, a opressão e a exclusão social são promovidas pela política econômica, social e cultural, de natureza capitalista, que é implementada pelo Estado e por uma classe dominante, predominantemente branca e minoritária.

> "Não é preciso recorrer ao rosário de números, para indicar qual setor dos oprimidos mais prejudicados pela recessão e o desemprego e, consequentemente, mais interessado, uma luta efetiva contra a política governamental de sacrificar toda a população pobre, para salvar um modelo concentrador de recursos e riquezas.
>
> As consequências do desemprego, e da falta de emprego são a subnutrição, a doença, a marginalidade. Pior ainda, diante desse quadro de grande tensão social, as medidas de segurança do Estado, na defesa da situação atual, só pode ser a do crescimento da repressão, quer contra sindicalistas e dirigentes de associações profissionais, quer contra a comunidade oprimida, que passa a ser vigiada por aparato civil e militar, rearmado, sob a justificativa de controlar com a chamada criminalidade. Aos olhos da polícia, o oprimido, principalmente, o oprimido negro, aparece como suspeito, já tendo sido denunciado por nós e por outras vozes as prisões de pessoas, por falta de carteira profissional assinada. Desempregados passam pelo vexame de serem considerados 'vadios'.
>
> Estes dados esclarecem a existência, no Brasil, de uma hierarquia tanto social, quanto racial, da divisão do trabalho, da divisão da riqueza e por isso mesmo, da divisão e hierarquia do poder.
>
> Na luta contra o racismo, nós negros do MNU temos como perspectiva a libertação da Comunidade Negra e de todos os oprimidos. E nesta luta, não abrimos mão do esforço de conquistar a unidade dos oprimidos.[48]

Enfim, é a partir dessa compreensão da existência de uma hierarquia e uma divisão racial e social do trabalho, da riqueza e do poder, que se desenvolve uma articulação teórica no interior do Movimento Negro, buscando combinar a luta contra a racismo com a luta de classes, denominada de "Raça e Classe". Enquanto os setores democráticos que lutavam pela transformação da sociedade brasileira, herdeiros de uma tradição do pensamento "marxista" insistiam no discurso que privilegiava

[48] MOVIMENTO NEGRO UNIFICADO. Introdução ao Programa de Ação. Belo Horizonte: III Congresso Nacional, abr.1982. Cf.1978-1988: 10 anos de lutas contra o racismo. Op. Cit. p.24

tão somente a "luta de classes", setores do Movimento Negro procuravam inserir nesse discurso, no mesmo nível de importância, a luta contra o racismo. Para aqueles setores, com a "revolução socialista" se resolveriam todos os problemas sociais. A luta dos negros e negras era entendida como uma forma de dividir a luta do proletariado, a luta geral da classe trabalhadora.

Para o Movimento Negro, ao contrário, a compreensão era de que sem a priorização a luta de combate ao racismo na sociedade brasileira ou colocá-la no mesmo nível das outras lutas, jamais transformaríamos a sociedade brasileira, sequer, seríamos uma sociedade verdadeiramente democrática.

> "Devemos ter sempre presente que a luta pela transformação geral deve ter por base, o aprofundamento crítico da comunidade negra, da divisão social e racial, econômica e política e, a partir daí, desenvolver alianças críticas com outros setores populares e organizados dos oprimidos. Ganham contornos visíveis. A denúncia de investimento públicos no sul em detrimento do norte-nordeste: a denúncia da distribuição desigual da renda e da riqueza (investimentos) que atinge em cheio a comunidade negra; a denúncia do racismo como forma de controle e anulação política da comunidade negra.
>
> Com base nessa perspectiva, deve o MNU somar forças às mobilizações gerais, estabelecendo alianças práticas, na luta sindical, do direito ao voto, da liberdade de organização de todos os partidos políticos, pela liberdade de organização e expressão, para ampliar a força e representação dos explorados em todos os níveis.
>
> (...) Neste contexto, a derrubada do regime autoritário e repressivo e o estabelecimento de normas democráticas de participação é o começo do processo."[49]

Podemos perceber que o Movimento tinha uma análise da realidade brasileira, que marcava uma diferença com a tradicional análise dos outros setores organizados – que detinham a hegemonia política na condução das chamadas lutas gerais – ao inserir a singularidade da luta contra o racismo na luta pela transformação da sociedade brasileira. Ao ler e interpretar a realidade brasileira com um outro olhar – a ótica da população negra – e afirmar a história de lutas do povo negro no Brasil,

[49] MOVIMENTO NEGRO UNIFICASO. Programa de Ação. Belo Horizonte, 1982, (mimeo).

o Movimento Negro transformava-se no centro do problema. Na realidade, o discurso do Movimento Negro não era compreendido na sua plenitude, era diluído nas lutas gerais ou instrumentalizado para outros fins, e com poucas exceções, perdia o seu significado e a sua força .

Na verdade, a participação do Movimento Negro nas lutas, seja mobilizando a militância negra, seja mobilizando a população como um todo, era anulada enquanto força política por alguns setores considerados "da esquerda" ou só ganhava visibilidade no processo interno de organização, depois de muito esforço e com muita dificuldade.

Para o Movimento Negro, a classe dominante – minoritária – e a classe média branca – muito mais numerosa – eram vistas como os segmentos privilegiados pela manutenção do racismo. Em contrapartida, a população negra, por constituir a maioria oprimida e silenciada, sofre os efeitos da divisão racial e social da riqueza, das benesses sociais, do espaço nas cidades e no campo e , também, do poder.

Portanto, o Movimento Negro, ao priorizar a luta contra o racismo, o faz porque compreende o racismo como uma estrutura da sociedade brasileira, como um discurso de/o poder hegemônico, que, internalizado nos corações e mentes de homens e mulheres, opera como instrumento de dominação e manutenção dos privilégios raciais e sociais no Brasil.

Nesse sentido, é na história de lutas travadas pelo povo negro no Brasil, que o Movimento Negro vai buscar as referências fundamentais para construir a sua identidade política e afirmar a sua independência e autonomia na sociedade brasileira. Dentre essas lutas, a experiência dos quilombos vai inspirar o Movimento Negro por constituir-se no ideal de sociedade livre, baseada na pluralidade, no respeito à diversidade e à igualdade entre todos os seres humanos.

3. MOVIMENTO NEGRO: QUILOMBO, RESISTÊNCIA E IDENTIDADE

"Eu canto aos Palmares
Sem inveja de Virgílio de Homero
E de Camões
Porque o meu canto
É o grito de uma raça
Em plena luta pela liberdade
(...) Mas não mataram

meu poema
Mais forte
que todas as forças
é a Liberdade...
O opressor
não pôde fechar minha boca,
nem maltratar meu corpo,
meu poema
é cantado através dos séculos
minha musa
esclarece as consciências,
Zumbi foi redimido..."[50]

(Solano Trindade)

Os negros e negras descendentes dos africanos desenvolveram variadas formas de lutas e estratégias coletivas de sobrevivência, de resistência, de combate ao racismo, à discriminação racial, ao preconceito, às desigualdades sociais e de enfrentamento cotidiano à violência física e simbólica, contra o seu corpo e a sua cultura.

Para o Movimento Negro, a abolição formal do trabalho escravo no Brasil foi resultado muito mais das lutas negras, revoltas, rebeliões e da rebeldia negra dos quilombos do que propriamente da campanha abolicionista. Os abolicionistas não estavam preocupados com o destino dos ex-escravos em si, e sim, com o anacronismo do modelo econômico baseado na escravidão que impedia o desenvolvimento da nação brasileira.

> "A primeira forma de resistência do Negro à escravidão foi a revolta nas senzalas. E os senhores de escravos encontraram respostas imediatas: os chicotes dos capitães-do-mato e profundas marcas nos corpos e nas mentes das populações Negras, que procuraram novas saídas. Neste momento, o senhorio viu a repressão ao escravo como sendo comum, jamais uma forma de impedir a luta por seus direitos. Mas, como jogou capoeira, uma luta de muitas formas e diferentes golpes, o negro procurou novas e mais avançadas saídas: os Quilombos. A cada Quilombo que surgia, a repressão sofisticava-se. À cada repressão os Quilombos cresciam espalhando-se pelo país, assim como variavam as formas de lutas

---

[50] TRINDADE, Solano. *Cantares ao meu povo.* São Paulo: Brasiliense,1981, p-23-28. (trechos do poema: Canto dos Palmares).

dos Negros, os Quilombos como o de Palmares, em Pernambuco, Alagoas e Sergipe, com quase 50.000 habitantes ou as revoltas, como a dos Malês. A repressão do capitão-do-mato cresceu ao ponto de organizar exércitos para combater os Quilombolas, as insurreições escravas. Os Quilombolas foram as primeiras vítimas das perseguições políticas do país."[51]

Neste documento do Movimento Negro Unificado Contra a Discriminação Racial – MNUCDR – apresentado para os debates no Congresso Nacional pela Anistia em 1979,[52] uma ideia central chama a nossa atenção para a reflexão crítica sobre a história do povo negro e da sociedade brasileira, que é fundamental para compreender o significado do movimento social negro contemporâneo.

Estamos nos referindo à ideia resistência e, nesse caso, às duas formas específicas em que essa resistência se manifesta. A primeira forma refere-se à resistência em relação ao sistema da escravidão através das revoltas e insurreições, sejam as revoltas nas senzalas ou as insurreições urbanas como a dos Malês ocorrida em Salvador, no estado da Bahia em 1835. A segunda forma de resistência ocorreu através da organização em comunidades – sociedades autônomas e independentes: os Quilombos.

Entretanto, a repressão é a chave para compreender o conjunto diverso e variado das estratégias de resistência que o povo negro encontrou para continuar sobrevivendo. As formas de repressão podem ser traduzidas pela tortura e castigos cruéis impingidos à população negra escrava; pela figura do capitão-do-mato, cuja tarefa era a de capturar escravos que fugiam daquele sistema; pelo estupro da mulher negra escrava; a separação dos filhos dos seus pais; a morte e o esquartejamento dos corpos de líderes e participantes das revoltas e insurreições e, sobretudo, a organização de "exércitos" para a guerra contra as organizações quilombolas. Ou seja, é também contra as formas de repressão que surgiram as diversas formas de resistência.

---

[51] MOVIMENTO NEGRO UNIFICADO. O papel do aparato policial do Estado no processo de dominação do Negro e a Anistia. Cf. MOURA, Clóvis. BRASIL: As raízes do protesto negro. São Paulo: Global Editora, 1983.

[52] O Congresso Nacional pela Anistia foi organizado pelo Comitê Brasileiro pela Anistia, cujos objetivos eram os de conquistar o " perdão" e a volta dos exilados políticos e a sua reinserção na sociedade brasileira, isto é, restaurar a dignidade histórica e política de todos aqueles que foram assassinados e torturados pela repressão política instaurada no Brasil, pelo regime de ditadura militar, a partir de 1964.

Com relação a essa ideia que verificamos no documento do Movimento Negro – **quilombo e resistência** ocupam um lugar de centralidade dentro da perspectiva de construção de uma revisão crítica da historiografia oficial. Tanto quilombo quanto resistência podem tornar-se conceitos, com vistas a contribuir para as análises teóricas que buscam fundamentar uma "nova" História do Brasil. Este é o lugar onde a população negra de origem africana pode desempenhar o papel de sujeito na formação social brasileira. Nesse sentido, estes conceitos que são fundamentais para a compreensão da história do povo negro no Brasil parecem fundir-se um ao outro.

A partir desse ponto de vista, quilombo e resistência são noções quase sinônimas, no sentido de carregar em si a mesma força, de ter uma identidade comum, de denotar um mesmo significado no imaginário social da população negra e na trajetória recente do Movimento Negro. O quilombo é a forma de organização social e comunitária da população africana escravizada – que se torna livre no quilombo – mas que ao mesmo tempo, e cotidianamente, precisa defender-se das investidas militares dos sistema colonial escravocrata. Isto é, o quilombo é, também, uma sociedade guerreira e militar para resistir à repressão.

A permanência da ideia do quilombo, presente na memória e no inconsciente coletivo de segmentos majoritários da população negra de origem africana, transmitida de geração a geração através da oralidade[53], constituir-se-á em referência histórica fundamental, tornando-se força simbólica no processo de organização política, construção e afirmação da identidade do movimento social negro contemporâneo no Brasil.

A análise histórica do significado político da experiência coletiva de organização dos quilombos como sistema alternativo ao regime escravocrata, constituiu-se como um símbolo principal na trajetória do Movimento Negro. Para o Movimento, se antes o quilombo serviu como resistência ao processo de escravização do povo negro-africano, nos anos 70, a ideia do quilombo volta como um símbolo de resistência e, de maneira mais ampla, como reação ao neocolonialismo cultural, através da reafirmação da herança africana e da busca de um modelo brasileiro capaz de reforçar a identidade étnica e cultural.

---

[53] Referimos-nos aqui a uma oralidade ativa, como um processo vivo e dinâmico. A oralidade atua e anima a vida e as ações cotidianas no interior das organizações sociais, culturais e religiosas da comunidade negra. A oralidade é uma tradição africana, especialmente dos povos "sem escrita" e se baseia no respeito aos mais velhos – guardiões do saber – e nos griôs – contadores de história.

O Movimento Negro contemporâneo foi buscar na literatura e na oralidade histórica sobre os quilombos uma representação vigorosa para o reconhecimento da identidade negra brasileira, para a sua autoafirmação étnica e cultural, desconstruindo os conceitos e preconceitos, que via de regra visavam a desqualificar os homens e as mulheres negras, sistematicamente apresentados como um povo dócil, cordial e subserviente.

Nesse sentido, o quilombo, presente no inconsciente e na memória coletiva do povo negro, passa a ser uma referência e símbolo de resistência e de afirmação política. Para o Movimento Negro a experiência coletiva dos quilombos foi uma das formas mais ricas de organização e luta do povo negro brasileiro pela liberdade, onde negros e negras se rebelaram contra a violência racial da escravização, ocuparam as terras virgens de difícil acesso, reorganizaram a sua vida em liberdade baseada na herança cultural africana. Além de representar uma reação militar aos ataques dos colonizadores brancos, faziam diversas incursões às fazendas, guerreavam com fazendeiros e resgatavam homens e mulheres negras na condição de escravos.

Nos quilombos, as terras e o fruto do trabalho eram coletivizados. Ao desenvolver uma agricultura diversificada, oposta à monocultura implantada pelos colonizadores, os quilombos produziam um excedente que era vendido ou trocado por outras mercadorias com os colonos vizinhos das comunidades quilombolas, estabelecendo uma rede de cooperação.

Por essas razões, os quilombos tornaram-se uma alternativa muito perigosa ao sistema escravista, na medida em que, na prática, forjaram uma sociedade política, guerreira, cultural, econômica e radicalmente oposta à dos colonizadores europeus.

Entre os quilombos brasileiros, destaca-se o Quilombo dos Palmares na Serra da Barriga, no atual estado do Alagoas, onde homens e mulheres negras "desenvolveram as mais belas páginas de luta de libertação nas Américas.[54]" O Quilombo dos Palmares desenvolveu lutas de grande envergadura contra as tropas enviadas por portugueses e holandeses, onde os negros e negras construíram um Estado livre que resistiu durante 100 anos (1595-1695) ao exército colonial português.

---

[54] CARDOSO, Marcos Antônio e SIQUEIRA, Maria de Lourdes. ZUMBI DOS PALMARES. Belo Horizonte: Mazza Edições, 1995. Cf. sobre o Quilombo dos Palmares: FREITAS, Décio. *Palmares: A Guerra dos Escravos.* 2. ed. Rio de Janeiro: Graal, 1978. MOURA, Clóvis. *Rebeliões da Senzala.* 3. ed. Rio de Janeiro: 1978. NASCIMENTO, Abdias. *O Quilombismo.* Rio de Janeiro: Vozes, 1980. SANTOS, Joel Rufino dos. *Zumbi*. São Paulo: Ed. Moderna, 1985.

"Dentro desse quadro é importante para nós, engajados na luta contra o racismo e de oposição frente aos responsáveis por essa realidade de crise, exploração e opressão, relembramos um pouco da história de luta do povo negro em nosso país.

No Estado de Alagoas (por triste coincidência o Estado de onde vem Collor de Melo) floresceu a primeira sociedade livre do Brasil – a República de Palmares (1595-1695) – que abrigou cerca de 25.000 pessoas (negros, brancos e índios). Os domínios de Palmares se estendiam por 27.000 Km, tendo o Quilombo do Macaco, sobre a Serra da Barriga, por sua posição estratégica, a capital da República de Palmares. Sua economia era baseada na mão-de-obra livre, dedicada à produção agrícola e ao artesanato.

Muitos moradores das regiões circunvizinhas mantinham acordos com os palmarinos: comercializavam ou trocavam armas, munições, pólvora, roupas e outros artigos para se salvarem dos ataques às casas e fazendas dos opressores.

Havia um sistema de comunicação entre os quilombolas e os negros que viviam nas cidades e forneciam informações sobre os planos das autoridades para destruir o Quilombo. Assim conseguiram defender-se de muitas expedições.

Várias povoações formavam a comunidade Palmarina, a saber: Macaco, Amaro, Subupira, Osenga, Zumbi, Acotirene, Tabocas, Andalaquituche, Alto Magano, Danbrabanga e outros.

A República de Palmares, constituiu-se na mais organizada forma de resistência dos negros contra a exploração e opressão da escravidão.

Zumbi dos Palmares, o maior de seus líderes, defendeu a preservação de um lugar que transformava a realidade da escravidão em condições igualitárias de vida. Em nenhum momento quis conciliar com as autoridades que frequentemente lhe faziam propostas de se entregar em troca de privilégios.

São esses valores que nos fazem, RELEMBRANDO PALMARES, nesse importante momento da vida política de nosso país quando depois de quase 30 anos iremos eleger de forma direta o Presidente da República, resgatar alguns aspectos da história de luta do nosso povo, pelo fim das desigualdades entre brancos e negros na sociedade brasileira."[55]

[55] II Encontro dos Negros das Regiões Sul e Sudeste. Organizar e Transformar : *O Brasil que o negro quer – Relembrando Palmares.* Entidades Negras das Regiões Sul e Sudeste. São Paulo: Boletim Informativo, 7-9, out. 1989. (mimeo).

Dentre os principais chefes guerreiros dos diversos quilombos que constituíram a República Negra dos Palmares, Ganga Zumba, Andalaquituche, Dandara, Acotirene, Aqualtune, Dambraganga, destaca-se a figura de Zumbi.

> "Como decorrência do aumento incessante de quilombolas e do aparecimento consequente da agricultura, surgiu o primeiro rudimento de governo entre eles. Foi escolhido para dirigi-los Ganga-Zumba, pelos méritos demonstrados na guerra. Era Palmares, como já foi acentuado por Nina Rodrigues e Édison Carneiro, uma imitação dos muitos reinos existentes na África, onde o chefe é escolhido entre os mais capazes na guerra e de maior prestígio entre eles. Esse rei governou até o ano de 1678 quando, havendo negociado a paz com os brancos, perdeu o prestígio entre os seus pares e foi assassinado, tendo sido substituído por Zumbi, que passou à História como líder incontestável e herói de Palmares. Além do rei, porém, a República era dirigida por um Conselho composto dos principais chefes dos quilombos espalhados pela região. Esse Conselho que constituía, ao que parece, a mais importante instância deliberativa da República, reunia-se periodicamente, quando havia assunto de interesse justificado e importado – a paz ou a guerra etc. – e funcionava na capital de Palmares, sob a presidência do rei Ganga-Zumba. Eram membros deste Conselho: Ganga-Zona (irmão do rei), chefe do mocambo de Subupira, segunda cidade da República; Pedro Capacaça, Amaro, Acotirene, Osenga, Andalaquituche e Zumbi. Nos seus respectivos mocambos esses membros eram chefes absolutos."[56]

Zumbi foi o último e principal líder de Palmares ao tomar a chefia de vários quilombos de Ganga Zumba, por não concordar com a proposta de subordinação e rendição feita pelos colonizadores portugueses.[57]

Com a destruição de Palmares pelo exército colonial comandado pelo bandeirante Domingos Jorge Velho em 1694, Zumbi foi morto no dia 20 de novembro de 1695. Depois de esquartejado e mutilado, Zumbi

---

[56] MOURA, Clóvis. *Rebeliões da Senzala- Quilombos, Insurreições e Guerrilhas.* São Paulo: LECH Livraria Editora e Ciências Humanas, 1981, 3ª edição, p- 186-187.

[57] A proposta consistia na cessão de terra para os palmarinos e a deposição das armas. Os nascidos em Palmares seriam livres, mas súditos do Rei de Portugal. Os demais africanos continuariam escravos.

teve a sua cabeça exposta no "lugar mais público" da cidade do Recife em Pernambuco, "para satisfazer os ofendidos" e "assustar" os negros que acreditavam ser Zumbi imortal.

Entretanto, Zumbi tornou-se um exemplo para as gerações futuras, um exemplo de luta e de amor à liberdade, imortalizando-se como um símbolo na luta antiescravista e libertária e até hoje, na luta contra o racismo e pela realização da justiça social e política para o conjunto dos negros e negras excluídos da sociedade brasileira.

Marcar a data de 20 de novembro – dia da morte de Zumbi – foi uma ideia que surgiu e começou a ser praticada em Porto Alegre, no Rio Grande do Sul, em 1971, por iniciativa do Grupo Palmares, autodenominado associação cultural de negros.[58]

> "O Grupo Palmares foi fundado em 20 de julho de 1971. (...) Adotou essa denominação em homenagem ao estado negro do século XVII por considerá-lo o momento maior na história do negro brasileiro. Preocupado em achar datas alternativas para contestar o enganoso 13 de maio, o grupo realizou atos homenageando Luís Gama em agosto e José do Patrocínio em outubro, o primeiro tendo como local a centenária Sociedade Floresta Aurora. Já o primeiro ato homenageando Palmares e marcando a data de 20 de novembro, dia da morte heroica de Zumbi, foi realizado depois no extinto Clube Náutico Marcílio Dias na noite de 20 de novembro de 1971, sábado. Complementando o evento, já estava entregue à redação a matéria do componente Oliveira, intitulada A Epopeia de Palmares, publicada dia 21 no jornal Correio do Povo. Um outro jornal, Folha da Tarde de 17/11, anunciava o ato como espetáculo teatral e o grupo teve de dar explicações à censura na sede da polícia federal. Era o tempo dos "gorilas" e o teatro estava na mira. Mas o ato transcorreu sem problemas e com público reduzido. Começava a ser assinalada a liberdade falsamente doada em 13 de maio de 1888 e evocando a liberdade conquistada que Palmares e os quilombos representam."[59]

---

[58] A proposta de desenvolver atividades no dia 20 de novembro partiu do poeta Oliveira Silveira, membro do grupo Palmares, que após trabalhosa busca de fontes confiáveis, especialmente a obra "O Quilombo dos Palmares " de Edison Carneiro, antropólogo, historiador e pesquisador da cultura negra.

[59] SILVEIRA, Oliveira. Cf. *NÊGO*, Jornal Nacional do Movimento Negro Unificado. Salvador, n. 14, abr. 1988, p. 3. Cf. Revista do MNU, n. 3, mar. Abr. 1980.

Cabe registrar que as obras, *O Quilombo dos Palmares*, de Edison Carneiro; a publicação intitulada ***Zumbi*** (coleção Grandes Personagens da Nossa História, Abril Cultural) e *As Guerras nos Palmares*, do português Ernesto Eannes, foram decisivas para se chegar ao dia 20 de novembro como uma data importante para a história da população negra no Brasil. De acordo com Oliveira Silveira, poeta e militante do Movimento Negro, a obra do historiador gaúcho Décio Freitas só seria conhecida mais tarde, contribuindo para reforçar as informações básicas. O autor compareceu ao ato do 20 de novembro, apresentou-se e ofereceu um exemplar de seu livro *Palmares – La Guerrilla Negra*, editado no Uruguai onde estivera exilado. O Grupo Palmares concorreu para a primeira edição do livro em português (*Palmares – A Guerra dos Escravos*, Porto Alegre, editora Movimento , 1973.)

Desde o lançamento da proposta em 1971 até 1978, o Grupo Palmares, além de outras atividades, continuou assinalando o 20 de novembro e combatendo o 13 de maio.

É por essas razões que o Movimento Negro Unificado, em 1978, ampliou o sentido e o âmbito do dia 20 de Novembro, aniversário da morte de Zumbi dos Palmares, propondo-o como DIA NACIONAL DA CONSCIÊNCIA NEGRA.

> "Nós, negros brasileiros, orgulhosos por descendermos de ZUMBI, líder da República Negra de Palmares, (...) nos reunimos hoje, (...) para declarar a todo o povo brasileiro nossa verdadeira e efetiva data: 20 de novembro – Dia Nacional da Consciência Negra. Dia da morte do grande líder negro nacional, ZUMBI, responsável pela primeira e única tentativa brasileira de estabelecer uma sociedade democrática, ou seja, livre, e em que todos – negros, índios e brancos – realizaram um grande avanço político e social. Tentativa esta que sempre esteve presente em todos os quilombos."[60]

Em contraposição ao 13 de maio, data comemorativa da historiografia oficial que marca a abolição formal do trabalho escravo, o Movimento Social Negro contemporâneo, em particular, o MNU, apresenta o 20 de novembro de 1978 como forma de religar o fio histórico da resistência negra no Brasil.

---

[60] MOVIMENTO NEGRO UNIFICADO. Manifesto Nacional pelo Dia Nacional da Consciência Negra. 20, nov. 1978. Cf. 1978-1988 – 10 anos de luta contra o racismo. Op. Cit.

De um modo geral, a heroicidade, intrinsecamente ligada à história dos quilombos, é muito destacada, principalmente a figura de Zumbi dos Palmares. Ao relembrar os quilombos, buscava-se ressaltar os aspectos positivos de uma identidade histórica brasileira, reforçando a nacionalidade através do filão da resistência popular ou como forma de simbolizar o território palmarino como a esperança de um Brasil justo onde houvesse liberdade, união e igualdade.

Não é por simples acaso, que na primeira manifestação pública contra o racismo organizada pelo Movimento Negro Unificado em julho de 1978, a coordenação do ato recebeu uma carta do grupo afro-brasileiro de presidiários intitulado "Netos de Zumbi", lida durante aquele evento.

Além da vigorosa denúncia sobre as reais condições de vida dos presidiários da Casa de Detenção de São Paulo, de revelar uma profunda consciência política e um clamor trágico por informações referentes aos direitos humanos, a carta revela a solidariedade à um ato público contra o racismo, organizado pelo Movimento Negro. Tal ato, além de colocar a cara do Movimento pela primeira vez nas ruas em pleno ano de 1978, denuncia a discriminação racial submetida aos presidiários negros. Assinada por um grupo de presos que se identificam com o negros e intitulado "Netos de Zumbi", o documento revela uma força impressionante.

> "NÓS, NETOS DE ZUMBI, PRESOS NA DETENÇÃO, ASSIM PENSAMOS E ASSIM ESCREVEMOS A VOCÊS, IRMÃOS E TAMBÉM NETOS DE ZUMBI!
> Casa de Detenção de São Paulo.
>
> Do fundo do grotão, do exílio, levamos nosso sussurro a agigantar o brado de luta e liberdade dado pelo **Movimento Unificado Contra a Discriminação Racial**. Nós presidiários brasileiros contamos com nosso grupo unificado contra a Discriminação racial. E aqui estamos no lodo do submundo mas dispostos a dar nossos corpos e mentes para a ação de luta, denunciar também a discriminação dentro do sistema judiciário. Aqui no maior presídio da América do Sul.
>
> (...) Quando fala-se em direitos humanos, é necessário ver com quem se fala porque cada qual compreende segundo suas necessidades.(...) Aqui no presídio não se pode falar muito nisto pois logo somos motivo de chacotas (nós do Grupo Afro-brasileiro, denominados netos de Zumbi, sabemos que há, mas não sabemos onde nem como se fazer ouvir pelo tal).
>
> Creio, inclusive, que, Direitos Humanos não passa de um tema promocional que tem estado em foco atualmente em todos os

setores filantrópicos, públicos e particulares. Contudo, nós aqui, não temos senão temas e reuniões que pelo visto não passam mesmo daí. Os homens que o propagam são os primeiros a violá-los. E ele vem pelo mundo afora ricocheteando, estragando-se dentro dos palácios governamentais. Nós presos, para dizer a verdade não o vimos chegar, não o sentimos passar aqui onde vivemos, e nem sabemos ao certo, se este tal de direitos humanos é o símbolo da mentira, da verdade ou da hipocrisia porque da Liberdade, nós sabemos que não é.

Se existe, é um bicho que sempre nos tem mordido ou é um Deus ao qual ninguém jamais orou. Agora desperta em nós a curiosidade de homens negros e ignorantes: *Queremos saber o que são estes tais de direitos humanos.* (grifo meu) Também tem o seguinte: Se for algo do qual dependemos da sociedade branca para nos conscientizar, algo que se consiga com docilidade de servos não apresente!... Já estamos fartos de palavras, demagogias, por isto somos um grupo, por isto gritamos sem cessar. Somos negros, somos **NETOS DE ZUMBI**!

(e vovó ficaria triste, se nos entregássemos sem luta)"

Grupo Afro-brasileiro Netos de Zumbi!.[61]

"Somos negros, somos netos de Zumbi, e vovó ficaria triste se nos entregássemos sem luta", finaliza a carta do grupo de negros presidiários da Casa de Detenção de São Paulo. Se esta definição terminal do "Netos de Zumbi" nos permite afirmar com segurança que, para o Movimento Negro, resistência é o que marca a história negro-africana no Brasil, o Quilombo (**Kilombo**) é, para os pesquisadores do Movimento Negro, entre eles, a historiadora e militante, Maria Beatriz do Nascimento, "uma instituição africana, que representou na história do povo negro, no Brasil, um marco na sua capacidade de resistência e organização".[62]

" Dois incentivos iniciais fizeram com que os portugueses, ao contrário dos demais europeus, se internassem no continente africano e procurassem conquistar uma colônia em Angola. O primeiro seria repetir o caso brasileiro, ou seja, adquirir terras

---

[61] GRUPO DE PRESIDIÁRIOS AFRO-BRASILEIROS "NETOS DE ZUMBI. Carta. São Paulo: Jornal Versus – seção afro-latino-américa, n. 23, jul. ago. 1978, p.35

[62] NASCIMENTO, Maria Beatriz do. O conceito de quilombo e a resistência cultural negra. Rio de Janeiro: AFRODIÁSPORA - revista do mundo negro, n.6-7, abr. dez. 1985. Publicação do IPEAFRO - Instituto de Pesquisas e Estudos Afro-Brasileiros ref. ao Curso Conscientização da Cultura Afro Brasileira realizado em 1984 na PUC/SP e 1985 na UERJ, dirigido por Abdias do Nascimento.

próprias para se fixar como naquela colônia americana. O segundo objetivava encontrar minério precioso em Angola, objetivo logo frustrado.

Os europeus descobriram ainda no século XV que a maior fonte de riquezas era o tráfico escravista. O Brasil passou a ser o maior receptor desta "mercadoria" nos meados do século XVI. Decorrente da procura de escravos intensificou-se a penetração interior, geralmente organizada pelo rei do Congo que orientou os ataques portugueses.

A "zona da caça" preferida era a região da etnia mbundu, no Sul de Angola. No século XVII os portugueses verificaram definitivamente que o comércio humano mais que qualquer atividade atendia aos interesses coloniais. Três métodos principais se mostraram eficazes para este empreendimento. O primeiro baseava-se na compra por traficantes nos mercados dos povos mais afastados, junto às fronteiras do Congo e de Angola. Mbumdu, povo fixado próximo ao lago Stanley, deu nome a estes traficantes, os famosos pombeiros. O segundo método consistia na forma de obter escravos através da imposição de tributos aos chefes mbundus conquistados. Tal tributo era pago em jovens escravos adultos conhecidos sob o nome de peças da Índia. O terceiro método de adquirir escravos era através de guerras diretas. Os governadores eram os mais interessados neste último procedimento. Alguns deles, com interesses no Brasil, preocupavam-se em abastecer de escravos suas próprias terras americanas.

Ao entrar no continente africano, os europeus encontraram sociedades de diversos tipos, naquele momento em processo de redefinição, na medida em que surgia em alguns pontos a organização do Estado. Este, como exemplo do Reino do Congo, chocava-se com algumas formações tradicionais, como no caso das formações baseadas no modo de produção de linhagem da qual os mbundus faziam parte.

David Birmingham dá bem a medida dos conflitos existentes nas sociedades bantus da África centro-ocidental no momento da penetração portuguesa. Diversas etnias se entrechocam, se sucedem no mesmo espaço, seja aderindo ao novo momento, seja resistindo a esta penetração. Dentre essas vamos encontrar os Imbangalas, também conhecidas como Jagas, caçadores vindos do Leste que, por volta de 1560, começam a invadir o Reino do Congo que por volta de 1569 tinham conseguido expulsar os reis e os portugueses da capital, obrigando-os a exilar-se numa ilha no rio. Entre 1571 e 1574 os europeus, usando armas de fogo, fazem recuar este combativo povo.

(...) Esta característica nômade dos Imbangalas, acrescida da especificidade de sua formação social, pode ser reconhecida na instituição *Kilombo.* A sociedade guerreira Imbangala era aberta a todos os estrangeiros desde que iniciados. Tal iniciação substitui o rito de passagem das demais formações de linhagem. Por não conviverem com os filhos e adotarem os daquelas formações com as quais entrava em contato, os Imbangala tiveram papel relevante neste período da história angolana, a maior parte das vezes na resistência aos portugueses, outras no domínio de vastas regiões de fornecimento de escravos. Por tudo isto, o ***Kilombo*** cortava transversalmente as estruturas de linhagem e estabelecia uma nova centralidade de poder frente às outras instituições de Angola.

O ritual de iniciação baseava-se na prática da circuncisão que expressava o rito de passagem, incorporando jovens das várias linhagens na mesma sociedade guerreira. Kilombo aqui recebe o nome de instituição em si. Seriam **Kilombo** os próprios indivíduos ao se incorporarem à sociedade Imbangala.

Outro significado estava representado pelo território ou campo de guerra que denominava-se *jaga.* Ainda outro significado para *Kilombo,* dizia respeito ao local, casa sagrada, onde processava-se o ritual de iniciação. O acampamento de escravos fugitivos, assim como quando os Imbangala estavam em comércio negreiro com os portugueses, também era **Kilombo**."[63]

Beatriz Nascimento observa uma inter-relação entre o Brasil e Angola ao estabelecer uma conexão entre a história da instituição **Kilombo** na África (Angola) e **Quilombo** no Brasil colonial. Podemos notar que o Quilombo dos Palmares não deixa de ser um fenômeno paralelo ao que se está desenrolando em Angola no final do século XVI e início do XVII. O auge da resistência Jaga se dá exatamente entre 1584 e meados do outro século. Neste mesmo momento, se estrutura no Brasil a Angola-Janga, ou a Angola Pequena, ou seja, o Quilombo dos Palmares como ficou conhecido no Brasil.

"Alguns outros fatores coincidentes com a realidade angolana podem ser remarcados, como por exemplo a nominação do chefe africano de Palmares, Ganga Zumba. Tal título era dado ao rei Imbangala com uma pequena variação: Gaga. O adorno da cabeleira verificado pelo cronista quando o rei palmarino em conferência no Recife sobre a trégua que leva o seu nome: era costume do Imbangala Calando, por

[63] NASCIMENTO, Maria Beatriz do. *O conceito de quilombo e a resistência cultural negra.* Rio de Janeiro: AFRODIÁSPORA – Revista do Mundo Negro, abr. dez. 1985, p.42-43.

> exemplo, usar o cabelo em tranças longas adornadas de conchas, como sinal de autoridade. O estilo da guerra, baseada numa máquina que se opunha em várias frentes aos prováveis inimigos da instituição, ou seja, o corte transversal e a centralidade nova frente ao regime colonial. Por fim, o nome dual da instituição no Brasil, Angola Janga.
>
> Certo é que o nome Angola dado ao território colônia africano derivou do nome do rei mbundu N'gola, o qual emprestou aos seus diversos seguidores-sucessores. Provavelmente, representantes dessa dinastia africana são transferidos pelo tráfico ao Brasil. Certo é que estejam em Palmares também como chefes do estabelecimento sedicioso. Provável que o segundo nome Janga – variação de Jaga – demonstra a união destas duas linhagens chefiando o Quilombo dos Palmares, porque assim estavam relacionadas no controle do território mbundu em Angola."[64]

De um modo geral, é recente o esforço historiográfico para estudar as instituições quilombolas no Brasil. As informações sobre os quilombos brasileiros, procuram identificá-los como aldeias do tipo que existiam na África, onde negros e negras se refugiavam para viver o seu "banzo" ou reviver com nostalgia as lembranças da terra natal – a mãe África. Ou seja, os quilombos eram vistos como uma estrutura estagnada, desprovidos de uma vida dinâmica e descontextualizados do seu tempo.

As denúncias, as atividades de conscientização, as ações socioeducativas e culturais, a mobilização de outros setores da sociedade, enfim, o trabalho desenvolvido pelo conjunto das entidades e grupos do Movimento Negro, buscavam contribuir para a desconstrução do "imaginário romântico", permeado por uma visão quase simplista acerca da experiência dos quilombos no Brasil.

Na realidade, no período colonial, os quilombos constituíram-se em grandes comunidades, alguns tão organizados, que são vistos pelos pesquisadores ligados ao Movimento Negro como verdadeiros Estados.

Temos, como exemplo, o da comarca do Rio das Mortes em Minas Gerais, desmembrado em 1750, ou o Quilombo Grande ou Quilombo do Ambrósio em Minas Gerais, tão importantes quanto o Quilombo de Palmares, seja pela contigente de núcleos de população negra que mobilizou ou pela estrutura que construiu, inclusive, a econômica.

> "É vasta a experiência quilombola no Brasil. Foram centenas de quilombos espalhados pelo país. Em Minas Gerais, existiu um celeiro deles. No fim do século XVII, no momento em que o

64 NASCIMENTO, Maria Beatriz do. AFRODIÁSPORA. Op. Cit. 44-45

> Quilombo de Palmares estava sendo destruído, descobriam-se em Minas Gerais as jazidas de ouro e diamante.
>
> A experiência de Palmares não só serviu para a organização de quilombos em todo o território brasileiro, mas, também, para que a coroa portuguesa aperfeiçoasse a repressão aos quilombos. O sistema escravista tinha medo de um novo Palmares.
>
> Dentre os quilombos existentes em Minas Gerais, destacaram-se o Quilombo dos Garimpeiros, o do Ambrósio, o do Sapucaí, o do Paraibuna, o de Inficionado, o de Pitangui, o de Jabuticatubas, o de Misericórdia e o de Campo Grande entre outros.
>
> Entre os quilombos mineiros, o mais importante é o do Campo Grande, por sua duração e população de 20 mil aquilombados. O Quilombo do Campo Grande tinha uma organização parecida com a de Palmares. Ele surgiu das ruínas do Quilombo do Ambrósio, fortalecido após a destruição deste último. Sua existência constituía uma ameaça ao governo, pelo fato de agregar vários núcleos quilombolas."[65]

Os grandes quilombos originaram-se a partir dos centros de exploração econômica, considerando aqui a visão criticada por uma corrente de historiadores: a dos "ciclos econômicos" – o açúcar em Pernambuco e o ouro em Minas Gerais, por exemplo. Entretanto, o que importa é que no mesmo período em que se destruía a "República Negra dos Palmares", organizada em torno da monocultura do açúcar nos estados de Sergipe, Alagoas e Pernambuco, descobria-se o ouro em Minas Gerais. A corrida pelo ouro e a expectativa de enriquecimento rápido intensificaram ainda mais o tráfico de escravos e o fluxo de um contigente maior de portugueses para o País, além da migração interna de negros escravos, os primeiros migrantes. Por outro lado, as guerras e a repressão a Palmares serviram como uma escola para os colonizadores.

> "A história pernambucana não registra nenhuma rebelião escrava importante depois da palmarina. Por coincidência, no mesmo ano em que tombava Macaco, descobriam-se em Minas Gerais as jazidas auríferas e diamantíferas. Desde então até o fim do século XVIII, a região das minas constituiu a base geográfica fundamental do escravismo brasileiro. Os escravos desembarcados no Rio de Janeiro convergiam quase totalmente para esta zona.

---

[65] CARDOSO, Marcos Antônio e SIQUEIRA, Maria de Lourdes. Zumbi dos Palmares. Belo Horizonte, Mazza Edições, 1995, p. 14-15.

Como os fornecimentos da importação não atendiam às insaciáveis exigências da mineração, os contratadores mandavam comprar escravos nas capitanias em que a atividade econômica apresentava menor rendimento. E assim foi como Pernambuco, com a sua economia açucareira crescentemente empobrecida, ainda mais se desfalcou de escravos. Diminuindo o peso da massa cativa no conjunto da população, as sublevações se tornaram raras e em geral inexpressivas. No curso do século XVIII a massa escrava brasileira se revoltou predominantemente em Minas Gerais, Bahia, Goiás e Rio de Janeiro."[66]

É a partir da experiência singular do Quilombo dos Palmares, que o Brasil será o palco de uma intensa proliferação de comunidades quilombolas, à medida que negros africanos escravizados iam se rebelando contra a escravidão. Todavia, de acordo com a historiadora Beatriz Nascimento, havia uma diferença fundamental: no século XVII, era possível encontrar grupos de etnias comuns num mesmo espaço territorial e voltados para um tipo de economia – baseada na policultura, diversificada, que produzia um excedente, permitindo a troca de produtos com outros colonos e que não dependia das transações comerciais no exterior – o que dá a medida do risco que isso representava para o sistema colonial, cuja produção econômica era baseada na monocultura e na exploração predatória.

Já no século XVIII, o quilombo se redefine, variando conforme a área geográfica, a repressão oficial e a diversidade étnica, na medida em que os escravistas sofisticavam o controle e a repressão, misturando povos de origens étnicas e línguas diferentes, separando famílias, pais, filhos e irmãos, dificultando ou mesmo impossibilitando que cada núcleo de população negra representasse um risco ao sistema.

A mudança de atividades econômicas e de regiões, também, provocavam o afrouxamento dos laços entre senhores e escravos. A fragilidade e a instabilidade colonial facilitavam as fugas, os saques e o "banditismo" social, integrando estes aspectos e definindo a sobrevivência dos aglomerados quilombolas.

Fica claro que para o sistema erigido na força da repressão, o quilombo, assim, passa a ser definido como "valhacouto de bandidos" conforme o Código Penal de 1835, e não como uma forma de contestação

[66] FREITAS, Décio. *Palmares, A Guerra dos Escravos.* 2. ed. Rio de Janeiro: Graal, 1978, p. 183.

de escravos. Ao mesmo tempo, enquanto representasse perigo à estabilidade e integridade do Império, os quilombolas seriam punidos com a mesma pena que corresponde aos participantes de insurreições: a degola.

Nesse período, os quilombos serão vistos como o "perigo negro" por que participavam, direta ou indiretamente, das guerras internas, movimentos sediciosos e revoltas populares, como as que ocorreram no Maranhão e na Bahia, em 1835. No período imperial, os quilombos de grande porte encontravam-se nos morros e periferias dos centros urbanos mais importantes. Citamos como exemplo o do Catumbi, o do Corcovado e o de Manuel Congo no Rio de Janeiro. Alguns desenvolviam intensas atividades religiosas como o Quilombo de Nossa Senhora dos Mares e o de Cabula em Salvador.

No final do século XIX, o quilombo já significava reação contra todas formas de opressão. Sua mística povoava o sonho, o imaginário coletivo de milhares de escravos nas plantações e em diversas outras atividades econômicas. Muitos quilombos organizaram-se, dentro desse contexto ideológico, onde as fugas implicavam uma reação ao colonialismo. Já existia, naquele momento, a tradição oral ao lado de referências literárias da experiência quilombola do passado. O melhor exemplo disso foi o surgimento do Quilombo do Jabaquara, onde os negros fugidos das fazendas paulistas migraram para a cidade de Santos em busca de um Quilombo que era apregoado pelos seguidores de Antônio Bento, quilombo este que na verdade viria a ser uma grande favela, frustrando aquele ideal de território livre onde se podia dedicar às práticas culturais africanas e ao mesmo tempo uma reação ao regime escravocrata.

E por ter sido durante três séculos uma instituição livre, paralela ao sistema dominante, essa mística vai alimentar os anseios de liberdade. Essa passagem de instituição em si para símbolo de resistência inaugura, ideologicamente, o quilombo no século XX – ideal de território livre onde se podia dedicar às práticas culturais africanas e, ao mesmo tempo, uma reação militar ao regime escravocrata.

É nesse momento que a produção intelectual vai se debruçar sobre o tema do quilombo "buscando seus aspectos positivos como reforço de uma identidade histórica brasileira"[67]. Os quilombos serão

---

[67] NASCIMENTO, Maria Beatriz do. *O conceito de quilombo e a resistência cultural negra.* Rio de Janeiro: AFRODIÁSPORA, n.6-7, 1985, p.46. Op. Cit.

relembrados como desejo de uma utopia nas manifestações artísticas influenciadas pelas teorias da resistência popular como nas letras de samba ou terão a sua importância desqualificada nas narrativas oficiais no interior das instituições escolares até 1964.

Enfim, os quilombos foram sociedades alternativas constituídas por homens e mulheres livres, que abrigavam no seu interior os mais diferentes povos do mundo, especialmente, os oprimidos de toda sorte. Eram uma contraposição real ao poder colonial. Em parte, isso explica, para além das razões de ordem econômica, o grande investimento das autoridades coloniais nas guerras de repressão constante, até a mais completa destruição dos quilombos. No caso de Minas Gerais, cerca de 160 quilombos foram completamente destruídos nos séculos XVIII e XIX.[68]

O certo é que, para o Movimento social negro, Quilombo passou a ser sinônimo de povo negro, sinônimo de comportamento negro, de esperança e luta por uma sociedade igualitária. Passou a ser sede interior e exterior de todas as formas de resistência cultural. Tudo, de atitude à associação, seria quilombo, desde que buscasse maior valorização da herança negra.

Podemos verificar a influência e o significado do quilombo e de Zumbi dos Palmares na produção cultural subsequente, seja fornecendo material para ficção participativa na peça de teatro: Arena conta Zumbi, nos anos 70, ou na forma de poesias e poemas, músicas, livros, textos, histórias em quadrinhos, cartazes, panfletos, camisetas, vídeos e audiovisuais, peças de teatro, sambas-enredo e coreografias para dança afro-brasileira, indumentárias, figurinos, cenários, pinturas, esculturas, inspiração para organização de entidades e grupos negros em toda a cidade e em todo o Brasil.

Assim o quilombo passa a ser uma referência fundamental para a construção da identidade histórica e política do movimento social negro. Nessa perspectiva, pode-se registrar a contribuição de Candeia – um grande compositor de sambas, que funda a Escola de Samba Quilombo, no Rio de Janeiro, e nos legou o samba-enredo memorável da Escola: "Quilombo, pesquisou suas raízes e os momentos mais felizes, de uma raça singular...".[69] Além disso publicou um livro, onde relata a importância

---

[68] Cf. GUIMARÃES, Carlos Magno. Belo Horizonte: Hoje em Dia, caderno de cultura, 11, set. 1995, p.3.

[69] Trecho do samba-enredo do compositor Candeia.

do trabalho da escola de samba para preservar as raízes da cultura negra. Candeia já percebia o processo de descaracterização e comercialização da escola de samba, através da pressão da indústria do carnaval e outra influências estranhas à comunidade do samba:

> "Quilombo: Grêmio Recreativo Arte Negra (...) nasceu da necessidade de se preservar toda a influência do afro na cultura brasileira. Pretendemos chamar a atenção do povo brasileiro para as raízes da arte negra brasileira."[70]

Outro acontecimento importante, por exemplo, foi a realização no período de 22 a 24 de agosto de 1980, em Maceió – Alagoas, de um seminário nacional que reuniu 80 lideranças negras, pesquisadores e intelectuais de todo o Brasil e representantes do Governo, para discutirem o projeto que visava à criação do Parque Histórico Nacional de Zumbi (*Memorial Zumbi*), na Serra da Barriga, local histórico do quilombo dos Palmares. Organizado pela Universidade Federal de Alagoas e da Fundação Pró-Memória, órgão vinculado ao Ministério da Educação e Cultura, o seminário contou com a participação de representantes de instituições acadêmicas, do movimento negro e de órgãos do governo. Um segundo encontro realizou-se a 20 de novembro do mesmo ano, em União dos Palmares, pequena cidade ao sopé das Serra da Barriga. Dela, saiu o Conselho Geral do Memorial Zumbi: Parque Histórico Nacional.[71] Segundo o historiador Joel Rufino dos Santos, relator daquela reunião e Secretário Geral do Conselho do *Memorial Zumbi*:

> "A importância cultural e política do Memorial Zumbi: Parque Histórico Nacional é manifesta. Pela primeira vez, instituições acadêmicas e órgãos oficiais se associam à comunidade negra num projeto qualquer. É auspicioso que tenham compreendido tal necessidade, tanto mais que a nossa tradição não é absolutamente esta. O autoritarismo, a política do 'fato consumado', sempre foi, entre nós, a regra das relações Estado-Sociedade Civil.
>
> Da parte do movimento negro – em sentido largo –, a participação majoritária num Conselho dessa magnitude (trata-se , afinal de

---

[70] CANDEIA & ISNARD. *Escola de samba, árvore que esqueceu a raiz.* Rio de Janeiro: Editora Lidador/SEEC, 1978, p-87.

[71] CADERNOS CANDIDO MENDES. Estudos afro-asiáticos, n.5, 1981, p. 108-110. Rio de Janeiro: CEAA - Centro de Estudos Afro-Asiáticos. (Resoluções do Seminário para a criação do Parque Histórico Nacional: Memorial Zumbi).

resgatar a memória do mais notável núcleo rebelde de nossa história) é o sinal de duas coisas: seu amadurecimento e seu peso político."[72]

Entre os principais objetivos do *Memorial Zumbi*, destacava-se o de "estabelecer-se como polo de uma cultura de libertação do negro",[73] que, entre outras finalidades, destacavam-se:

> "Promover humana e socialmente as massas de origem africana e de todos os segmentos oprimidos do país; Exigir a devolução, à comunidade afro-brasileira, da riqueza que ela criou e foi usurpada; Resgatar a memória de Palmares e da comunidade afro-brasileira como base de luta.[74]"

Ainda em 1980, o professor Abdias do Nascimento colocava para o debate, no Movimento Negro, uma proposta denominada "Quilombismo – um conceito científico emergente do processo histórico-cultural das massas afro-brasileiras",[75] e esse texto torna-se um dos documentos importantes para a formação da consciência negra brasileira, reunidos e publicados pelo autor na obra *O Quilombismo*.

Baseado na concepção de que tanto o Estado colonial português quanto o Estado Brasileiro – Colônia, Império e República – significam o terror organizado contra a população negra, Abdias do Nascimento buscava um conceito que sistematizasse a experiência histórica do povo negro, que pudesse ser uma ferramenta teórica do Movimento Negro e a alavanca para a mobilização das massas negras oprimidas no Brasil.

> "Uma ciência histórica que não serve à história do povo de que trata está negando-se a si própria. Trata-se de uma presunção cientificista e não de uma ciência histórica verdadeira. Como poderiam as ciências humanas, históricas – etnologia, economia, história, antropologia, sociologia, etc., – nascidas, cultivadas e definidas para povos e contextos socioeconômicos diferentes, prestar útil e eficaz colaboração ao conhecimento do negro – sua realidade existencial, seus problemas e aspirações e projetos?
>
> Seria a ciência social elaborada na Europa e nos Estados Unidos tão universal em sua aplicação? A raça negra conhece na

---

[72] CADERNOS CANDIDO MENDES. Op. Cit. p. 108-109.
[73] CADERNOS CANDIDO MENDES. Op. Cit. p. 109.
[74] CADERNOS CANDIDO MENDES. Op. Cit. p. 109.
[75] NASCIMENTO, Abdias. *O Quilombismo*. Petrópolis: Vozes, 1980. Documento n. 7, p.245.

> própria carne a falaciosidade do universalismo e da isenção dessa "ciência".
>
> Aliás, a ideia de uma ciência histórica pura e universal está ultrapassada. O conhecimento científico de que os negros necessitam é aquele que os ajude a formular teoricamente – de forma consistente – sua experiência de quase 500 anos de opressão. Haverá erros ou equívocos inevitáveis em nossa busca de racionalidade do nosso sistema de valores, em nosso esforço de autodefinição de nós mesmos e de nosso caminho futuro. Não importa. (...) Agora devolvemos ao obstinado segmento "branco" da sociedade brasileira as suas mentiras, a sua ideologia de supremacismo europeu, a lavagem cerebral que pretendia tirar a nossa humanidade, a nossa identidade, a nossa dignidade, a nossa liberdade. Proclamando a falência da colonização mental eurocentrista, celebramos o advento da libertação quilombista.
>
> (...) Cabe mais uma vez insistir: não nos interessa a proposta de uma adaptação aos moldes de sociedade capitalista e de classes. Esta não é a solução que devemos aceitar como se fora mandamento inelutável. Confiamos na idoneidade mental do negro, e acreditamos na reinvenção de nós mesmos e de nossa história. Reinvenção de um caminho afro-brasileiro de vida fundado em sua experiência histórica, na utilização do conhecimento crítico e inventivo de suas instituições golpeadas pelo colonialismo e o racismo. Enfim reconstruir no presente uma sociedade dirigida ao futuro, mas levando em conta o que ainda for útil e positivo no acervo do passado.
>
> (...) Precisamos e devemos codificar nossa experiência por nós mesmos, sistematizá-la, interpretá-la e tirar desse ato todas as lições teóricas e práticas conforme a perspectiva exclusiva dos interesses das massas negras e de sua respectiva visão de futuro. Esta se apresenta como a tarefa da atual geração afro-brasileira: edificar a ciência histórico-humanista do quilombismo."[76]

O projeto quilombista apresentava ainda, no documento, um ABC do Quilombismo, onde o verbete da letra Z significa "Zumbi: o fundador do quilombismo – zênite desta hora histórica, deste povo negro afro-brasileiro"[77] e um elenco de 16 princípios, finalizando com o detalhamento da proposta de realização da Semana da Memória Afro-Brasileira, a cada

---

[76] NASCIMENTO, Abdias. *O Quilombismo*. Documento n. 7. Op. Cit. p. 261-263

[77] NASCIMENTO, Abdias. Op. Cit. p. 275.

20 de novembro, aniversário da morte de Zumbi e Dia Nacional da Consciência Negra. Dentre os princípios do Quilombismo, cabe destacar o da implantação do Estado Nacional Quilombista:

> "Quilombismo é um movimento político dos negros brasileiros, objetivando a implantação de um Estado Nacional Quilombista, inspirado no modelo da República dos Palmares, no século XVI, e em outros quilombos que existiram e existem no país.
>
> O Estado Nacional Quilombista tem sua base numa sociedade livre, justa, igualitária e soberana. O igualitarismo democrático quilombista é compreendido no tocante a raça, economia, sexo, sociedade, religião, política, justiça, educação, cultura, enfim, em todas as expressões da vida em sociedade. O mesmo igualitarismo se aplica a todos os níveis de Poder e de instituições públicas e privadas.
>
> A finalidade básica do Estado Nacional Quilombista é a de promover a felicidade do ser humano. Para atingir sua finalidade, o quilombismo acredita numa economia de base comunitário-cooperativista nos setor de produção, da distribuição e divisão dos resultados do trabalho coletivo. O Quilombismo considera a terra uma propriedade nacional de uso coletivo. As fábricas e outras instalações industriais..."[78]

Ao considerar o conteúdo político e os fundamentos históricos do projeto – a "utopia" da implantação do Estado Nacional Quilombista no Brasil – naquele momento de ebulição política do Movimento Negro, no qual se propunha romper radicalmente com as estruturas vigentes do País, com base na experiência do passado, pode ter sido uma das razões que explicam o fato de o Movimento Negro abandonar a proposta e não encaminhá-la como um "projeto político" para o conjunto da militância, para os diversos segmentos da população negra e para o debate da sociedade brasileira.

Por outro lado, outro aspecto que mereceu atenção foi o fato de que não ficou claro se o projeto quilombista propunha, do ponto de vista organizativo, um "outro movimento negro", na medida em que já ocorria um intenso processo de mobilização e articulação de diversos segmentos da comunidade negra, que visava à ampliação e à consolidação de uma organização política negra, através do MNU.

---

[78] NASCIMENTO, Abdias. *Quilombismo.* Documento n.º 7. Op. Cit. p-275.

Já em 1983, no importante seminário realizado pelo Centro de Estudos Afro-Asiáticos do Conjunto Universitário Cândido Mendes, em um dos debates sobre "O Negro no Cinema Brasileiro" onde participaram produtores, diretores e artistas negros, o cineasta Cacá Diegues debateu com intelectuais e militantes do Movimento Negro o seu filme "Quilombo". Para os ativistas do Movimento Negro, a presença do negro no cinema "não é de graça", no sentido de que os negros e negras no Brasil não "aparecem" gratuitamente na tela do cinema ou da televisão. Para o cineasta, o filme "Quilombo" é mais uma "ficção mito-poética" do que propriamente uma leitura fidedigna da realidade da história de Zumbi e de Palmares.

No entanto, é importante ressaltar que naquela época a participação de Lélia Gonzalez, da direção nacional do MNU e a mais importante liderança negra na articulação e organização das mulheres negras no Brasil, foi decisiva não só pelo fato de assinar o roteiro do filme "Quilombo", mas, também, por destacar o papel de Dandara, companheira de Zumbi dos Palmares, papel este fundamental no resgate da história das lutas e da participação da mulher negra. A figura de Dandara passou a ser uma referência positiva para as mulheres e homens negros.

Em 1987, o Governo Sarney, instala a "Comissão do Centenário" com a finalidade de preparar as atividades em torno do centenário da Abolição. Após a realização do 1º Encontro Nacional do Centenário da Abolição no Brasil, realizado em Salvador, na Bahia, entre os dias 27 e 30 de novembro de 1987, o documento "Carta de Salvador" reivindicava espaço na vida socioeconômica brasileira para a população negra brasileira. Surgia o Programa Nacional do Centenário da Abolição – PROCEM, e o embrião da Fundação Cultural Palmares.

O ano de 1988 foi um dos momentos políticos mais importantes na história recente do Movimento Negro. Primeiramente, o tema da "Abolição" tornou-se o tema de discussão da conjuntura nacional. Na contramão das comemorações oficiais, articuladas pela Comissão oficial do centenário através do Procem, o Movimento Negro foi para as ruas mobilizar a sociedade e mais uma vez protestar. No início daquele ano, paradoxalmente, a "Escola de Samba Unidos da Vila Isabel" ganha o carnaval com o samba-enredo "Valeu Zumbi" puxado por Martinho da Vila, que se tornou um clássico nas rodas de samba, cantado pelo povo e sempre lembrado nas festas da comunidade negra em todo o Brasil.

"...Valeu Zumbi
Um grito forte dos Palmares
Que correu terras
Céus e mares
Influenciando a abolição
Zumbi valeu!"[79]

Interessante notar o conteúdo político e histórico desse samba-enredo pela articulação entre o resgate da memória de Zumbi e do Quilombo dos Palmares em pleno ano de 1988 em que o Governo investia numa grande comemoração em torno do Centenário da Abolição. A ironia fica por conta de que é o samba-enredo de uma escola cujo nome é o da Princesa Isabel. Mais ainda, a letra do samba-enredo desenvolve uma crítica humorada aos partidos políticos, ao processo da Constituinte, afirma a importância da cultura negra e solidariza com a luta contra o Apartheid na África do Sul. O discurso do Movimento Negro era levado para o seio da população brasileira.

O Governo Sarney, após tramitação de projeto de lei no Congresso Nacional, através do voto acordado por consenso entre as lideranças partidárias, e tendo sido relatora, a primeira mulher negra eleita para o Poder Legislativo Nacional, na época, a Deputada Federal Benedita da Silva, criou a Fundação Cultural Palmares, órgão vinculado ao Ministério da Cultura, contrariando setores do Movimento Negro Brasileiro, que foram a Brasília mobilizar parlamentares negros e não negros, numa tentativa de obstruir o projeto de criação da Fundação Cultural Palmares.

Em 1988, o Movimento Negro pautou os meios de comunicação. O discurso do Movimento postulava uma oposição política ao governo e às comemorações oficiais do "Centenário da Abolição". Para o Movimento, naquele período, a proposta do governo em criar a Fundação Palmares tinha o objetivo de dividir, manipular a opinião pública e cooptar lideranças, personalidades e setores adesistas do Movimento Negro com verbas e recursos, e através da Fundação Palmares, esvaziar o conteúdo político de protesto que se queria imprimir ao "Centenário da Abolição".

Para o Movimento Negro, o Governo teve a intenção de provocar quando propôs a data de 21 de março – Dia Internacional para Eliminação da Discriminação Racial, data instituída pela Organização das Nações

---

[79] Trecho do samba-enredo interpretado e gravado por Martinho da Vila no carnaval de 1988.

Unidas – ONU – em homenagem aos jovens estudantes, vítimas do massacre de Shaperville em 1976, durante o regime do "*Apartheid*" – regime de segregação racial da África do Sul – num momento em que crescia a solidariedade internacional ao povo sul africano e o Movimento Negro pressionava o Governo Brasileiro para cortar as relações diplomáticas e comerciais com a África do Sul, exigia a libertação de Nelson Mandela e o reconhecimento do Congresso Nacional Africano – ANC – como legítimo representante da África do Sul.

Posteriormente, ao propor a data de 13 de maio, o governo provocava ainda mais o Movimento Negro que hegemonizava as mobilizações populares contrárias às comemorações oficiais do "Centenário da Abolição". De todo modo, mesmo com as pressões contrárias de setores do Movimento, a Fundação Cultural Palmares foi criada pelo Governo Sarney, numa data sem a força histórica que aquele momento exigia: o 21 de março e o 13 de maio.

> "Reconhecendo o valor histórico da Serra da Barriga, onde o legendário Zumbi foi o precursor das lutas libertárias do povo brasileiro e, atendendo às antigas aspirações da comunidade afro-brasileira, o Governo procedeu seu "tombamento" em 31 de janeiro de 1986. Através do Decreto n.º 95.855 de março de 1988, transformou-a em Monumento Nacional e pelo Decreto n.º 96.038 de maio de 1988, desapropriou 258 hectares, 78 ares e 50 centiares, a fim de destiná-la a "estudos antropológicos, arqueológicos, ecológicos, reflorestamento das áreas naturais, construção de um marco assinalador da República dos Palmares.
>
> Inspirando-se no paradigma dessa república cujos valores socioculturais são fontes de referências obrigatórias para o estudo do nosso processo civilizatório e, com o intuito de reborar (sic) parte do que requestam (sic) os *movimentos negros* (grifo meu), o Presidente José Sarney sancionou a Lei n.º 7.668 de 22 de agosto de 1988, criando a Fundação Cultural Palmares, que tem como missão institucional 'promover a preservação dos valores culturais, sociais e econômicos, decorrentes da influência negra na formação da sociedade brasileira'."[80]

Ressaltando ainda a importância política do ano de 1988 no que se refere ao significado histórico do **Quilombo** para a afirmação da

---

[80] ANDRADE, Mário Edson F. *Do Quilombo à Fundação Cultural Palmares.* Brasília: Ministério da Cultura/Fundação Cultural Palmares, Caderno n. 1, 1993 p.18.

identidade política do Movimento Negro Brasileiro, teremos neste ano a promulgação da nova Constituição Federal.

Para culminar o processo de mobilização anterior em torno de uma Assembleia Nacional Constituinte livre e soberana, que se deu através de encontros regionais em todo o território brasileiro e de encontros nacionais, elaboração de projeto de iniciativa popular com milhares de assinaturas, organização de grupos de trabalho para assessoria jurídica e de pressão aos parlamentares constituintes, o Movimento Negro Brasileiro, invertendo a lógica da Lei Afonso Arinos,[81] conquista na Constituinte de 1988 a criminalização da prática de racismo – "*A prática de racismo constitui crime inafiançável e imprescritível, sujeito à pena de reclusão, nos termos da lei*",[82] conforme Item XLII do Artigo 5º da Constituição Federal que trata dos Direitos e Garantias Fundamentais, regulamentado pela Lei 7.716 de 1989.

Na esteira das conquistas institucionais na Constituinte de 1988, é importante citar o Parágrafo 1º do Artigo 215 – "*O Estado protegerá as manifestações das culturas populares, indígenas e afro-brasileiras, e dos outros grupos participantes do processo civilizatório nacional*".[83] Mas o que é importante observar aqui, é o Parágrafo 5º do Artigo 216 – "*Ficam tombados todos os documentos e os sítios detentores de reminiscências históricas dos antigos quilombos*"[84] e, principalmente, o Artigo 68 das Disposições Constitucionais Transitórias da Constituição Federal, que garante a titularidade das terras das comunidades negras remanescentes de quilombos.

> "Aos remanescentes das comunidades dos quilombos que estejam ocupando suas terras é reconhecida a propriedade definitiva da terra, devendo o Estado emitir-lhes os títulos respectivos."[85]

A partir daí, o Movimento Negro inicia o processo de garantia dessa conquista constitucional com o trabalho mais efetivo de aproximação e apoio político às comunidades negras remanescentes de

---

[81] Para a Lei Afonso Arinos de 1951, "a prática de racismo constitui contravenção penal".

[82] JÚNIOR, Hédio Silva. Anti-racismo – Coletânea de leis brasileiras (Federais, Estaduais, Municipais). São Paulo: Editora Oliveira Mendes, 1998, p. 3.

[83] JUNIOR, Hédio Silva. Op. Cit. p. 5.

[84] JUNIOR, Hédio Silva. Op. Cit. p. 6.

[85] JUNIOR, Hédio Silva. Op. Cit. Cf. Artigo 68 do Ato das Disposições Constitucionais Transitórias. (A questão das comunidades remanescentes de quilombos continua sendo fruto de discussões atuais no Congresso Nacional e no Movimento Negro.)

quilombos e comunidades negras rurais. Em 1991, o *Jornal Nacional* do Movimento Negro Unificado – MNU, trazia na capa a seguinte avaliação:

> "1971 – 1991: 20 anos do Dia Nacional da Consciência Negra Vinte anos. Zumbi é hoje um pujante guerreiro, redivivo. Retornado à vida, rejuvenescido pelo esforço de uma geração de militantes. A Fundação Palmares gorou, malogrou na incubação. Uma melancólica (e desairosa, para seus aliados negros) tentativa de apropriação e cooptação, na essência uma proposta de casamento espúrio, no 13 de maio de 1988, entre o pujante guerreiro e a desgastada princesa. Os restos de uma princesa Isabel, peça importante na montagem e sustentação do *mito da democracia racial*, (grifo meu) arderam em belíssima fogueira, tanto nas praças quanto nas consciências embotadas por doses seculares de 'história oficial'.
>
> Feita a partir do interior do movimento negro, a revisão da história nacional articula-se necessariamente com as exigências do tempo presente. Não só reconhecemos o nosso papel histórico no passado como queremos exercê-lo no presente.
>
> Por essa razão é impossível separar a pesquisa que busca localizar remanescentes de quilombos, para reescrever a história da resistência negra, da luta presente das comunidades negras rurais, 'vítimas de atos de grilagem e de tentativas de usurpação de seus direitos inalienáveis'.
>
> O melhor exemplo desse trabalho vem do Maranhão, onde militantes do movimento negro (Centro de Cultura Negra do Maranhão – CCN) e da Sociedade Maranhense dos Direitos Humanos já contactaram mais de quatrocentas comunidades negras do estado, submersas pelo silêncio e pelo descaso provocados pelo racismo que orienta as políticas de Estado, mas não se furtam as exigências da luta presente e participam da articulação do IV Encontro das Comunidades Negras Rurais, que ocorrerá no final de novembro.
>
> A luta contra o desemprego e a fome com que o Governo Collor ameaça a sobrevivência do povo negro no Brasil deve ser o conteúdo das comemorações dos vinte anos do Dia Nacional da Consciência Negra. Zumbi vive. A luta continua."[86]

---

[86] MOVIMENTO NEGRO UNIFICADO. *20 anos do Dia Nacional da Consciência Negra.* Jornal Nacional do Movimento Negro Unificado, n. 20, set.out.nov. 1991.

A consagração do quilombo como referência histórica fundamental no processo de afirmação da consciência negra e da identidade política do Movimento Negro, realiza-se nos "300 anos da imortalidade de Zumbi dos Palmares". Nesse sentido, é importante ressaltar a realização do "Iº Encontro Nacional das Comunidades Negras Rurais", que teve o apoio e a participação efetiva do Movimento Negro, cujo encerramento ocorreu com a participação de diversas comunidades remanescentes de quilombos na "*Marcha Nacional Zumbi dos Palmares contra o Racismo, Pela Cidadania e a Vida*"; realizada em Brasília no dia 20 de novembro de 1995 e com a entrega de um documento:

> "I Encontro Nacional das Comunidades Negras Rurais
>
> Brasília, 20 de novembro de 1995
>
> Exmo. Sr. Fernando Henrique Cardoso – MD Presidente da República
>
> Com este documento, ora encaminhado a V.Ex.ª, queremos ser ouvidos. Nunca fomos em toda a história do Brasil. Somos negros e vivemos em comunidades rurais. Descendemos de africanos que escravizados lutaram, fugiram das fazendas, buscavam todas as formas para viver em liberdade e em plena harmonia com a terra e a natureza. Nunca aceitamos que o escravismo retirasse nossa dignidade de ser humano. A terra que temos hoje foi conquistada por nossos antepassados com muito sacrifício e luta. E passados 107 anos do fim oficial da escravidão, estas terras continuam sem o reconhecimento legal do Estado. Estamos, assim, expostos à sanha criminosa da grilagem dos brancos, que são, na atualidade, os novos senhores de tão triste memória. No papel somos cidadãos. De fato, a escravidão para nós não terminou. E nenhum governante da Colônia, do Império e da república reconheceu nossos direitos. O direito à terra legalizada é o primeiro passo. Queremos mais. Somos cidadãos e cidadãs e como tais temos direito a tudo que os demais grupos já usufruem na sociedade. Sabemos que a cidadania só será um fato quando nós, nossos filhos e netos tivermos terra legalizada e paz para trabalhar, condições para produzir na terra; um sistema de educação que acabe com o analfabetismo e respeite nossa cultura negra; assistência à saúde e prevenção às doenças e um meio ambiente preservado da ganância dos fazendeiros e grileiros que destroem nossas florestas e rios. Não temos esses direitos assegurados, portanto, não somos reconhecidos como cidadãos! O I ENCONTRO NACIONAL DAS COMUNIDADES NEGRAS RURAIS, o único acontecimento do gênero realizado na história do Brasil, não poderia,

neste momento em que celebramos os 300 anos da imortalidade de Zumbi dos Palmares, deixar de apresentar ao Presidente da República nossas dificuldades para existir enquanto povo e as soluções que compete ao atual governo dar como resposta. Senhor Presidente, o que reivindicamos é muito pouco diante da contribuição que temos dado para a construção do Brasil."[87]

Na verdade, o I Encontro Nacional das Comunidades Negras Rurais foi marcado alguns dias antes da realização da *Marcha Nacional Zumbi dos Palmares* para possibilitar a participação das comunidades remanescentes de quilombos. Por essa razão, o documento do I Encontro Nacional das Comunidades Negras Rurais, assinado pelas comunidades e pelas entidades do Movimento Negro que efetivamente organizaram o Encontro, foi entregue ao Presidente da República, junto com o documento da *Marcha Nacional Zumbi dos Palmares Contra o Racismo, Pela Cidadania e Vida – "Por uma política de combate ao racismo e à desigualdade racial"* – que sintetizava um diagnóstico da realidade da população negra brasileira e resumia as políticas públicas que o Movimento Negro exigia do Governo, para iniciar no Brasil um processo de erradicação do racismo e das desigualdades sociorraciais.

A Marcha Nacional Zumbi dos Palmares Contra o Racismo, Pela Cidadania e a Vida, foi a manifestação da militância das entidades do Movimento Negro que se lançaram na criação daquele momento de expressão da consciência negra que se empenha no combate ao racismo.

Entre os diversos fatos políticos que podemos extrair da "*Marcha*", o mais significativo foi a participação de mais de 30 mil pessoas que se deslocaram de várias partes do Brasil: das capitais, das cidades do interior, das comunidades negras rurais que tomaram a Esplanada dos Ministérios em Brasília, configurando-se como a maior manifestação do movimento social negro brasileiro naquele período. Para Hédio Silva Júnior, coordenador do Centro de Estudos das Relações do Trabalho e Desigualdades – CEERT, a Marcha foi um ato "desmistificador e fundante":

> "Desmistificador, pois emudeceu aquelas cantilenas que circunscreviam a ação militante a reuniões e plenários, como se a luta política fosse algo meramente retórico, estético e periódico.

---

[87] MARCHA NACIONAL ZUMBI DOS PALMARES CONTRA O RACISMO, PELA CIDADANIA E A VIDA. Por uma política de combate ao racismo e à desigualdade racial. Brasília. Cultura Gráfica e Editora, 1996, p. 29-31. (Documento do I Encontro Nacional das Comunidades Negras Rurais).

Fundante, porque tornou obrigatório o estabelecimento de plataformas comprometidas com a progressiva unidade na ação, bem como a instituição de uma ética militante centrada nos interesses maiores do povo negro. De modo que a Marcha não apenas traduziu a significação contemporânea da vida e da morte de Zumbi, como também marcou as diretrizes que permitirão o Movimento Negro ampliar sua base de ação social e materializar sua vocação de agente verdadeiramente transformador da sociedade brasileira. Venceremos."[88]

Para Sueli Carneiro, da Comissão Executiva da Marcha e do Geledés – Instituto da Mulher Negra, a Marcha foi o ato político mais importante realizado pelo Movimento Negro Brasileiro nos últimos 20 anos:

> "A Marcha demonstrou que somos capazes de dar à luta contra o racismo um caráter unitário e nacional, respeitando as diferentes perspectivas de ação política existentes no Movimento Negro. Esta ação unitária e nacional nos habilita como interlocutores dos poderes constituídos, e nos coloca como agentes de transformação das condições de vida do povo negro deste país.[89]

Para Luiz Alberto, na época, Coordenador Nacional do MNU:

> "O dia 20 de novembro ficará registrado na história das lutas negras no Brasil como o primeiro Dia Nacional da Consciência Negra de manifestação de unidade nacional do Movimento Negro. A Marcha demonstrou definitivamente o grau de consciência e o potencial de mobilização de nosso povo no combate ao racismo e no encaminhamento de suas reivindicações. Mais de 100 mil negras e negros pelo Brasil, na cidade e no campo, se movimentaram para construir a Marcha.[90]"

Pode-se realçar a importância do amadurecimento político do Movimento Negro, pelo fato de que o movimento conseguiu garantir uma aliança com o movimento sindical. Segundo Edson Lopes Cardoso, da Comissão Executiva Nacional da Marcha, e na época, do MNU:

---

[88] JUNIOR, Hédio Silva. Marcha Nacional Zumbi dos Palmares contra o racismo, pela cidadania e a vida: Por uma política de combate ao racismo e à desigualdade racial. Brasília: Cultura Gráfica e Editora, 1996. p-10.

[89] CARNEIRO, Sueli. Marcha Nacional Zumbi dos Palmares. Op. Cit. p. 13.

[90] ALBERTO, Luiz. Marcha Nacional Zumbi dos Palmares. Op. Cit. p. 19.

"Gostaríamos de fazer uma menção especial à participação de Vicente Paulo da Silva, Vicentinho, presidente da Central Única dos Trabalhadores (CUT), que desde a aprovação da proposta da Marcha levada pelo Movimento Negro Unificado (MNU) ao encontro de sindicalistas negros cutistas, realizado em maio de 1995, em Brasília, desempenhou um importante papel na garantia da aliança, muitas vezes conturbada, entre o movimento negro e o movimento sindical, sem nenhuma dúvida uma das razões essenciais do êxito alcançado pela Marcha.[91]"

Para João Antônio Mota, da Comissão Nacional de Luta contra a Discriminação Racial da CUT, a Marcha foi um momento histórico na trajetória de luta do povo negro brasileiro:

"Sem dúvida, foi a atividade mais marcante do movimento negro no Brasil nos últimos anos, conseguindo unificar as mais diversas representatividades da sociedade civil em torno de uma bandeira que se faz cada vez mais urgente no país: a conquista da cidadania para uma grande parcela da população brasileira, formada na sua maioria por pessoas de origem negra. A Marcha significou o marco de um novo tempo nas relações das entidades civis de luta popular e sindical diante da questão do racismo."[92]

Por fim, *a Marcha Nacional Zumbi dos Palmares Contra o Racismo, pela Cidadania e Vida* foi uma iniciativa do Movimento Negro Brasileiro que se constituiu num ato de indignação e protesto contra as condições subumanas em que vive o povo negro no Brasil, em função dos processos de exclusão social determinados pelo racismo e a discriminação racial presentes em nossa sociedade. O resultado mais imediato daquela mobilização nacional com a entrega de um anteprojeto de lei encaminhado pelo Movimento das Reparações (MPR),[93] na solenidade realizada no dia 20 de novembro no Congresso Nacional e defendido pelo Deputado Paulo Paim, foi a assinatura de um decreto presidencial que criou o Grupo de Trabalho Interministerial (GTI), na presença de

---

[91] CARDOSO, Edson Lopes. Marcha Nacional Zumbi dos Palmares. Op. Cit. p.3.

[92] MOTA, João Antônio. Marcha Nacional Zumbi dos Palmares. Op. Cit. p.15.

[93] O Movimento pelas Reparações, na ocasião dos 300 anos de Zumbi, exigia do Estado uma indenização pecuniária a todos brasileiros que se autoidentificassem como negros, como forma de pagamento ao trabalho não pago dos negro-africanos durante o período da escravidão.

diversos ministros e representantes das entidades que compunham a Comissão Nacional Executiva da Marcha e convidados:

> "DECRETO DE 20 de novembro de 1995
> Institui Grupo de Trabalho Interministerial, com a finalidade de desenvolver políticas de valorização da População Negra, e dá outras providências.
> O PRESIDENTE DA REPÚBLICA, no uso da atribuição que lhe confere o art. 85, inciso VI, da Constituição, DECRETA:
> Art. 1º – Fica instituído Grupo de Trabalho Interministerial com a finalidade de desenvolver políticas para a valorização da População Negra.
> Art. 2º Compete ao Grupo de Trabalho:
> Art. 7º Este Decreto entra em vigor na data de sua publicação.
> Brasília, 20 de novembro de 1995; 174 da Independência e 107 da República. FERNANDO HENRIQUE CARDOSO/Nelson A. Jobim."[94]

Vale notar a temática racial teve um destaque vigoroso no espaço brasileiro de discussão pública nos 300 anos de Zumbi dos Palmares. No entanto, os documentos entregues ao Governo brasileiro, o decreto, como de resto, a própria Marcha foram negligenciados pela grande imprensa. Destaca-se ainda, no processo de organização da Marcha, as novas formas de articulação da militância em diversos espaços, entre elas, a emergência do Movimento de Mulheres Negras, com fisionomia própria e de caráter nacional, que lutam contra a opressão racial e de gênero. Para Luíza Bairros:

> "Estamos apostando hoje na possibilidade de disputar não mais um espaço dentro de outros projetos para as nossas questões, que são tidas como menores. Mas nós estamos apostando na possibilidade de que, através de nossas questões, nós consigamos efetivamente tocar, e tocar fundo, nas questões que dizem respeito à sociedade como um todo."[95]

Para o Movimento Negro, o sentido da Marcha a Brasília, sem prejuízo da pluralidade de concepções e ações políticas, coloca-se,

---

[94] MARCHA NACIONAL ZUMBI DOS PALMARES. Op. Cit. p.3. Cf. Diário Oficial da União, 21, nov. 1995, p. 18618.

[95] BAIRROS, Luíza. Marcha Nacional Zumbi dos Palmares. Op. Cit. p.1.

para o conjunto da militância que combate o racismo, o enorme desafio de priorizar os interesses maiores da população afro-brasileira, através da formação de um amplo arco de força e aliança capaz de pautar a questão racial na agenda dos problemas nacionais. "Não haverá celebração mais digna de Zumbi do que aquela comprometida com a transformação das condições de vida do povo negro."[96]

> "A instituição de Zumbi como herói não apenas nacional, mas das Américas e do mundo livre, não resulta, assim, simplesmente da produção de historiadores ou da "boa vontade" do Estado. É conquista de uma legião de militantes, muitos dos quais anônimos, que – souberam, com determinação e garra – reatar o fio histórico da resistência negra no continente, principalmente no Brasil.[97]

---

[96] MARCHA NACIONAL ZUMBI DOS PALMARES. Manifesto Zumbi dos Palmares. São Paulo: Jornal da Marcha Nacional, out. 1995.

[97] MARCHA NACIONAL ZUMBI DOS PALMARES. Manifesto Zumbi dos Palmares. São Paulo: Jornal da Marcha Nacional, out. 1995. Op. Cit.

CAPÍTULO II

O MOVIMENTO NEGRO E A DESCONSTRUÇÃO DO "MITO DA DEMOCRACIA RACIAL"

"Um negro sempre será um negro,
Chame-se pardo, crioulo, preto, cafuzo,
Mulato ou moreno-claro
Um negro sempre será um negro:
Na luta que assume pelo direito ao emprego
E contra a discriminação no trabalho
Um negro sempre será um negro:
Afirmando-se como ser humano
Na luta pela vida"[98]

(Jorge Posada)

Os documentos que orientaram a organização do Movimento Negro, entre eles: "*A carta de Princípios*",[99] "*O Manifesto pelo Dia Nacional da Consciência Negra*"[100] e o "*Programa de Ação*"[101] elaborados pelo MNU no período de 1978 a 1982, levantaram sempre uma bandeira de luta: **"Por uma autêntica democracia racial".** Aliás, esta palavra de

---

[98] POSADA, Jorge. *Vem Mulher, Vem Sempre*. Belo Horizonte: Mazza Edições, 1993, p.13. (Poema: "*Um Negro*").

[99] MOVIMENTO NEGRO UNIFICADO. Carta de princípios. Cf. 1978-1988: 10 anos de lutas contra o racismo. Op. Cit.

[100] MOVIMENTO NEGRO UNIFICADO. Manifesto Nacional pelo Dia Nacional da Consciência Negra. Cf. 1978-1988: 10 anos de lutas contra o racismo. Op. Cit.

[101] MOVIMENTO NEGRO UNIFICADO. Programa de Ação. Op. Cit.

ordem, por sinal, é o título da introdução ao Programa de Ação do MNU aprovado no III Congresso Nacional dessa organização negra, realizado em Belo Horizonte no ano de 1982 e que definia muito bem o significado de "democracia racial" para o Movimento Negro:

> "Desde 'pequenininho' fomos acostumados e acostumamos com a ideia de que no Brasil 'não há racismo' , 'não há preconceito de cor' e que vivemos numa 'harmonia de raças' – a oferecer iguais oportunidades a negros e brancos, na 'democracia racial'. Muitos de nós acreditam que a 'miscigenação' tem sido um meio de impedir a discriminação racial e o preconceito – pois casamentos entre brancos e negros geram os 'mulatos' e 'morenos' – esvaziando os dois polos: negros e brancos.
>
> Quem defende a existência da *'democracia racial'*, (grifo meu) aponta como 'provas da falta de preconceitos', os poetas, escritores e vultos históricos negros. Nos dias de hoje indicam como provas, nossos atletas, cantores, compositores, pintores, escultores, atores e atrizes negros, além, é claro, das "mulatas exuberantes", que seriam "aceitos e integrados" na sociedade. Dizem até que os negros 'bem de vida' ou ricos, e alguns parlamentares negros, confirmam a democracia racial. Os defensores de tal democracia, principalmente quando brancos, trabalham com 'provas' aparentes e, através delas, lançam suspeitas, rejeição e respondem com indignação, contra os que – como nós – negamos a 'democracia racial', com o objetivo de demonstrar sua falsidade e trabalhar para que seja autêntica, verdadeira e humana."[102]

Ao tomar para si o desafio político de exigir uma verdadeira e autêntica "democracia racial", o Movimento Negro, na prática, estava negando a existência de democracia na sociedade brasileira.

> "A democracia racial brasileira é tão verdadeira quanto esta outra que, prometem vai vigorar em breve, de forma lenta, gradual e relativa. Aos noventa anos de abolição, somam-se quatro séculos de saques ao continente negro e de uso do braço negro e de seus descendentes para a produção da riqueza das classes dominantes brancas.

---

[102] MOVIMENTO NEGRO UNIFICADO. Por uma autêntica democracia racial. Introdução ao Programa de Ação. Belo Horizonte: III° Congresso Nacional, abr. 1982. Cf. 1978-1988 - 10 anos de luta contra o racismo. São Paulo: Confraria do livro, 1988 Op. Cit. p-20

(...) Da libertação dos escravos às migalhas sociais voltadas ao povo brasileiro, conclui-se que a pregação de liberdade e democracia feita atualmente esconde interesses burgueses e não atinge o negro enquanto segmento social oprimido, portador de valores humanos e culturais ligados as suas raízes históricas. *O desmascaramento da farsa da democracia racial brasileira* (grifo meu) serve no momento para que se inicie junto à comunidade negra um debate legítimo sobre a estruturação sociorracial do país. O fundo do problema não é tocado quando são denunciados fatos como a ausência de negros nos quadros superiores das Forças Armadas, nas universidades e altos escalões político-partidários. Denunciar o racismo é acima de tudo denunciar a exploração, a opressão e as contradições sociais em que vivemos. Além de a comunidade negra e mestiça constituir a grande maioria do povo brasileiro, é ela quem mais sofre com os prejuízos sociais políticos do capitalismo brasileiro. As estatísticas estão aí para omitir estas verdades.

(...) A presença do negro no Brasil, por si só determina sua importância em quaisquer opções do povo brasileiro. A consciência da discriminação racial deve levar a comunidade negra ao debate sobre o atual momento histórico em que vivemos: a importância histórica dos 90 anos de abolição é a conquista política do protesto negro brasileiro e a consciência do papel e importância que desempenha o *mito da democracia racial* (grifo meu) na legitimação da dominação."[103]

Nos anos 70, o Movimento Negro partiu para o confronto direto contra os que afirmavam que as relações raciais entre os diferentes povos formadores da sociedade brasileira – particularmente indígenas, negros e brancos – eram relações harmoniosas e de que estes povos teriam garantidas as mesmas oportunidades sociais e históricas.

"Há, assim, uma crença generalizada de que o Brasil: (...) é um país sem preconceitos (é raro o emprego da expressão mais sofisticada 'democracia racial') desconhecendo discriminação de raça e de credo. E praticando a mestiçagem como padrão fortificador da raça.

A força persuasiva dessa representação transparece quando a vemos em ação, isto é, quando resolve imaginariamente uma tensão

[103] REVISTA TIÇÃO. *Abolição lenta, gradual e relativa.* Porto Alegre, n. 2, ago. 1979, p.3.

> real e produz uma contradição que passa despercebida. É assim, por exemplo, que alguém pode afirmar que os índios são ignorantes, os negros indolentes, os nordestinos atrasados, os portugueses burros, as mulheres são naturalmente inferiores, mas, simultaneamente, declarar que se orgulha de ser brasileiro porque somos um povo sem preconceitos e uma nação nascida da mistura de raças."[104]

Para o Movimento Negro este discurso era falso. As lutas travadas pelo povo negro antes e depois da abolição do trabalho escravo e o processo recente de organização do próprio Movimento negam a existência da "democracia racial" no Brasil. Portanto, a abordagem dessa questão nos documentos do Movimento referem-se a algo irreal, à permanente reiteração de um mito**: "o mito da democracia racial".**

> "Ao falarmos em *mito*, nós o tomamos não apenas no sentido etimológico da narração pública de feitos lendários da comunidade (isto é, no sentido grego da palavra *mythos*), mas também no sentido antropológico, no qual essa narrativa é a solução imaginária para tensões, conflitos e contradições que não encontram caminhos para serem resolvidos no nível da realidade."[105]

A análise dessa realidade citada pela filósofa Marilena Chauí, a denúncia e as ações desencadeadas pelo Movimento Negro no processo de organização da luta política contra o racismo, serão fundamentais para a desconstrução do "mito da democracia racial", nas duas últimas décadas (1978-1998).

> "Não constitui exagero afirmar que estudos e pesquisas sobre a educação de populações brasileiras têm se caracterizado pela negação da discriminação racial através do silêncio: silencia-se sobre o tema como estratégia de negação da existência de diferenças raciais. Reforça-se, assim, o mito, acarinhado pelas populações brancas brasileiras , de que vivemos numa *democracia racial.* (grifo meu) Se de acordo com o mito, conseguimos a implantação terrestre do paraíso racial, se o povo brasileiro, também, de acordo com o mito, é destituído de preconceito

---

[104] CHAUI, Marilena. *Brasil: Mito fundador e sociedade autoritária*. 1. Ed. São Paulo: Editora Fundação Perseu Abramo, 2000, p.8.

[105] CHAUI, Marilena. *Brasil: O mito fundador e sociedade autoritária*. Op. Cit. p. 9.

racial, por que então diferenciarmos nas estatísticas oficiais o que em princípio, e de acordo com o mito, é igual? Se a constituição do país reza em seu 1º artigo, que somos iguais perante a lei, independentemente de sexo, classe, raça, religião, porque nos preocuparmos com as diferenças na condição de vida de negros e branco"?

Revendo a documentação nacional sobre a população negra, nota-se a persistência do ocultamento das desigualdades raciais, isto é, das vantagens e privilégios da população branca e da discriminação social, econômica e simbólica que sofre a população negra."[106]

Paradoxalmente, se por um lado o Movimento Negro denunciará a "democracia racial" como um mito; por outro, na luta pela transformação da sociedade brasileira, o Movimento, naquele período, reivindicará uma "nova" sociedade, onde exista de fato uma "verdadeira" e "autêntica democracia racial".

"Elaborado pelo sociólogo Gilberto Freyre no início dos anos 30, o conceito de *democracia racial* (grifo meu) serve até hoje ao poder dominante para mostrar ao mundo que no Brasil não há preconceito ou discriminação racial contra o negro. Segundo o autor de 'Casa Grande & Senzala' a ausência de preconceito ou discriminação se deve à 'plasticidade cultural' do colonizador português que já tivera uma experiência prévia com a escravidão ao submeter os mouros em Portugal.

Ainda para Freyre, houve uma tolerância racial do colonizador português com o escravo negro, comparando-se com a rigidez nas atitudes raciais do colonizador anglo-saxão, particularmente nos Estados Unidos. Freyre, em suma, superenfatiza as diferenças no campo racial, existentes entre os Estados Unidos e O Brasil, tendo a plasticidade cultural se traduzindo na miscigenação, ou seja, a mistura entre negros e brancos.

---

[106] ROSEMBERG, Fúlvia, PINTO, Regina P. Trajetórias escolares de estudantes brancos e negros. In: Seminário Educação e Discriminação de Negros. Belo Horizonte: IRHJP - Instituto de Recursos Humanos João Pinheiro/FAE/MEC, 1988, p. 31. Segundo as autoras o trabalho foi elaborado com base na pesquisa Diagnóstico sobre a situação educacional de negros (pardos e pretos) no estado de São Paulo, mediante convênio entre a Fundação Carlos Chagas, o Conselho de Participação e Desenvolvimento da Comunidade Negra e a Secretaria de Educação do Estado de São Paulo.

No início dos anos 30, predominava entre os intelectuais brasileiros, como Oliveira Viana entre outros, a ideia segundo a qual a mistura criara uma 'raça fraca e em degenerescência'. Gilberto Freyre inverte essa tendência ao assinalar que justamente a mistura é uma síntese dos melhores aspectos de cada uma das três raças.

Apesar disso, o conceito lançado por Gilberto Freyre acabou criando uma arma contra o negro, pois a partir do conceito de *democracia racial* (grifo meu), o governo brasileiro adotou essa versão oficial e publicamente. Serviu na prática o conceito de *democracia racial* para a adoção de uma política de avestruz, ou seja, de ignorar um problema existente no Brasil e que só pode ser enfrentado ao torná-lo público. Em outras palavras: afirmar que no Brasil não existe preconceito ou discriminação contra o negro é ignorar os fatos constatáveis nos mais diversos setores da sociedade brasileira e, portanto, contribuir para a continuação do problema."[107]

Uma das questões importantes no processo de desmistificação da "democracia racial brasileira" se deu na contraposição ao discurso da sociedade brasileira de que as relações raciais no Brasil são mais humanas do que nos Estados Unidos e na África do Sul e de que tal característica de nosso sistema escravista ter sido suave, mais humano, por que não dizer, quase doce.

> "Em relação ao mito da democracia racial, tem sido muito comum comparações das situações e conflitos raciais do Brasil com os Estados Unidos. Foi sempre cômodo chamar a atenção para as tensões claras, explícitas, que lá existem e contrastá-las com a aparente tranquilidade vigente no Brasil. Aqui não surgiram, por exemplo, movimentos como a Ku Klux Klan, sociedade 'secreta' criada logo após o fim da guerra civil, dedicada a impedir o exercício, por parte dos ex-escravos, de quaisquer direitos que lhes viessem a ser concedidos pelo governo americano."[108]

Ao contrário dos Estados Unidos e da África do Sul, nunca houve entre nós, desde a Abolição, qualquer dispositivo legal que determinasse

---

[107] CADERNOS DO TERCEIRO MUNDO. BRASIL: Uma Democracia Racial? Rio de Janeiro, 1982, n. 41, p.22. Essa edição reúne um conjunto de entrevistas e ensaios jornalísticos dedicados ao debate político com as questões colocadas pelo Movimento Negro Unificado, lideranças e personalidades da comunidade negra brasileira.

[108] SILVA, Benedita da. A questão racial no Brasil. Brasília, Senado Federal, 1998, p.15.

os lugares que os negros e brancos devam ocupar em veículos coletivos, restaurantes, banheiros públicos – injustiças que foram o estopim da revolta cívica do líder negro Martin Luther King, ampliando o movimento por direitos civis nos Estados Unidos e a reação do povo negro sul africano contra o "Apartheid" liderada, entre outras organizações, pelo ANC – Congresso Nacional Africano de Nelson Mandela e outras lideranças. Também, não era necessário, pois, no Brasil, o "negro sabe o seu lugar";[109] comumente, não frequentam ou têm problemas em clubes; são confundidos com serviçais de hotéis; utilizam os elevadores de serviços nos condomínios; são suspeitos e vigiados quando adentram as agências bancárias, lojas, *shopping centers* ou são maltratados/mal-atendidos em restaurantes e guichês de repartições públicas ou prestadores de serviços de inúmeras empresas.

> "A aparente 'harmonia entre as raças' existe em consequência de que, nos Estados Unidos, não existe, como no Brasil, essa intensa *miscigenação*, (grifo meu) que caracteriza os brasileiros. Estes fatos parecem confirmar a ideia de que as relações raciais no Brasil são pacíficas e igualitárias.
>
> Ao acreditarmos nisso, porém, caímos na chamada 'armadilha ideológica': enxergar somente o que julgamos ou queremos ver, e não aquilo que está diante de nossos olhos. Qualquer análise detida, fundada em índices sociais ou na simples observação de nossos costumes revela a triste verdade: sob a máscara da cordialidade existe uma sociedade racista. (...) Portanto, as contradições do 'mito da democracia racial' podem ser constatadas simplesmente através da análise da realidade brasileira[110]"

É comum, nas comparações entre os quadros das relações raciais nos Estados Unidos e no Brasil, se colocar o seguinte: o colonizador português se dignou misturar-se com negros e índios, por sua formação católica, seu caráter latino, a falta de mulheres europeias, a maior proporção de escravos; nos Estados Unidos a figura do mestiço seria pouco relevante na medida em que a formação protestante não permitia ao branco reconhecer sua paternidade ao filho mestiço.

---

[109] Ditado popular que expressa bem a mentalidade racista internalizada pelos brasileiros, em qualquer atividade ou classe social.

[110] SILVA, Benedita da. Op. Cit. p. 15.

"Contra este tipo de leitura deve-se afirmar o seguinte: a constituição de fronteira uma clara (e negra) em termo de identidade racial é uma conquista do povo negro norte-americano, numa conjuntura específica de confronto racial; é o negro que não se deixa seduzir pelo mito da mestiçagem e se constitui enquanto tal na identidade racial."[111]

Um dos principais desafios enfrentados pelo Movimento Negro na luta pela afirmação política da consciência negra era a necessidade de desmontar as bases do preconceito racial, da discriminação e do racismo, baseados em estereótipos negativos que a historiografia "oficial" cristalizou sobre a população negra brasileira. Esses estereótipos, via de regra, internalizados por todos (negros e não-negros), além de funcionar como redutores da humanidade de homens e mulheres, mascaravam a realidade social da população negra, como efeito do "mito da democracia racial". Em 1980, ao analisar a experiência do Teatro Experimental do Negro, Abdias do Nascimento, alertava:

"O TEN existiu como um desmascaramento sistemático da hipocrisia racial que permeia a nação. Havia e continua vigente uma filosofia de relações de raças nos fundamentos da sociedade brasileira: paradoxalmente, o nome dessa filosofia é *'democracia racial'*. (grifo meu) 'Democracia racial' que é um mero disfarce que as classes branco/brancoides utilizam como estratagema, sob o qual permanecem desfrutando *ad aeternum* o monopólio dos privilégios de toda a espécie. E a parte majoritária da população, de descendência africana, se mantém por causa de tais manipulações, à margem de qualquer benefício social-econômico, transformado em autêntico cidadão *desclassificado*. E, além do mais, alienado de si mesmo e de seus interesses, dopado pela falaciosidade daquela "democracia racial". Todos os trabalhadores não negros, os imigrantes procedentes de vários países europeus, se beneficiaram do precário estado da existência negra. Muito depressa muitos desses trabalhadores se tornaram membros da classe média enquanto alguns outros atingiram os níveis econômicos e de status social da burguesia: e a mobilidade vertical de todos eles baseou-se firme e irremediavelmente sobre a miséria e a desgraça do povo negro.

[111] ANJOS, J. C. Gomes dos. Mestiçagem como Mito. Jornal Nacional do Movimento Negro Unificado, n. 21, jul/set/1992, p-10. J.C. Gomes dos Anjos, foi da Coordenação do MNU/RS.

> (...) Entretanto, só potencialmente, em sentido puramente abstrato, esses negros destituídos de tudo constituem uma ameaça para o sistema, que soube mantê-los subjugados em semiescravidão física e espiritual. A população afro-brasileira não abdicou da consciência crítica capaz de habilitá-la a perceber toda a complexidade e gravidade da carga que lhe impuseram sobre as costas, apesar da situação traumática e desumanizadora que enfrenta diariamente. Espoliada na matéria e no íntimo de seu ser, prossegue insistindo em propostas de transformação".[112]

Para o Movimento Negro, o "mito da democracia racial" e a visão preconceituosa sobre a população negra, são reproduzidos pelo sistema de ensino através dos currículos escolares e livros didáticos, professores da rede pública e privada em qualquer nível de ensino, nos meios de comunicação social (rádio, televisão, imprensa escrita), na produção editorial (livros e revistas), por artistas, intelectuais, escritores, jornalistas, editores, profissionais liberais, lideranças políticas, populares e sindicais, nas mais diversas organizações e instituições governamentais e da sociedade civil – das Igrejas aos partidos políticos.

> "O processo de alienação da criança brasileira se faz sobretudo através da escola, onde se dá o reforço de um conjunto de ideias elitistas que distorce os valores culturais e nega a participação dos oprimidos no processo histórico brasileiro. Ora, um povo que não sabe do seu passado, um povo sem história, não pode visualizar os caminhos a empreender ao seu futuro.
>
> No caso da criança negra, é justamente na escola que se dá a quebra de sua estrutura psicológica, emocional e cultural através da internalização *da ideologia do branqueamento, do mito do brasileiro cordial e do mito da democracia racial.* (grifo meu) No final desse processo se ela não reage, acaba por envergonhar das suas origens e da sua condição de negro.
>
> Por outro lado, é importante ressaltar que esses processos se reforçam, também a nível universitário."[113]

O desafio para que o Movimento Negro fosse reconhecido era enorme, portanto, era necessária uma nova informação. Era imperativo

---

[112] NASCIMENTO, Abdias. *O Quilombismo*. Op. Cit. p- 68.

[113] MOVIMENTO NEGRO UNIFICADO. Programa de Ação. Belo Horizonte: III Congresso Nacional, abr.1982. (mimeo).

que o Movimento Negro produzisse, sob a ótica do povo negro, uma "nova" interpretação da história do Brasil. A partir de estudos e pesquisas, da denúncia, da sensibilização de segmentos sociais organizados, o Movimento Negro fomentou um intenso debate entre intelectuais, pesquisadores, artistas, dirigentes políticos e lideranças populares, desenvolvendo uma análise crítica profunda da realidade histórica e social da população negra.

> "Uma estratégia usada para *desmistificar a democracia racial* (grifo meu) tem sido os constantes debates e denúncias do racismo na sociedade brasileira realizados pelo Movimento Negro e por alguns pesquisadores que vêm mantendo um árduo trabalho de conscientização do negro quanto ao seu valor pessoal, cultural, sua inserção social, explicitando através de dados estatísticos e depoimentos a grande falácia que é a democracia racial brasileira. A história de vida das professoras negras também desmascara e mostra que o Brasil possui uma estrutura social estratificada e que assim como a nossa sociedade ainda [não se democratizou nas suas relações sociais fundamentais, também não se democratizou nas suas relações raciais][114]."

O desenvolvimento deste trabalho político pelo conjunto da militância negra visava contribuir para desmontar o "mito da democracia racial brasileira" – o instrumento ideológico mais poderoso do racismo – ideologia que a serviço do Poder funciona para manter os privilégios raciais e de classe dos segmentos brancos da população brasileira e perpetuar a dominação e a opressão sobre a população negra.

> "Malgrado as insistentes avaliações crítico-negativas sobre a atuação do Movimento Negro organizado, existe algo inegável no seu portifólio político: **conseguiram destituir a generalizada ideia de que o Brasil constitui uma democracia racial.** Indo mais além, não só denunciaram como classificaram de insidiosas as tentativas de embranquecimento da população brasileira através da prática perversa de negar à expressiva parcela da população brasileira o direito de ter uma origem e orgulhar-se dela. Essa última assertiva , antes de constituir visão românti-

[114] GOMES, Nilma Lino. *A mulher negra que vi de perto:* O processo de construção da identidade racial de professoras negras. Belo Horizonte: Mazza Edições, 1995, p. 66.

ca sobre o continente africano, fala de algo bem mais profundo política e filosoficamente falando: *todos os grupamentos humanos têm uma história e sem a sua história um povo não é nada*. (grifos da autora)[115]

Mesmo diante das condições mais adversas e com extremas dificuldades em termos de recursos materiais, humanos e institucionais, o conjunto da militância do Movimento Negro desenvolveu um intenso o trabalho de mobilização no combate ao racismo, tendo um peso decisivo na desconstrução do mito da "democracia racial".

> "Também porque é Carnaval, vai se ouvir falar muito em 'alegria do povo', em 'espírito alegre do brasileiro'. E ainda porque é Carnaval, vão sobrar os elogios ao samba, à batucada e à 'contribuição cultural da raça negra'. Depois, vem a Quarta-feira de Cinzas e ninguém mais vai se lembrar dessas coisas. Mas é preciso não esquecer que a grande e imensa maioria do povo brasileiro é constituída de gente pobre, isto é, de gente que não tem do que se alegrar, porque vive em condições de miséria extrema ou de acentuada pobreza.
>
> (...) E não por acaso, a maior parte dessa imensa maioria de pobre é constituída de negros. Esses brasileiros são duplamente marginalizados: porque são pobres, e, além disso, porque são negros.
>
> É um grande mito a tão decantada *'democracia racial'* brasileira (grifo meu). A classe dominante brasileira usa essa expressão para tentar enganar os povos de outros países, mas, principalmente, para neutralizar e amortecer, aqui dentro, as lutas por uma verdadeira emancipação do negro no Brasil.
>
> Não podemos continuar sustentando esses mitos enquanto milhões de negros continuam analfabetos; enquanto milhares de crianças negras (entre tantas outras) estão presas em instituições de 'recuperação', rejeitadas pela sociedade pelo duplo fato de serem negras e pobres; enquanto percebemos que o 'lugar do negro', em nossa sociedade, materializou-se em cortiços, porões, mocambos, alagados, favelas.

---

[115] SANT'ANA, Wania. Novos paradigmas de análise e intervenção sobre as relações raciais. São Paulo: Cadernos ABONG – Associação Brasileira de Organizações Não Governamentais, n. 23, nov. 1997, p-6. (Wania Santana é historiadora e membro da FASE - Federação de Órgãos para a Assistência Social e Educacional).

Esse é um quadro que configura uma espécie de 'apartheid' à moda brasileira. Não é um 'apartheid', enquanto instituição filosófica, jurídica, socioeconômica, embasada em princípios teóricos e na legislação. Mas é um 'apartheid' de fato, no sentido político, enquanto supremacia de uma elite dominante, branca, para as quais existe uma correlação direta entre a cor da pele e as possibilidades de acesso aos direitos e ao poder."[116]

Na prática, o Movimento Negro buscava contribuir para uma revisão crítica da história social brasileira, afirmando sua identidade política e difundindo o seu ponto de vista. A cartilha elaborada pelo Centro de Estudos e Defesa do Negro do Pará – CEDENPA, evidencia a crítica que o Movimento Negro fazia em relação à "democracia racial brasileira" e nos dá um exemplo da vontade política de trabalhar pela ampliação da consciência negra. Vejamos um trecho da cartilha:

" NÃO EXISTE DEMOCRACIA RACIAL NO BRASIL

É difícil ter um negro no Brasil, que não sinta a "barra" do preconceito, do racismo. Quase todo negro já passou por situações que se sentiu humilhado, "diminuído". É muito difícil porém, ele falar sobre esses maltratos, com outras pessoas. Ele quase sempre prefere guardar dentro de si. Parece que é como mexer numa ferida.

Isso acaba sendo mais ruim pro próprio negro, pois se a gente não reclama, cada vez mais a classe que domina a sociedade, vai espalhando que não existe preconceito, racismo, e continua a explorar mais facilmente a gente.

O governo que fica sempre do lado dos poderosos, dos "barões", tenta esconder de todos os outros países do mundo que existe racismo no Brasil. Diz que no Brasil existe uma "democracia racial" ou seja, que tanto negros como não-negros são tratados da mesma maneira, que têm direitos iguais.

Ora todos nós negros, sabemos que isso não é verdade. Sabemos que o racismo existe e que é um dos piores, porque é disfarçado geralmente. Os não-negros dizem que não tem preconceito, que não são racistas, mas são. É dos piores tipos de racismo porque não precisa ter lei para separar os negros dos não-negros,

---

[116] SILVA, Luís Inácio Lula da. A mistificação da democracia racial. São Paulo: Folha de São Paulo, caderno de opinião/Tendências/Debates, 16, fev. 1988, p. A-3. (Naquele período, Luiz Inácio Lula da Silva era deputado federal constituinte.)

porque os próprios negros "reconhecem o seu lugar" (inferior) e não reclamam.

Somos "levados" a não gostar de nós mesmos, a "embranquecer", a rejeitar nossa religião de origem, a reprimir nosso jeito "alegre", de procurar não usar cores fortes e misturadas. Somos "levados" a negar nossa cultura, enfim. Muitas pessoas, inclusive ditas "progressistas" ficam dizendo que só existe preconceito social, ou seja, do negro ser pobre. Claro que isso não é verdade. Por que então que os "brancos" pobres ficam sempre querendo "diminuir" seu vizinho negro? Por que os muitos operários "brancos" não gostam de negros? Por que mesmo os poucos negros que têm algum dinheiro, são "barrados" ou maltratados em clubes, hotéis ou restaurantes?"[117]

Para o Movimento Negro, a produção reiterada de estereótipos negativos sobre a população negra – tudo o que se refere ao negro é péssimo, negativo, pobre, feio, subdesenvolvido, marginal, bruxaria; e tudo o que se refere ao branco é bom, positivo, rico, bonito, desenvolvido, cristão – era produzida por força do "racismo científico, isto é, um conjunto de "teorias científicas" de cunho profundamente racista que foram assimiladas e adaptadas pelas elites à realidade brasileira. Vejamos uma breve análise que Elise Rugar Bastos faz às teorias eurocêntricas de Silvio Romero:

"Este autor, ao procurar compreender a história do Brasil, afirma tratar-se de um **tipo novo de homem** – o mestiço. 'Todo brasileiro é um mestiço, quando não no sangue, nas ideias'. Aliando a questão racial ao meio físico e à imitação, traça o esboço do caráter brasileiro, partindo do princípio de que há uma inferioridade racial na nossa formação, resultante do caldeamento de índios e negros, que se reflete ao nível do pensamento. Trata-se de uma 'sub-raça mestiça e crioula, distinta da europeia". Nesse sentido, almejar a civilização é possível, mas o autor acredita que essa tarefa seja muito difícil, e a encara com pessimismo. Percebe-se uma ambiguidade fundamental: a raça é inferior e o clima é ruim, no entanto há saída para o impasse (embora o autor não diga claramente qual!). A discussão tem atrás de si todo um palco

[117] CEDENPA – CENTRO DE ESTUDOS E DEFESA DO NEGRO DO PARÁ. *Raça Negra: A luta pela liberdade*. Belém, Cartilha, s/data. (mimeo).

> de reflexões sobre o pensamento e a formação nacionais, representado pela Escola de Recife. Ao mesmo tempo, percebe-se a influência das novas ideias europeias – Taine, Renan, Gobineau, Spencer, Darwin – e dos contornos de uma sociedade que se esboça. Curioso é que nas leituras de Silvio Romero, Oliveira Vianna e Nina Rodrigues, há a visão paradisíaca da Europa em relação à América.
>
> Essas leituras, entre a metade do século passado e início deste (século XX) refletiam um contraste abrupto, embora tivessem no bojo de suas intenções manter o corpo e o espírito de Negros e Índios exclusos de nacionalidade brasileira à luza da barbárie europeia, criando os graus de dependência da que se submete o branco brasileiro – dependência d força de trabalho e da expressão cultural do negro, das benesses da terra dos Índios e da identificação cultural (como colonizadores de segunda mão) com a Europa. Os níveis de Desigualdade e de Desequilíbrio entre o Norte-Sul de hoje estão nesse Passado, porque a idealização da Europa nos trópicos é diametralmente oposta às visões utópicas em relação à América paradisíaca, a partir do século XIV, que retorna agora como os adereços mais cruéis da modernidade."[118]

Dentre essas "teorias científicas", cabe discutir o "evolucionismo", cujas ideias presentes no Brasil já na segunda metade do século XIX; que, deparando-se com uma realidade bem diferente da "civilizada" Europa, encontraram um campo fértil para germinar.

A partir dos estudos, pesquisas etnográficas e publicações de autores como Nina Rodrigues (1862-1906), Francisco José de Oliveira Vianna (1883-1951), Arthur Ramos (1903-1949) e Gilberto de Mello Freyre (1900-1987), tiveram tanta repercussão e influência nos círculos culturais, acadêmicos, sociais, políticos, que até hoje permeiam o imaginário social da população brasileira.

No século XIX, Nina Rodrigues, professor de Medicina Legal na Faculdade de Medicina da Bahia, aceitava o determinismo racial, pelo qual, a superioridade branca e a inferioridade do negro podiam ser

---

[118] Cf. XAVIER, Arnaldo e SILVA, Nilza Iraci. Há um buraco negro entre a vida e a morte. Rio de Janeiro: GELEDÉS – Instituto da Mulher Negra, SOWETO – Organização negra, 1992, p.36-37. (Contribuição para a intervenção política do Movimento Negro Brasileiro na Conferência Mundial das Nações Unidas - ONU - sobre o Meio Ambiente e o Desenvolvimento Sustentável e no Fórum Global de ONGs e Movimentos Sociais sobre o Meio-Ambiente, realizado no Rio de Janeiro em 1992.

comprovadas através da ciência evolucionista, baseando as opiniões na teoria racista/evolucionista de superioridade das raças de Charles Darwin.

A obra de Nina Rodrigues, *As raças humanas,* publicada originalmente em 1894, tratava da posição das raças diante do Código Penal; já *Os Africanos no Brasil* abrange levantamentos sobre a língua e a religião dos africanos na Bahia; e a publicação de vários relatórios científicos, a partir do trabalho etnográfico e as teorias do racismo científico, tiveram uma grande receptividade na sociedade brasileira do início do século XX; até porque não havia trabalhos sobre o tema e o exaustivo trabalho de campo na área da antropologia sobre o negro brasileiro, cujas análises só confirmaram o racismo existente na sociedade brasileira da época.

> "No entanto, os destinos de um povo não podem estar à mercê das sympathias ou dos odios de uma geração. A sciência que não conhece esses sentimentos, esta no seu pelo direito exercendo livremente a crítica e a estendendo com a mesma imparcialidade a todos os elementos ethnicos de um povo. Não o pode deter a confusão pueril entre o valor cultural de uma raça e as virtudes provadas de certas e determinadas pessoas. Se conhecemos homens negros de cor e de indubitável merecimento e credores de estima e respeito, não há de obstar esse facto o reconhecimento desta verdade – que até hoje não se puderam os Negros constituir em povos civilizados.
>
> (...) A Raça Negra no Brasil, por maiores que tenham sido os seus incontestáveis serviços à nossa civilização, por mais justificadas que sejam as sympathias de que a cercou o revoltante abuso da escravidão, por maiores que se revelem os generosos exageros dos seus gluriferarios, há de constituir sempre um dos factores da nossa inferioridade como povo."[119]

O pensamento racista que contrapõe a superioridade do branco à inferioridade do negro é a lógica que preside este discurso e procura justificar que os brancos(as) ocupam os melhores empregos, as universidades e o poder político por serem superiores como raça. Os negros(as) ocupam as posições inferiores porque são inferiores como raça. Este pensamento é senso comum na população brasileira.

No entanto a sutileza de Nina Rodrigues está em não excluir a possibilidade de alguns negros ultrapassarem essa condição. Ele chama

[119] Cf. RODRIGUES, Nina. *Os africanos no Brasil.* São Paulo: Cia Editora Nacional, 1935, p.20-24.

a atenção para o fato de que não devemos confundir o valor cultural de uma raça com as particularidades pessoais. Ou seja, toda regra tem uma exceção. E foi neste processo que iniciou-se a elaboração da "ideologia do branqueamento". Isto é, os negros para serem aceitos na sociedade brasileira deviam assimilar os valores brancos.

> "Na medida em que existe toda uma ideologia de *branqueamento* (grifo meu) da população brasileira, o chamado 'pardo', 'moreno', ou 'mulato', pode-se identificar com o branco, já que o ideal de ascendência europeia é o das elites e do poder dominante. Na população negra nem todos vão se considerar da categoria racial negra. Isso porque, o poder branco dominante conseguiu fragmentar nossa identidade racial. Por isso, os negros se dividem em várias cores e tons de pele. Para o Movimento Negro, SER NEGRO não é só assumir a COR DA PELE, ou os traços físicos da ascendência africana. SER NEGRO é assumir, também, a identidade racial e cultural. A consciência negra se baseia na cultura e na história das lutas travadas pelos nossos ancestrais contra a escravidão. O racismo e a opressão."[120]

Para o Movimento Negro, a ideologia do branqueamento foi uma estratégia utilizada pelas elites brasileiras, logo após a abolição, para se chegar o mais rápido possível a um novo tipo racial mais aproximado do europeu, através da miscigenação e da imigração europeia. Por ser um país multirracial e a inviabilidade do racismo científico levaram a sociedade brasileira a procurar outros caminhos para dar conta da grande influência da população negra na nossa realidade. Nem mesmo a importância dada a imigração europeia, que se estendeu até a década de 1930, resolveu o que Nina Rodrigues denominou de *'problema do negro'* (grifo meu).

Naquele período, estava em jogo a definição da nacionalidade, o futuro do povo brasileiro que deveria engrossar as fileiras do mercado de trabalho no país que caminhava para a industrialização e o temor das elites brancas em relação à maioria negra ex-escrava e o aspecto racial que a população ia assumindo. Ou seja, as teses ortodoxas de Nina

---

[120] MOVIMENTO NEGRO DE BELO HORIZONTE. Não deixe sua cor passar em branco. Belo Horizonte, jul. 1990. (mimeo). Panfleto assinado pelo Movimento Negro Unificado, Casa Dandara, Grupo de União e Consciência Negra, Agentes Pastorais Negros, Associação Mineira "Henrique Dias", Congregação Mineira de Candomblecistas e Associação José do Patrocínio.

Rodrigues (inferioridade racial do negro e degenerescência do mestiço) iam sendo substituídas por outras com maior refinamento ideológico.

> "A produção (mitológica) da mestiçagem, no Brasil, é vital para a classe dominante branca em desvantagem numérica. Faz parte de uma estratégia ideológica que tem sua correspondência no plano socioeconômico na estimulação da imigração europeia. Trata-se de estratégias para inviabilizar a constituição de uma nação eminentemente negra.
>
> No Brasil, quando se pergunta a um branco 'preocupado' com o racismo, como isso pode se resolver, normalmente ele apela para a miscigenação . Em termos explícitos : se destruiria biologicamente (além de culturalmente) o negro pela mestiçagem e terminaria o problema racial. É uma alternativa humanamente mais decorosa do que os crematórios nazistas, sem dúvida!"[121]

A mestiçagem é usada na sociedade brasileira com um duplo sentido: ora ela é exaltada para encobrir o racismo e a discriminação racial – por sermos um país mestiço, não faz sentido afirmar a existência do racismo. Ora ela é usada para ressaltar a suposta herança negativa que os africanos trouxeram para a sociedade brasileira. Desse modo, a mistura racial passou a ser vista como um amortecedor para os conflitos sociorraciais, principalmente quando se compara a realidade brasileira com a dos Estados Unidos ou com a África do Sul. Assim a miscigenação passou a constituir-se na principal força do projeto de branqueamento: o desaparecimento gradual do negro e com ele a questão racial no país.

> "O mestiço brasileiro vive em constante conflito. Em algumas situações, a sua mestiçagem contribui para que possa 'passar por branco' e ser aceito pela sociedade, levando-a exaltar a sua origem racial branca e negar a negra ou a índia. Em outras situações, quando na competição que se trava na sociedade, o origem negra de sua mestiçagem é apontada como depreciação de sua capacidade, insinuando que este deve se manter no seu lugar, ou seja, 'lugar de negro."[122]

Para o Movimento Negro a diferença entre afirmar que "no Brasil existe um povo negro" e que "uma parte da população brasileira é

---

[121] ANJOS, J.C. Gomes dos. *Mestiçagem como mito*. Jornal Nacional do Movimento Negro Unificado, n.21, jul.ago.set. 1992. Op. Cit. p.10.

[122] GOMES, Nilma Lino. *A mulher negra que vi de perto*. Op. Cit. p. 80.

mestiça" – é que a primeira tem conteúdo histórico, a segunda é um mito.

> "Não é por revelar o conceito de mestiço, nem por liquidá-lo que essa fala se constitui como um mito, mas sim, porque ela apresenta a mestiçagem como acontecimento natural. Não se produz mito sem evacuar a história, as contingências históricas são separadas do fato puro. O fato é apresentado como biológico, inocente, a própria forma do que está naturalmente dado.
>
> E o conceito de mestiço? Com definição puramente biológica, sua falácia está intrinsecamente ligada à inadequação do conceito de raça pura, em termos biológicos, em referência à humanidade. Sem a dimensão histórica que o conceito de raça ganha, incapaz de definir um grupamento humano em função de uma trajetória sociocultural específica, o conceito de mestiço tem um uso unicamente mitológico."[123]

Estando em xeque, a tese da superioridade racial, o conceito de mestiço vai ganhar nova funcionalidade na trama das relações de dominação. Indefinido biologicamente, o mito do mestiço torna-se peça-chave no sistema de dominação racial no Brasil. A mistura racial passou a ser vista como um amortecedor para os conflitos sociais, principalmente quando se comparava a realidade brasileira com a dos Estados Unidos. E para isso existiam dois caminhos: a miscigenação e a imigração europeia. É neste contexto que ganha importância Francisco José de Oliveira Vianna.

Apesar de acreditar na existência de raças superiores e inferiores, Oliveira Vianna defendia o ideal do branqueamento como solução para o problema racial brasileiro. Para Vianna, a imigração europeia era muito importante para acelerar o processo de branqueamento da população brasileira. Esse tipo de visão tinha uma grande aceitação por parte das elites brasileiras da época que preferiam associarem-se ao mestiçamento que poderia levar ao branqueamento da nação, do que à produção do tipo mulato degenerado, defendido por Nina Rodrigues.

> "Para Vianna, o crescimento da massa ariana no país decorria da

[123] ANJOS, J.C. Gomes dos. *Mestiçagem como mito.* Jornal Nacional do Movimento Negro Unificado, n.21, jul.ago.set. 1992, Op. Cit. p. 10

> reprodução natural do homem branco no Brasil, da imigração que, além de introduzir milhares de brancos no país, também contribuiria para a 'nossa arianização', pelo cruzamento com a população mestiça.
>
> Realista, entretanto, Vianna reconhece a existência de outros fatores mais 'enérgicos' do que a imigração para a 'arianização' do Brasil. Trata-se da miséria e mortalidade maior de negros e mestiços, em relação ao branco, genocídio a que Vianna alcunhava 'seleção natural' e 'seleção social'. Debruçando sobre as estatísticas então disponíveis sobre a mortalidade do negro e do mulato, Vianna é impiedoso: a maior mortalidade do negro e do mulato só poderia resultar no crescimento do branco no país e, nesse sentido, o Autor lamenta o fluxo contínuo de escravos até 1850 e a própria lei da Abolição. Para Vianna, a escravidão teria eliminado o negro mais rapidamente."[124]

O fato curioso é que Oliveira Vianna é visto como mestiço ou mulato – outros autores o consideram como "mulato escuro" – tem a sua origem negra destacada por aqueles que estudam a sua obra para contradizer o caráter racista da mesma. O branqueamento defendido por Vianna pela seleção eugênica das raças através da miscigenação com controle político e ideológico – negros e mulatos eugênicos cruzariam entre si e com os brancos possuidores de eugenismo para a formação da nova raça ariana – teorias essas sem nenhuma validação científica. Mais curioso ainda é que para o pesquisador Dalmir Francisco, Vianna elaborou uma "proposta política e ideológica para toda a sociedade" ao aliar o arianismo racista e branqueador com "a defesa de governos autoritários e antiliberais, colocando-se como um intérprete de uma política e uma ideologia que legitimavam o segmento burguês da Primeira República brasileira".[125]

> 'É nessa re-configuração das relações raciais que aparecem os ideólogos da miscigenação, com *Gilberto Freyre* (grifo meu) no Brasil substituindo a Euclides da Cunha e sua tese de degenerescência das raças por via das misturas. O mestiço torna-se uma figura mitológica importante na manutenção de um siste-

---

[124] FRANCISCO, Dalmir. *Negro, Afirmação política e hegemonia burguesa no Brasil.* Belo Horizonte: Faculdade de Filosofia e Ciências Humanas/UFMG, 1992, p.92.(Dissertação, Mestrado em Ciência Política). Para maior aprofundamento sobre o assunto, Cf. VIANNA, Oliveira. A Evolução do povo brasileiro. São Paulo, Editora Nacional, 1933.

[125] FRANCISCO, Dalmir. Negro, Afirmação política e hegemonia burguesa no Brasil. Op. Cit.

> ma socioeconômico de dominação de uma raça sobre outra, sem que as tensões sociais daí derivadas possam emergir em termos de confronto racial.
>
> Para tanto, os dispositivos de reconhecimento de traços biológicos e culturais passam a funcionar em dois níveis: ao nível socioeconômico os dispositivos reconhecem e segregam o negro; ao nível ideológico forjam e ostentam a figura do mestiço. Signo de um trânsito biológico, ele simboliza a chegada da *'democracia racial'*, (grifo meu) ao nível biológico e afirma a própria impossibilidade da segregação a nível socioeconômico. Na indistinção da mestiçagem como poderia haver segregação racial?
>
> As estatísticas transformam o mito em ideologia por meio da categoria pardo. Uma categoria ideológica operacionalizada a nível científico divide uma raça (categoria histórica e sociologicamente pertinente): ao nível das sutilezas bioideológicas a raça negra é dividida em negros e pardos. *A máquina de segregação de raças só fabrica pardos no nível ideológico. No nível socioeconômico, todos são reconhecidos e esmagados enquanto negros."*[126] (grifo meu)

Para o Movimento Negro o que define a mestiçagem como mito é o seu vazio ao nível das práticas de segregação socioeconômica e o seu aparecimento excessivo no plano ideológico. A produção dessa figura no confronto racial brasileiro é um balde de água fria, assegura a dominação, retirando as fronteiras que definiriam uma referência de confronto.

> "Essa ideologia do branqueamento enraizou-se tão profundamente na comunidade negra que esta, pressionada psicologicamente, sente-se como o branco opressor a vê e quer: inferior. Por isso mesmo, ela luta para tornar-se igual ao opressor. Imagina que igualando-se a ele, deixará de sofrer tanto.
>
> Se de um lado temos a ideologia do branqueamento, de outro temos o comportamento institucional do governo brasileiro que repassa ao mundo a idéia de que somos um paraíso racial. Para o consumo externo o Brasil é uma imensa e profícua democracia racial."[127]

---

[126] ANJOS, J.C. Gomes dos. *Mestiçagem com mito.* Jornal Nacional do Movimento Negro Unificado, n.21, 1992, Op. Cit. p. 10.

[127] SANT'ANA, Antônio Olímpio. Igreja, escravidão e racismo. Rio de Janeiro: Revista Tempo e Presença/CEDI – Centro Ecumênico de Documentação e Informação, jan. fev. 1988, p.20. (O reverendo Olímpio Santana é membro do Programa de Combate ao Racismo do Conselho Mundial das Igrejas.)

Por outro lado, o conhecimento, o estudo, a pesquisa e o debate político com autores e intelectuais que analisaram a "democracia racial", sobretudo aqueles ligados à produção acadêmica nos anos 50 e 60, desempenharão um papel muito importante na conformação do discurso das lideranças negras, desde a emergência do protesto negro nos anos 70. É certo que estes estudos realizados por acadêmicos interessados em desvendar a lógica das relações raciais; alguns juristas e políticos sensíveis ao ideal democrático; setores organizados da sociedade preocupados com a tipicidade do quadro de exclusão no país; artistas e população brasileira que, ora constrangida ora crítica, contribuíram para que pudessem assumir o estrago da discriminação racial.

> "Na minha opinião, esse conjunto de atitudes é um sinal de inconformismo e, ao mesmo tempo, um elemento que tem contribuído para o refinamento do debate sobre qual sociedade queremos. Afirmar que as relações sociais, econômicas e políticas no País precisam de constante reflexão é um desafio ao estabelecimento de valores próprios à democracia. Olhando a história política e social do Brasil, seria mesmo impensável não admitir, então, que as organizações negras alistam-se, como tantos outros setores organizados, junto aos que desejam uma sociedade tanto justa quanto verdadeiramente democrática."[128]

A interlocução com intelectuais do porte de Florestan Fernandes, Clóvis Moura, Otávio Ianni, Roger Bastide, Décio Freitas, Carlos Hasenbalg, Pierre Fatumbi Verger, Juana Elbein dos Santos, Thomas Skidimore, entre outros, provocou um intenso debate com os intelectuais negros e a militância do Movimento; que do ponto de vista das normas necessárias à validação do conhecimento científico, influenciou a elaboração do contradiscurso do Movimento, inspirando a busca da verdade histórica e qualificando o diálogo que o Movimento pretendeu com a sociedade e a formação das lideranças do Movimento Negro que surgiram neste processo.

> "A existência da discriminação racial, historicamente, costuma provocar no Brasil reações negativas – com amplo respaldo no inconsciente coletivo. Afinal, a ideologia dominante da democra-

[128] SANT'ANA, Wania. *Novos paradigmas de análise e intervenção sobre as relações raciais*. Rio de Janeiro: Cadernos Abong, Op. Cit. p.6.

cia racial e do homem cordial, fundamentada na vasta produção intelectual de pioneiros da história e da sociologia, entre os quais Gilberto Freire e Sérgio Buarque de Holanda, parece ter penetrado fundo na alma brasileira, apesar de evidências contrárias de produção mais recente. Os primeiros indícios de que as relações entre as raças no Brasil não eram tão cor-de-rosa como enfatizavam as elites dos primórdios da República começaram a aparecer na década de 50, a partir de estudos patrocinados pela UNESCO, sob a coordenação de professores da Universidade de São Paulo, como Florestan Fernandes e Roger Bastide.

Mas, sintomaticamente, trata-se de um tema que não tem feito muito sucesso junto aos acadêmicos do País, apesar do êxito alcançado, na década de 70, pelo trabalho do professor Carlos Guilherme Motta, " Ideologia da Cultura Brasileira", também da USP. O que se deve, sobretudo, à prevalência de conceitos como classe social para explicar o estágio de carência no qual ainda se encontra a esmagadora maioria da população brasileira de origem africana. Estranho caso em que a esquerda universitária contribui para perpetuar um mito construído pelas elites oligárquicas. Deveria haver, no mínimo, curiosidade sobre por que foi tão problemático incluir o item raça ou cor nos censos brasileiros realizados neste século. Ou ter acesso aos dados do censo de 1976, encerrados sob sete chaves pelo governo de Ernesto Geisel, e até recentemente inacessíveis ao comum dos pesquisadores sociais. Um assunto que pede o concurso de demógrafos e psicólogos sociais."[129]

Nesse sentido, é possível distinguir algumas correntes principais que caracterizam o pensamento social brasileiro sobre as relações raciais. Segundo Fúlvia Rosemberg,[130] a primeira delas, ligada originalmente a Gilberto Freyre (*Casa Grande e Senzala; Sobrados e Mocambos*), postula a existência de uma democracia racial. A segunda, liderada por Florestan Fernandes, desnuda uma profunda desigualdade entre os segmentos branco e negro da população e interpreta as relações raciais no período pós-abolicionista como resquícios do antigo regime, incompatíveis com a nova ordem social que configura na sociedade competitiva e de

---

[129] ESTADO DE MINAS. *Mito da democracia racial*. Belo Horizonte, Caderno de Opinião, 21, mar. 1997.

[130] ROSENBERG, Fúlvia, PINTO, Regina P. Trajetórias escolares de estudantes brancos e negros. Belo Horizonte: IRUJP/FAE/MEC: Seminário Educação e Discriminação de Negros, 1988, Op. Cit. p.28-29.

classes. Portanto, apesar desta corrente reconhecer a existência de desigualdades raciais, assume uma perspectiva otimista. Pois de acordo com seu enfoque, a discriminação racial tenderia a desaparecer com o desenvolvimento da industrialização.[131] A terceira corrente seria representada principalmente por Carlos Hasembalg e Nelson do Valle e Silva que analisam as articulações entre raça e classe de uma outra perspectiva.

> "Muito embora esteja longe de negar que o futuro de negros e mulatos está intimamente associado à evolução política e estrutural da sociedade brasileira como um todo – e neste sentido o destino dos não-brancos relaciona-se ao de outras classes e grupos sociais subordinados –, um dos interesses centrais deste estudo é precisar as formas específicas de dominação a que os brasileiros de cor estão sujeitos. Sem dúvida alguma a grande maioria de negros e mulatos no Brasil é exposta aos mesmo mecanismos de dominação de classe que afetam outros grupos subordinados. Mas, além disso, as pessoas de cor sofrem uma desqualificação peculiar e desvantagens competitivas que provêm de sua condição racial.
>
> O foco desta pesquisa concentra-se na estratificação racial e nos mecanismos societários que reproduzem as desigualdades raciais. Um ponto central da análise consiste em desenfatizar o legado do escravismo como explicação das relações raciais contemporâneas e, ao invés disto, acentuar o racismo e a discriminação depois da abolição como as principais causas da subordinação social dos não-brancos e seu recrutamento a posições sociais inferiores.
>
> Desta forma, a raça, como atributo socialmente elaborado, é analisada como um critério eficaz dentre os mecanismos que regulam o preenchimento de posições na estrutura de classes e no sistema de estratificação social."[132]

No entanto, é na tradução política dessa perspectiva crítica inerente à produção acadêmica desses autores, que cabe ressaltar a contribuição à história do povo negro no Brasil, através do esforço desenvolvido pela

---

[131] Para o aprofundamento crítico sobre o tema, Cf. FRANCISCO, Dalmir. Negro, Afirmação política e Hegemonia Burguesa no Brasil, Cap. III - Preconceito, racismo e crítica científica, p. 175-200. Op. Cit.

[132] HASENBALG, Carlos. *Discriminação e Desigualdades Raciais no Brasil.* Rio de Janeiro: Edições Graal, 1979 p. 20-21.

militância, pelos intelectuais negros e brancos sensibilizados com a luta do Movimento Negro, pelo desafio em desmontar as teses que alicerçam o "mito da democracia racial", sobretudo, a partir das discussões políticas em torno de uma obra clássica, que é a sua espinha dorsal: "*Casa Grande & Senzala*" do pernambucano Gilberto Mello Freyre.

> "Uma leitura crítica da obra de Gilberto Freyre, principalmente do seu *livro Casa Grande e Senzala*, publicado na década de 30, nos mostrará o quanto a *democracia racial* (grifo meu) é ainda considerada legítima para a nossa sociedade, a ponto de ter sido veiculada nos livros, defendida por intelectuais, tendo garantida a sua validade científica e sendo inculcada em milhões de leitores brancos e negros."[133]

Vale notar que todos aqueles que se dedicam ao estudo da historiografia brasileira conhecem o grande impacto que a obra de Gilberto Freyre, "*Casa Grande & Senzala*", causou nos meios intelectuais e acadêmicos, a partir da sua publicação em 1933 – três anos após a "revolução de 1930" – momento histórico importante em que estava em curso a organização da Frente Negra Brasileira.

> "Casa Grande & Senzala é a obra de interpretação do Brasil mais conhecida no Brasil e mais traduzida e editada no exterior. (...) Sua obra é reconhecida como uma referência superior da ciência social pelos mais importantes cientistas sociais do mundo: L. Febvre, F. Braudel, R. Barthes e outros. Entretanto, ele jamais aceitou ser classificado como um "especialista" das ciências sociais, antropólogo, sociólogo ou historiador. Ele sempre se apresentou como "escritor ou ensaísta". O que não limitou a repercussão da sua obra nas ciências sociais, que são enormes, pelas inovações metodológicas, pela flexibilidade e beleza do texto, algo original, reunindo literatura e ciência social."[134]

Pode-se dizer que é a partir dessa moderna técnica de abordagem antropológica e sociológica descrita na citação anterior – iniciada pelo trabalho de outros precursores como Francisco Adolfo de Varnhagen

---

[133] GOMES, Nilma Lino. *A mulher negra que vi de perto*. Op. Cit. p. 66.

[134] REIS, José Carlos. Mudança e Continuidade na Historiografia Brasileira - Anos 1930: Gilberto Freyre O re-elogio da colonização portuguesa. Belo Horizonte: Faculdade de Filosofia e Ciências Humanas/Departamento de História/UFMG, p. 35. (mimeo).

(1850), Capistrano de Abreu, Nina Rodrigues e Oliveira Vianna – que Gilberto Freyre demonstra através de argumentos novos, como aquilo que se considerava como inferioridade racial do negro, tinha raízes culturais. Diferente, mas seguindo a linha conservadora de Varnhagen, "ele não pensava mais o Brasil em termos raciais, mas em termos culturais";[135] portanto, próximo e ao mesmo tempo, essencialmente, distante de Capistrano de Abreu.

> Contestando aberta e liricamente os 'indianófilos', defendendo o negro (não esmagado pela escravidão), Freyre esgrima-se com os teóricos e com as teorias racistas, *para desqualificar o 'fator raça'* (grifo meu) e construir uma interpretação do negro e do índio, do ponto de vista cultural.
>
> Ao reconhecer o negro como ser portador de cultura e, portanto, ser humano e humanizador, em sua influência sobre a formação brasileira, Freyre *politiza* as constatações anteriores de Nina Rodrigues: a cultura negra não só tinha valores, mas além disso, exercia influência sobre a formação luso-tropical-brasileira. Essa visão culturalista permitirá a Freyre contornar ou 'mitigar' os antagonismos entre os escravos e senhores, até mesmo quando esses antagonismos resultaram em revoltas concretas contra a escravidão. A Revolta Malê (1835) é tratada, pela ótica freyriana, como um 'desabafo ou erupção de cultura adiantada oprimida por outra menos nobre'.[136] Apesar de reconhecer que a Revolta Malê tinha todas as características dos movimentos autenticamente libertários, Freyre insiste que o conflito não é econômico, nem político, nem racial – mas cultural."[137]

Nos debates realizados pelo Movimento Negro sobre *Casa Grande e Senzala*, os negros e negras aparecem como uma versão suave e sedutora da defesa racial do autoritarismo e dogmatismo arianista do teórico racista Oliveira Viana;[138] mas reintegrado na sua componente de uma cultura que a escravidão não conseguiu destruir totalmente. Portanto, uma teoria "inovadora", para conservar a realidade racial brasileira. Para

---

[135] REIS, José Carlos. Op. Cit. p.40-42.

[136] FREYRE, Gilberto. Casa Grande & Senzala. A formação da família brasileira sob o regime da economia patriarcal. Rio de Janeiro: José Olympio, 1981, p. 298.

[137] FRANCISCO, Dalmir. Negro, Afirmação política e hegemonia burguesa no Brasil. Op. Cit. p.141.

[138] Cf. VIANA, Oliveira. Evolução do povo brasileiro. São Paulo: Editora Nacional, 1933.

o Movimento, este conjunto de "teorias científicas" foi muito eficaz para justificar a escravidão e, posteriormente, o racismo. Dentre essas "teorias" cabe reiterar o positivismo de Comte, o darwinismo social e o evolucionismo de Spencer.

Em a *Cultura Brasileira e Identidade Nacional,* Renato Ortiz declara que "estas teorias, apesar de serem distintas entre si, podem ser consideradas sob um único aspecto: o da evolução histórica dos povos". Na verdade, o evolucionismo se propunha a encontrar um nexo entre as diferentes sociedades humanas ao longo da história, aceitando como postulado que o "simples" (povos primitivos) evolui naturalmente para o mais "complexo" (povos ocidentais), procurando estabelecer as leis que presidiriam o progresso das civilizações.

> "Do ponto de vista político aceita-se que o evolucionismo vai possibilitar à elite europeia uma tomada de consciência de seu poderio que se consolida com a expansão mundial do capitalismo. O evolucionismo, em parte, legitima ideologicamente a posição hegemônica do mundo ocidental. A 'superioridade da civilização europeia torna-se, assim, decorrente das leis naturais que orientam a história dos povos'. A influência destas pseudoteorias científicas foi fundamental para o surgimento e sedimentação do racismo à brasileira, hoje conhecido como *democracia racial".*[139] (grifo meu)

O Movimento Negro observa que Freyre não confere nenhuma importância a uma dinâmica social cheia de conflitos entre os africanos escravizados e os "senhores" de escravos brancos e, mesmo entre grupos de escravos provenientes de diferentes povos e etnias africanas. Ao adotar um método de empatia dos grupos entre si, especialmente, dos escravos em relação aos senhores escravocratas, *Casa Grande & Senzala* minimiza ou ignora os conflitos, desenvolvendo a visão de uma história idílica, onde tudo se harmoniza em virtude do conteúdo patriarcal e benigno da escravidão brasileira. Assim por exemplo, para caracterizar a presença de homens e mulheres negras naquela realidade dramática e opressiva para o escravo, descreve-a da seguinte forma:

> "Na ternura, na mímica excessiva, no catolicismo em que se deliciam os nossos sentidos, na música, no andar, na fala, no

---

[139] SANT'ANA, Antônio Olímpio. *Igreja, escravidão e racismo.* Op. Cit. p.19-20.

canto de ninar menino pequeno, em tudo que é expressão sincera de vida, trazemos quase todos a marca da influência negra. Da escrava ou sinhama que nos embalou. Que nos deu de mamar. Que nos deu de comer, ela própria amolengando na mão o bolão de comida. Da negra velha que nos contou as primeiras histórias de bicho mal-assombrado. Da mulata que nos tirou o primeiro bicho-de-pé de uma coceira tão boa. Da que nos iniciou no amor físico e nos transmitiu, ao ranger da cama-de-vento, a primeira sensação completa de homem. Do moleque que foi o nosso primeiro companheiro de brinquedo".[140]

Para Clóvis Moura, Gilberto Freyre se situa explicitamente como um membro da classe senhorial, "usando sempre o pronome nós como referencial que determina a sua posição social como narrador".[141] Por mais que queira apresentar uma visão simpática do escravo, da escrava, do negro, da "mulata",[142] e sua atuação na formação da sociedade brasileira, da família brasileira; *Casa Grande & Senzala* foi escrita sob a ótica do senhor da casa grande, branco, da classe dominante.

A realidade de *Casa Grande & Senzala* é retratada em diversos detalhes como se os africanos escravizados se encontrassem numa situação de subalternidade absoluta e satisfeitos com essa situação. As sensações favoráveis que os senhores brancos escravistas sentiam com o trabalho escravo (a coceira do bicho-de-pé, a comida posta na boca pela negra e da que transmitiu a sua primeira sensação de amor físico) mas não revela aquilo que os escravos poderiam sentir se submeter a estes préstimos e serviços que permitiram a existência parasitária da classe senhorial. O negro que interessa a Freyre é o ser culturalmente domesticado, familiar, ou, antes da escravidão, o negro encontrado na África, com avançado domínio produtivo, no cultivo da terra, na mineração, na pecuária, no artesanato e na fertilidade.

Por outro lado, a preocupação fundamental de Gilberto Freyre era a questão da miscigenação. É ele mesmo quem diz, a propósito da motivação que o levou a escrever *Casa Grande & Senzala:*

"Era como se tudo dependesse de mim e dos de minha geração; da nossa maneira de resolver questões seculares. E dos pro-

---

[140] FREYRE, Gilberto. Casa Grande & Senzala: Formação da família brasileira sob o regime da economia patriarcal. 35 ed. Rio de Janeiro: Editora Record, 1999, p. 228.

[141] MOURA, Clóvis. Brasil: As raízes do protesto negro. São Paulo: Global editora, 1983.p.87

[142] Note que a palavra mulata vem de mula, no sentido pejorativo de que mula é para montar.

blemas brasileiros, nenhum que me inquietasse tanto como o da miscigenação. Vi uma vez, depois de mais de três anos de ausência do Brasil, um bando de marinheiros nacionais – mulatos e cafuzos – descendo não me lembro se de São Paulo ou de Minas pela neve mole do Brooklyn. *Deram-me a impressão de caricaturas de homens. (...) A miscigenação resultava naquilo".*[143] (grifo meu)

Nesse sentido, o que mais chama à atenção em *Casa Grande & Senzala*, é a visão machista sobre a mulher negra que, como podemos inferir, serviria apenas como objeto de trabalho e para o amor físico – objeto de uso sexual para os senhores e filhos dos senhores de escravos. A ação preconceituosa sobre a mulher, especialmente, a mulher negra e indígena, ancoravam-se no olhar branco e masculino dos proprietários de engenhos e escravos.

Ao reduzir o papel da mulher negra e indígena apenas para a reprodução sexual e ao uso exótico da sua sexualidade, Gilberto Freyre destaca a capacidade de miscibilidade, mobilidade e aclimatabilidade como condições essenciais que possibilitaram ao português a conquista de tantas terras e a sua adaptação aos trópicos. A falta de mulheres entre os colonizadores criou sérias dificuldades para a sua multiplicação, para a constituição de famílias e ocupação do território brasileiro. Devido a esses fatores, foi necessário o intercurso sexual do homem português com a mulher indígena e a mulher negra, dando origem a um longo processo de miscigenação, que produziria o "mulato", o mestiço, "uma vigorosa e dúctil população mestiça".[144]

"Um problema que aumenta quando o português, nos primeiros tempos, depois de fartar-se das índias – que aliás se prestaram gostosamente ao papel de mercadoria sexual (sic) – reservava as negras para si. As negras, porém, sofreram uma discriminação sexual muito maior que as índias. Alguns portugueses ainda casavam-se com as índias, com as negras, não. Isso é fácil de explicar pela cor: os filhos mulatos quebrariam obviamente a barreira de classe se fossem admitidos no seio da família legal. A união sexual entre o branco e a negra permitia-se quando o filho – mulato – era bastardo. Se fosse assimilado pela família, estremeceriam as

---

[143] FREYRE, Gilberto. *Casa Grande & Senzala*. Op. Cit.

[144] FREYRE, Gilberto. *Casa Grande & Senzala*. Op. Cit. p.13.

relações de classe. Uma série de leis proibia o casamento de branco com negra, mas não existe uma só indicação proibitória da prática sexual entre as duas raças. Essa situação levou 'naturalmente' a entender-se como função da negra escrava, o satisfazer as necessidades sexuais do senhor: nem sempre isentas de desvios sádicos, quase sempre orientadas por um forte sentimento de depravação. Com a escrava, submissa pela sua própria condição social, podia-se 'fazer tudo' – as negras foram usadas, abusadas e descartadas quando necessário."[145]

Ou seja, o pernambucano Gilberto Freyre não considerou os abusos, as violências sexuais cometidas contra essas mulheres – o estupro. Tudo acontecia de forma harmoniosa, natural e com pleno consentimento de ambas as partes.

> "(as índias) por qualquer bugiganga ou caco de espelho estavam-se entregando, de pernas abertas, aos "caraíbas" gulosos de mulher."[146]
>
> "O que a negra da senzala fez foi facilitar a depravação com a sua docilidade de escrava, abrindo as pernas ao primeiro desejo do sinhô-moço. Desejo, não: ordem. (...) Ninguém nega que a negra ou mulata tenha contribuído para a precoce depravação do menino branco da classe senhoril, mas não por si, nem como expressão de sua raça ou do seu meio-sangue mas como parte de um sistema de economia e de família: o patriarcal brasileiro."[147]

Pelo contrário, a sexualidade das mulheres e homens negros, em geral, era vista como uma anomalia, uma aberração, mas que excitava os portugueses e desvirginava os seus filhos. O sentimento de "culpa" dessa depravação recaía sobre a mulher negra escrava, como se ela fosse responsável pelo despertar do desejo e ataques sexuais a que era submetida. A justificativa era a de que a suposta depravação fazia parte do sistema econômico e familiar brasileiro.

> "Gilberto Freyre, então, fala em depravação da mulher negra no sentido de predisposição à satisfação sexual e ao pecado, para

---

[145] Xavier, Arnaldo e Silva, Nilza Iraci da. *Há um buraco negro entre a vida e a morte*. Rio de Janeiro: Geledés – Instituto da Mulher Negra e Soweto – Organização Negra, 1992, Op. Cit. p. 54-55.

[146] FREYRE, Gilberto, Op. Cit. p. 10.

[147] FREYRE, Gilberto. *Casa Grande & Senzala*. Op. Cit. p. 372-373.

a Igreja Católica. Mas isso não passa do nível de hipótese em si, se atentarmos que a opressão manifesta neutraliza a possibilidade da relação entre a Mulher Negra e o Homem Branco, uma vez que a leitura deste a observa e identifica como objeto de recalcamento sexual, desregramento moral, luxúria e ato pecaminoso. O sociólogo africano Fodé Diawara refuta esta compreensão, tentando estabelecer correspondência entre o sentido de 'espiritualidade do homem branco' e a herança cultual do Negro, como 'uma visão unificada do homem, onde o corpo mantém uma função primordial, para uma procura de vida mais plena através de uma participação na divindade cósmica, no ciclo inesgotável do eterno regresso do tempo'. O recorte de Fodé se refere basicamente à insatisfação sexual em que se assenta o estado monogâmico patriarcal na civilização judaico-cristã, confrontada à poligamia das sociedades africanas, contextos esses, em que a condição existencial que predispõe os negros ao prazer, anula qualquer manifestação de culpa, porque estão sustentados por mitos cosmogônicos."[148]

A apropriação das potencialidades do escravo e da escrava por parte dos senhores incluía, no caso das mulheres, a exploração e a violência sexual contra os seus corpos que, segundo a lógica do modelo escravista, não lhes pertenciam. *Casa Grande & Senzala* não questiona a lógica machista da sociedade escravista. Gilberto Freyre parece ter um certo prazer em descrever à apropriação do corpo da escrava, enquanto um mero objeto de prazer sexual do senhor branco e de seus filhos.

> "A utilização sexual da escrava não poderia ser entendida como simples resultante da condição de escravidão. Nesse caso, tanto a escrava quanto o escravo, por partilharem a mesma condição de cativos, teriam sido alvos das investidas sexuais dos senhores. A possibilidade da utilização dos escravos como objeto sexual só se concretiza para a escrava porque recaem sobre ela, enquanto mulher, as determinações patriarcais da sociedade, que determinam e legitimam a dominação do homem sobre a mulher."[140]

---

[148] XAVIER, Arnaldo e SILVA, Nilza Iraci da. *Há um buraco negro entre a vida e a morte*. Rio de Janeiro: Geledés – Instituto da Mulher Negra e Soweto – Organização Negra, 1992, Op. Cit. p.62.

[149] CF. GIACOMINI, Sônia Maria. *Mulher e escrava: uma introdução histórica ao estudo da mulher negra no Brasil*. Petrópolis: Vozes, 1988.

O amor em si, como uma relação plena, estava reservado "às virgens pálidas e louras donzelas".[150] Ao contrário, a preferência pela "morena" ou "mulata" era resultado de um "genuíno gosto nacional", mas o compromisso afetivo dentro das convenções sociais era assumido pelos homens brancos com a mulher branca. A sexualidade da mulher branca estava a serviço da procriação e reprodução ideológica da família patriarcal. A relação senhor e escrava não contava com a aprovação da mulher branca e resultou, por parte desta, em atitudes de extrema violência, de torturas físicas capazes de causar inveja aos torturadores de plantão. Para o Movimento Negro, Freyre reforçou a mitificação da "mulata" enquanto objeto sexual preferido pelos portugueses em detrimento das louras.

> "Pode-se, entretanto, afirmar que a mulher morena tem sido a preferida dos portugueses para o amor, pelo menos para o amor físico. A moda da mulher loura, limitada aliás às classes altas, terá sido antes a repercussão de influências exteriores do que a expressão do genuíno gosto nacional. Com relação ao Brasil, que diga o ditado: "Branca para casar, mulata para f..., negra para trabalhar, ditado em que se sente, ao lado do convencionalismo social da superioridade da mulher branca e da inferioridade da preta, a preferencia sexual pela mulata. Aliás o nosso lirismo amoroso não revela outra tendência senão a glorificação da mulata, da cabocla, da morena celebrada pela beleza dos seus olhos, pela alvura dos seus dentes, pelos seus dengues, quindins e embelegos muito mais do que as "virgens pálidas", as "louras donzelas".[151]

Aqui não há nenhuma preocupação com a eficácia dessa representação presente no imaginário do homem brasileiro, uma representação da discriminação da mulher negra e indígena – uma visão distorcida dos povos escravizados por europeus e portugueses. Este olhar senhorial, machista e racista do homem branco português sobre a mulher negra permanece quase inalterado na sociedade brasileira do presente.

> "Há mais de 400 anos mulheres e homossexuais negros vêm preenchendo os escalões inferiores da pirâmide social brasileira.

---

[150] FREYRE, Gilberto. Op. Cit. p.10.

[151] FREYRE, Gilberto. Casa Grande & Senzala. Op. Cit. p.10

> O fato de a questão sexual ter ganhado novas dimensões à medida em que caminhavam as transformações socioeconômicas, vem dificultar sobremaneira o estudo das opressões sobre essas duas categorias. O exame da posição ocupada pelo negro na sociedade conforme o modo de produção dominante, não é suficiente para elucidar o problema uma vez que as discriminações passaram a se diferenciar no interior da sociedade conforme o papel destinado a cada sexo. Sobre o sistema escravocrata por exemplo, muito já foi dito quanto ao papel subalterno, aviltante ocupado pelos negros, com uma descrição como 'privilegiada' quanto à posição da escrava doméstica. Porém, a violência física e moral de servir aos prazeres sexuais dos senhores, dos amigos e dos visitantes da *casa grande* (grifo meu), somados à ultrajante 'contribuição' como mucama, ama-de-leite e quituteira, até hoje perduram como virtudes da raça e 'orgulhos' da cultura brasileira."[152]

Pelo ângulo de uma interpretação da sociedade brasileira, *Casa Grande & Senzala* atenua as preocupações da intelectualidade, da burguesia e da oligarquia rural brasileira com o "problema negro" e a questão da "mistura racial brasileira". O que Gilberto Freyre vê da varanda da Casa Grande é a senzala. E, de acordo com Muniz Sodré, "a senzala não é uma instituição, não é uma forma social e cultural negro-brasileira."[153]

> "O que ele vê? Tudo o que o seduz enquanto poeta-sociólogo da classe social dos senhores de escravos: a culinária, os contos, o cruzamento interétnico, os cafunés, as danças, as maldades e bondades dos senhores, os "sincretismos" religiosos, as tristezas e alegrias dos negros. Freyre vê *conteúdos de pensamentos negros*, matérias-primas para um produto nacional (sendo brancas as regras de produção) tropicalizado. Membro privilegiado de um meio social que ainda hoje aceita e faz circular no Nordeste brasileiro paradigmas racistas, o autor de Casa Grande & Senzala marcou sua posição erudita, afirmando mais ou menos algo diferente: o negro foi importantíssimo como *tempero* do caráter nacional (no que não deixa de levar vantagem sobre a sociologia paulista pós Donald Pierson, que só viu no escravo a figura do pobre coitado e indefeso).

---

152 MOVIMENTO NEGRO UNIFICADO. Sexismo e Racismo. Belo Horizonte: IIIº Congresso Nacional. Cf. 1978-1988: 10 anos de luta contra o racismo. São Paulo: Confraria do Livro, 1988, p.28.

153 SODRÉ, Muniz. O terreiro e a cidade: a forma social negro brasileira. Petrópolis: Vozes, 1988.

> Fica evidente que às grandes explicações gerais da vida brasileira sempre escaparam o segredo e a resistência dos *boçais*. Freyre parte de imagens públicas de ladinos e crioulos para o campo das "explicações gerais", que hoje constituem a base de folclorização do negro pela ideologia culturalista brasileira. A "defesa" intelectual do negro pela ciência social delimita ao mesmo tempo o "território" da cultura negra, institui como "verdade brasileira" um inexistente sincretismo religioso e tenta reduzir o ritual à estética sublimativa importada da Europa. O negro é assim assimilado a uma das matrizes de "antropofagia" (termo do Modernismo) ou de "carnavalização" brasileiras".[154]

A obra de Gilberto Freyre contribuiu para internalizar a ideia de que não existe racismo e nem discriminação racial contra a população negra na sociedade brasileira. Aparentemente, os brasileiros vivem num "paraíso racial" – a oferecer iguais oportunidades a negros e brancos, numa verdadeira "democracia racial". Muitos, ainda hoje, acreditam que a "miscigenação" – mistura ou cruzamentos inter-raciais – tem sido um meio de impedir a discriminação racial e o preconceito – pois os casamentos entre brancos e negros geram "mulatos" e "morenos" – esvaziando os dois polos extremos: negros e brancos.

> "O mito do paraíso racial foi criado para ocultar o seu oposto, qual seja um país que desenvolveu uma forma particular de dominação racial que, no limite, faz com que brancos discriminem negros sem reconhecer que o fazem, e, com isso, tornam o racismo 'invisível' aos negros. Neste embalo lá se vão cinco séculos de Brasil, nos quais o poder tem sexo masculino e é branco e nos quais o lugar do negro tem sido o mesmo: no escravismo, a força motora da acumulação capitalista europeia e do desenvolvimento nacional e, na República, ocupando os piores setores da economia e vivendo em condições subumanas."[155]

---

[154] SODRÉ, Muniz. A verdade seduzida: por um conceito de cultura no Brasil. 2. ed. Rio de Janeiro: Francisco Alves, 1988, p. 170-171.

[155] MOVIMENTO NEGRO DE BELO HORIZONTE. Justificativa das Emendas Populares do à Lei Orgânica do Município. Belo Horizonte: Movimento Negro Unificado/MG, Associação Casa Dandara, Agentes de Pastorais Negros, Associação José do Patrocínio, Congregação Mineira dos Candomblés, Movimento Negro do Vestuário, Grupo de União e Consciência Negra, Grupo Iuna de Capoeira Angola, 1989. (mimeo).

Entretanto, se o Movimento Negro denunciava a não-existência de uma "paraíso racial" no Brasil, a questão difundida para a sociedade originava-se numa percepção da história brasileira, onde a ideia central é a de que vivemos numa "harmonia das raças".[156] A partir deste argumento principal, a violência da escravidão é ignorada – as fugas, as revoltas negras e os conflitos raciais são expurgados da história. O senhor escravocrata (o patriarca português de origem) é apresentado como destinado, historicamente, à colonização, à miscigenação, à construção de uma civilização híbrida:

> "A singular predisposição do português para a colonização híbrida e escravocrata dos trópicos, explica-a em grande parte o seu passado étnico, ou antes, cultural, de povo indefinido entre a Europa e África. Nem intransigentemente de uma nem de outra, mas das duas. A influência africana fervendo sob a europeia e dando um acre requeime à vida sexual, à alimentação, à religião; o sangue mouro ou negro correndo por uma grande população brancarana quando não predominando em regiões ainda hoje de gente escura, o ar da África, um ar quente, oleoso, amolecendo as instituições e nas formas de cultura as durezas germânicas; corrompendo a rigidez moral e doutrinária da Igreja medieval; tirando os ossos do Cristianismo, ao feudalismo, à arquitetura gótica, à disciplina canônica, ao direito visigótico, ao latim, ao próprio caráter do povo. A Europa reinando mas sem governar, governando antes a África.
>
> Corrigindo até certo ponto tão grande influência do clima amolecedor, atuaram sobre o caráter português, entesando-o, as condições sempre tensas e vibráteis de contato humano entre a Europa e a África; o constante estado de guerra (que entretanto não excluiu nunca a miscigenação nem a atração sexual entre as duas raças, muito menos o intercurso entre as duas culturas), a atividade guerreira, que se compensava do intenso esforço militar relaxando-se, após a vitória, sobre o trabalho agrícola e dos cativos de guerra, sobre a escravidão ou semiescravidão dos vencidos".[157]

A colonização, para Gilberto Freyre, não é um processo de subordinação, baseado na escravização de povos, na exploração

---

[156] FREYRE, Gilberto. *Casa Grande & Senzala*. Op. Cit.
[157] FREYRE, Gilberto. *Casa Grande & Senzala*. Op. Cit. p. 5.

econômica e política, mas um processo civilizatório singular, onde brancos, mouros, negros se misturam e onde o clima "oleoso" e o "quente" ar da África teriam amolecido a dureza das instituições religiosas, políticas e as "visões do mundo" europeias trazidas para o Brasil pelos portugueses. Nesse culturalismo sedutor de Gilberto Freyre, o processo da colonização, da escravidão e da civilização se fundem, em outro processo histórico-cultural, onde agentes culturais substituem as classes e castas, diluídas pela miscigenação e pela fusão cultural. Ou seja, trata-se de perceber o Brasil com um único povo, fruto de sucessivos cruzamentos raciais entre o branco português, os africanos e os ameríndios. Um Brasil sem racismo, sem segregação e nem discriminação racial. O preconceito racial que ainda existe são manifestações isoladas, que tendem a desaparecer com a crescente homogeneização racial da população.

Para Gilberto Freyre, as forças econômicas e sociais não são importantes para compreender o fenômeno da "degradação moral" decorrente da escravidão – sistema que corrompe a cultura e "o mundo que o português criou" – empurrando o lusitano escravista para a ação deletéria, o vício, a luxúria, a perversão sexual, a depravação que é imposta aos escravizados.

> "Da rede não precisava afastar-se o escravocrata para dar suas ordens aos negros, mandar escrever cartas pelo caixeiro ou pelo capelão; jogar gamão com algum parente ou compadre. Da rede viajavam quase todos – sem ânimo para montar a cavalo, deixando-se tirar de dentro de casa como geleia por uma colher. Depois do almoço ou do jantar era na rede que eles faziam longamente o quilo – palitando os dentes, fumando charuto, cuspindo no chão, arrotando alto. Peidando, deixando-se abanar, agradar, ou catar piolho pelas mulequinhas (sic), coçando os pés ou a genitália; uns por vício, outros por doença venérea ou de pele.[158]"

Para Gilberto Freyre, nesse caso, é a escravidão que vicia e corrompe, degradava o escravo, o senhor patriarcal e sua família, mergulhando-os, todos, na imensa luxúria, no sexo fácil, na depravação moral e na violência. O negro escravo não tem nada a ver com isso. Até exagera quando afirma que o negro escravo era tão moderado em termos de sexualidade, que para excitar-se necessitava de "danças afrodisíacas",

---

[158] FREYRE, Gilberto. *Casa Grande & Senzala*. Op. Cit. p. 429

de cultos fálicos e orgias, ao contrário do português retratado por Freyre, como um garanhão por excelência.

> "O cinismo que acompanhava esse abuso sexual contra as negras vinha acompanhado de crenças que se voltavam, sempre, contra as escravas. Gilberto Freire (sic), que costumeiramente perdoa os excessos dos brancos, não deixa de caracterizar em Casa Grande & Senzala algumas das formas brutais da exploração sexual. (...) O negro se sifilizou no Brasil. Um outro tanto viria já contaminado. A contaminação em massa verificou-se nas senzalas coloniais. A *raça inferior*, a que se atribui tudo que é handicap no brasileiro, adquiriu da *superior* (grifos do autor) o grande mal venéreo que desde os primeiros tempos da colonização nos degrada e diminui. Foram os senhores das casas grandes que contaminaram de lues as negras das senzalas. Negras tantas vezes entregues virgens, ainda molecas de doze e treze anos, a rapazes brancos já podres de sífilis das cidades. (...) A tal ponto chegou o processo de sifilização que o comércio do aluguel de amas-de-leite foi prejudicado. Para Gilberto Freire (sic), 'é igualmente de se supor que muita mãe negra, mãe-de-leite, tenha sido contaminada pelo menino de peito, alastrando-se também por esse meio, da casa grande à senzala, a mancha da sífilis'."[159]

A impressão que fica quando deparamos com a questão da depravação moral da escravidão é a de que o português, com a sua ociosidade parasitária, sifilizou o Brasil, introduziu a luxúria, a orgia, a sodomia e que, da casa grande, contaminou a senzala e até conventos e capelas. Da vida preguiçosa curtida na rede instalada na varanda da Casa Grande, ele copulava, mandava e administrava o negócio açucareiro escravagista.

> "Nas condições econômicas e sociais favoráveis ao masoquismo e ao sadismo criadas pela colonização portuguesa – colonização a princípio de homens quase sem mulher e no sistema escravocrata de organização agrária no Brasil; na divisão da sociedade em senhores todos poderosos e escravos passivos (!) é que devemos

[159] XAVIER, Arnaldo e Silva, Nilza Iraci da. *Há um buraco negro entre a vida e a morte*. Rio de Janeiro: Geledés- Instituto da Mulher Negra, Soweto - Organização Negra, 1992. Op. Cit. p. 55.

procurar as causas principais do abuso de negros por brancos, através, de formas sadistas de amor (sic) que tanto se acentuaram entre nós; e em geral, atribuídas à luxúria africana."[160]

Gilberto Freyre, além de apresentar o sistema escravista mercantil como uma "sociedade de estrutura agrária" e a escravidão numa "técnica de produção econômica"[161], quando desce ao cotidiano da casa grande e da senzala para relatar os seus vícios e a suas relações "degradantes", não reconhece as bases econômicas, sociais, culturais e políticas da "sociedade de estrutura agrária". A violência da dominação do senhor e do senhorzinho sobre o escravo do lar ou do eito, sobre as mucamas e crias é explicada através de mais um vicio, o sadomasoquismo.

> "Ao deslocar a violência do trabalho compulsório, a violência sexual e toda a barbárie que Freyre constata e documenta, para o sadismo e para o masoquismo, Freyre revela toda a sua face conservadora e reacionária, porque não se acanha de deslocar para o argumento psicologista. A ação e a violência que o senhor escravista usa intencionalmente, para escravizar o negro e impor a disciplina necessária ao trabalho compulsório."[162]

Enfim, é a partir de uma crença na existência de uma harmonia racial, na miscibilidade inata do português e a fácil mobilidade e aclimatabilidade nos trópicos, que Gilberto Freyre propõe a ideia de uma metarraça gerada pela miscigenação, onde a figura do "mulato" ocupa um papel central: o de esvaziar os conflitos raciais. Esta argumentação está na base da ideologia do branqueamento físico, cultural e ideológico da população brasileira, ideal perseguido de forma permanente pelas elites dominantes brancas, desde a colonização escravista até os dias de hoje.

Por essa razão, o "mito da democracia racial brasileira" é um poderoso instrumento de dominação ideológica: a cultura do senhor patriarcal da "Casa Grande" assimila as contribuições das "culturas inferiores", mas que impõe em todo o País, a sua dominação em termos econômicos, políticos, ideológicos e linguísticos. Os homens e mulheres negras não têm história.

---

[160] FREYRE, Gilberto. *Casa Grande & Senzala*. Op. Cit. p. 321.
[161] FRANCISCO, Dalmir. *Negro, afirmação política e hegemonia burguesa no Brasil*. Op. Cit.
[162] FRANCISCO, Dalmir. Op. Cit. p. 145.

> "Gilberto Freyre também fala na predisposição do Negro para o masoquismo e autoflagelo e exalta o português como um colonizador por excelência, e que seu sucesso indiscutível como 'agente colonizador' nos trópicos residia justamente no seu despojamento de macho empreendedor da *democracia racial brasileira* (grifo meu), através do sadismo. A generosidade de Gilberto Freyre em perceber o português como fato histórico, omite o Negro como um fato da natureza. Muitos foram os negros que preferiram o suicídio ou a morte lenta provocada pelo banzo – a saudade da África – no intenso desequilíbrio ambiental que constituiu a escravidão."[163]

Como exemplo, ressaltemos a absorção de valores culturais negros, por parte do senhor patriarcal dominante, a partir das mudanças nas estruturas linguísticas e gramaticais que recriaram o português no Brasil. Esse processo ocorre no "ambiente relasso da escravidão" onde a ama negra ou a mãe preta, em contato com o filho do senhor, altera a linguagem da criança, retirando a dureza dos erres e esses das palavras portuguesas, "só deixando para a boca do menino branco as sílabas moles". Para Freyre, esse amolecimento da linguagem só é possível pela tolerância da casa grande em relação à fala do negro da senzala. A essa apropriação, Gilberto Freyre chama de intercurso cultural, que na boca do português ganharia nobreza, perdendo o "sabor arrevesado do exótico":[164]

> "É como se (as palavras africanas) tivessem vindo de Portugal, dentro dos dicionários e dos clássicos; com genealogia latina, árabe ou grega; com pai e mãe ilustres. São, entretanto vocábulos órfãos, sem pai nem mãe definida, que adotamos de dialetos negros sem história, nem literatura; que deixamos que subissem, com os moleques e as negras, das senzalas às casas."[165]

Ou seja, o negro aqui não tem história nem literatura e sua fala é órfã de pai e mãe. O chamado intercurso cultural é um processo de hierarquização cultural e de subordinação do corpo e da alma do negro pelo senhor escravista. Inclusive, há dois modos de colocar os pronomes, que são usados conforme as circunstâncias:

---

[163] Há um buraco negro entre a vida e a morte. Geledés – Instituo da Mulher Negra e Soweto-Organização Negra. Op. Cit. p. 63.

[164] FRANCISCO, Dalmir. Negro, afirmação política e hegemonia burguesa no Brasil. Op. Cit.

[165] FREYRE, Gilberto. Casa Grande & Senzala. Op. Cit. p. 333.

" faça-me é o senhor falando; o pai, patriarca; me dê, é o escravo, a mulher, o filho, a mucama. Parece-nos justo atribuir em grande parte aos escravos, aliados aos meninos das casas-grandes, o modo brasileiro de colocar pronomes. Foi a maneira filial e meio dengosa, que eles acharam de se dirigir ao pater famílias. Por outro lado, o modo português adquiriu na boca dos senhores certo ranço de ênfase hoje antipático: faça-me isto, dê-me aquilo."[166]

A fala é a do sujeito que domina e estabelece a predicação, contendo o objeto. Ele pode servir-se ou pôr a seu serviço os dois modos de expressão, valendo-se do modo imperativo e reafirmando a sua autoridade com o me dê ou me faça; ou mascarando-a, trocando o imperativo diga-me pelo "suplicante me diga, transformando o mando sobre o dominado, pelo pedido ao íntimo colaborador".[167]

Portanto, para o Movimento Negro, a sociedade brasileira, patriarcal, cristã e racialmente miscigenada, sem conflitos raciais e de classes, é a expressão da democracia racial brasileira que, sustentada por Gilberto Freire, é reproduzida por ensaístas e historiadores, antes e agora, tanto no Brasil quanto no exterior. O "mito da democracia racial" na sociedade brasileira atravessa a produção científica de diversas correntes de pensamento. O Movimento Negro percebe a sua influência em todos os lugares e no senso comum da população brasileira, incluindo os grupos e segmentos sociais organizados. É difundido por cientistas sociais e dirigentes políticos dos mais diversos perfis ideológicos e reproduzido pela população branca brasileira, por outros grupos étnicos e até pela população negra.

"Esse modo de ver o negro como ser diluído e em processo de permanente assimilação racial e cultural, (...) é etnocêntrico e autoritário. É etnocêntrico, porque a homogeneidade racial é tomada como meta a ser alcançada, isto é, não admite que *o povo* possa ser ou vir a ser unitário, mesmo sendo racialmente plural. E é autoritário em dois níveis: no primeiro, ao determinar que o negro não teria nenhum problema – isto é, teríamos problemas sociais e não raciais e, no segundo nível, é também autoritário ao estabelecer e impor a cultura europeia, de origem lusitana, como "superior" e como a única cultura *válida* para todos, já que essa

[166] FREYRE, Gilberto. Op. Cit. p. 334-335
[167] FRANCISCO, Dalmir. *Negro, afirmação política e hegemonia burguesa no Brasil.* Op. Cit.

cultura teria assimilado tudo o que de valor significativo adveio das outras culturas."[168]

Por fim, a ideologia da democracia racial é etnocêntrica, porque ao endeusar o branco da casa grande, seus valores e princípios, poder e mando, nega aos negros e a outros segmentos oprimidos da sociedade brasileira qualquer identidade cultural, social, autonomia política e histórica. Para o Movimento Negro, a ideologia da democracia racial não reconhece a pluralidade étnico-cultural brasileira ao hierarquizar a importância do papel do segmento branco-europeu na construção da nação brasileira, em detrimento da importância do povo negro como um dos pilares importantes no processo de formação da sociedade brasileira e, portanto, legitima o racismo e o branqueamento físico e cultural da população, amortecendo a luta coletiva do povo negro pela conquista da sua cidadania.

O "mito da democracia racial", retira a questão racial de sua dimensão coletiva, para transformá-lo numa questão individual, reprimindo a consciência política do negro frente ao racismo e a subalternização econômica. Ao oferecer saídas individuais como o branqueamento para os negros, divide a própria comunidade negra e os oprimidos de uma maneira geral, na medida em que a mestiçagem e a "democracia racial" prometem não discriminar negros nem brancos, pois todos são trabalhadores e brasileiros, vivem num paraíso racial, livre de diferenças raciais, étnicas e culturais e, portanto, livres do racismo, da desigualdade econômica e jurídica.

A cultura de origem africana já foi assimilada pela cultura brasileira luso-tropical e os homens e mulheres negras tendem a desaparecer, diluídos pela miscigenação, que criará a outra raça, "destinatária futura das delícias da democracia racial".[169] Entretanto:

> "Coube ao negro protagonizar o primeiro movimento social contestador que põe em questão os fundamentos democráticos da ordem existente e a propalada ausência do preconceito e da discriminação nas relações raciais. Esse movimento atinge seu clímax nas décadas de 1930 e 1940 e adquire tal vitalidade, que forja uma contra ideologia racial e vincula a supressão do 'emparedamento do negro' à conquista de 'uma segunda Abolição'.

---

[168] FRANCISCO, Dalmir. *Negro, afirmação política e hegemonia burguesa no Brasil.* Op. Cit.

[169] Cf. FRANCISCO, Dalmir. *Negro, afirmação política e hegemonia burguesa no Brasil.* Op. Cit.

As debilidades do meio negro, a opressão racial e a intervenção repressiva do Estado Novo dissolvem o movimento social, em suas diversas correntes, e compelem o negro à competição individual por emprego, êxito e reconhecimento de valor social. Uma segunda vaga de ebulições conduz o negro ao protesto coletivo, em certos momento da década de 1960 e a partir do fim de 1970. Então, o negro ativista chegara à consciência de um racismo institucional e, aproveitando estratégias vinculadas à luta de classes, combate as mistificações da '*democracia racial*' [grifo meu], as versões da 'história oficial' sobre a fraternidade das raças. Apresenta-se, assim, como o polo radical do que deve ser a democracia e uma sociedade civil aberta. Ambas têm de ir além da pobreza, na negação e superação das iniquidades e das desigualdades raciais".[170]

Portanto, dos anos de 1970 aos dias atuais, o Movimento Negro continua o combate a este grande mito. Como já discutimos, mas nem sempre admitimos, o mito projeta a imagem do Brasil como um imenso paraíso racial, onde negros e brancos coexistem na mais perfeita harmonia, desfrutando de iguais condições de tratamento, de trabalho e de vida. O mito ainda continua a proclamar que a socialização dos meios de produção é a solução que erradicará automaticamente todo o caldo de cultura e os ranços discriminatórios secularmente inculcados na população.

"O movimento negro vem contribuindo para que o movimento sindical rompa seu silêncio histórico e passe a discutir a questão racial que atinge pelo menos 40,2% da força de trabalho do país, na perspectiva de unir os trabalhadores e dar maior legitimidade à ideia de solidariedade de classe, tendo em vista que quem divide os trabalhadores é o racismo. Ao mesmo tempo em que trabalha para destruir o *mito da democracia racial,* (grifo meu) o movimento negro tem atuado no sentido de que, para além dos discurso bem intencionados, os partidos políticos de esquerda passem a ter uma prática política que considere a eliminação do racismo como parte da luta política pela democracia e pelo socialismo. Até porque, entendemos que a eliminação do *mito da democracia racial* (grifo meu) passa pela eliminação dos pro-

---

[170] FERNANDES, Florestan. São Paulo: Folha de São Paulo, caderno de opinião Tendências/ Debates, 13, mai.1988.

dutos da sua influência. Este esforço deve-se ao fato de que não há possibilidade de se eliminar o racismo nos marcos da ordem social vigente. Isto é, enquanto houver exploração, haverá segregação e discriminação racial."[171]

Conforme a análise do Movimento Negro, não é difícil constatar que embora o "mito da democracia racial", por um lado, seja de interesse das classes dominantes, e por outro, seja creditado àqueles que combatem a dominação, ambos convergem para a mesma questão: o etnocentrismo. Enfim, quanto aos valores do mito da democracia racial, cabe reiterar a farsa da supremacia racial e a ideologia do branqueamento, que esmaga a identidade negra, desmobiliza a comunidade negra e evita áreas potenciais de conflito social. Importa, ainda, assinalar que a classe trabalhadora é concebida como uma massa homogênea composta de homens brancos que, portanto, em sua totalidade, recebe um tratamento uniformizado por parte do capital. Tanto os negros quanto as mulheres são invisibilizados e anulados nas suas particularidades históricas e imediatas.

---

[171] JUNIOR, Hédio Silva. *Democracia: a contribuição do movimento negro*. Rio de Janeiro: Revista Tempo e Presença - CEDI - Centro Ecumênico de Documentação e Informação, n.227, jan. fev. 1988.

CAPITULO III

O MOVIMENTO NEGRO EM BELO HORIZONTE

"A geografia deve preocupar-se com as relações presididas pela história corrente. O geógrafo torna-se um empiricista, e está condenado a errar em suas análises, se somente considera o lugar , como se ele tudo explicasse por si mesmo, e não a história das relações, dos objetos sobre os quais se dão as ações humanas, já que os objetos e relações mantêm relações dialéticas, onde o objeto acolhe as relações sociais, e estas impactam os objetos. O geógrafo seria funcionalista se levasse em conta apenas a função; e estruturalista se apenas indicasse as estruturas, sem reconhecer o seu movimento histórico ou a relação social sem o conhecimento do que a produziu. Impõe-se, na análise, apreender objetos e relações como um todo, e só assim estaremos perto de ser holistas, isto é, gente preocupada com a totalidade.

A relação social, por mais parcial ou mais pequena que pareça, contém parte das relações que são globais (mais pequena é escrito aqui no sentido hispânico de menor de todas). Por exemplo, a história que se passa neste exato instante, em um lugarejo qualquer, não se restringe aos limites do lugarejo, ela vai muito além. A história da produção de um ato desencadeia um processo bem mais abrangente, que insere o fenômeno em contextos cada vez mais amplos." [172]

(Milton Santos)

---

[172] SANTOS, Milton. *Metamorfoses do Espaço Habitado*. São Paulo: Editora Hucitec, 5ª edição, p-57-58, 1997.

1. BELO HORIZONTE – TERRITÓRIO E SEGREGAÇÃO RACIAL

"em negro
teceram-me a pele.
Enormes correntes
amarram-me ao tronco
de uma Nova África.
carrego comigo
a sombra de longos muros
tentando impedir
que meus pés
cheguem ao final
dos caminhos.
mas o meu sangue
está cada vez mais forte,
tão forte quanto as imensas pedras
que os meus avós carregaram
para edificar os palácios dos reis."[173]
(Adão Ventura)

No Ocidente a abolição de quaisquer barreiras espaciais à circulação de mercadorias é uma exigência inerente ao desenvolvimento do capital. O capital, por sua vez, tende a superar as barreiras espaciais, anulando o espaço pelo tempo, através dos meios de comunicação e transporte. Para isso são convocadas as mais modernas tecnologias, correspondentes às diferentes fases da expansão capitalista. Em todas elas desenha-se a ideologia **desterritorializante** dos livres fluxos mercantis, que procuram acabar com as territorialidades culturais, com o enraizamento, com as relações físicas e sagradas entre o indivíduo e o seu espaço circundante. No projeto industrialista, o espaço é apenas um dentre os muitos elementos submetidos aos cálculos racionalistas do capital.

A partir do século dezoito, aprofundam-se as posições discriminatórias e escravagistas, fundadas numa concepção de espaço destinada a reprimir toda e qualquer manifestação "primitiva", criando o conceito de natureza oposto à cultura ou então oposições do tipo território selvagem/território civilizado.

---

173 VENTURA, Adão. *A cor da pele.* Belo Horizonte: Edição do autor, 1980. (poema "UM").

Junto com a tomada de "terras livres", opera-se também a tomada das consciências, a fim de levá-las ideologicamente `a celebração da racionalidade instrumental moderna, ao culto da nova razão estética. Arquitetura e Urbanismo – práticas técnico-artísticas de articulação de espaços – são convocados e investidos de funções teatrais para dramatizar e fabricar as aparências da Modernidade e universalizar toda uma economia da construção.

Antes de se constituir no espaço de trocas diretas (estações de vias férreas, correios, empórios mercantis etc.) do século dezenove, a cidade europeia – livre de toda dependência teológica, eclesiástica e feudal – oferecia-se a si própria como espetáculo, criando espaços para o desfile das famílias burguesas, dos comerciantes, das conquistas técnico-científicas e, principalmente, criando uma imagem exata de si mesma, expressa tanto nos mapas urbanos quanto nas representações ideológicas que a opõem, como sede da cultura, ao rusticismo camponês.

Esta visão europeia da economia da edificação dos espaços urbanos é trazida para o território colonial brasileiro muito antes do transplante modernizador das noções de cultura e civilização, como o operado pela Missão Artística Francesa no Brasil em 1816. Os colonizadores tinham perfeita noção da importância da arquitetura/urbanismo na consolidação da conquista de espaços. Os portugueses, que não tiveram o mesmo rigor arquitetônico dos espanhóis nas colônias americanas, não deixaram de se preocupar , entretanto, com o controle da organização espacial.

> "Sabe-se que tanto para a 'aristocracia' dos senhores de engenho como para a pequena burguesia dos negociantes urbanos em busca de alianças vantajosas e de ascensão social, a "**europeização**" – absorção de aparências da cultura europeia – dava status, compensava handicaps raciais, como pele não perfeitamente clara, mulatice etc. e criava distâncias, ao nível do espaço real, face à população negra".[174]

Entretanto, um território não se esgota no projeto explorador de uma metrópole. O território tem marcas próprias, tem sua particular dinâmica de relacionamento com o real (a cultura), capaz de, às vezes, refazer ou pelo menos expor as regras do jogo dominante. Também não se operou aqui nenhuma reprodução mecânica da urbanização ou da

---

[174] SODRÉ, Muniz. *O terreiro e a cidade: a forma social negro brasileira*. Petrópolis, Vozes, 1988.

arquitetura estrangeiras, mas simulações, isto é, "um ser de ilusões" – retrabalho de elementos deslocados. Para Muniz Sodré, por exemplo, nada, porém, estava "fora do lugar". No território brasileiro, a cultura europeia achava-se, sim, em situação de "enganar os olhos", simulada, sem uma "constituição" totalizante. No entanto:

> "Assim como o trompe-l'oeil joga com a perspectiva, expondo a sua pretensão de dar conta da **verdade do espaço**, a cultura burguesa transplantada para o Brasil (simulando uma verdade para todos, quando era adorno de uma minoria) deixava que aparecesse com maior clareza ainda o fingimento implícito de todo o jogo liberal, denunciava o poder colonizador aqui incrustado. Deixava ver que a cópia de esquemas intelectuais e espaciais europeus abria caminho para as modernizações, mas – sendo excludente da maioria, do povo – era também álibi para golpes militares, ditaduras personalistas, segregações de natureza cruel, genocídios. Novas palavras ou noções (cultura, civilização), novos espaços construídos (palácios, monumentos, avenidas) justificavam sempre novas figurações do Poder".[175]

Dada esta perspectiva, o planejamento e a construção da cidade de Belo Horizonte expressa a influência dessa concepção moderna do espaço. Inaugurada em 12 de dezembro de 1897, a capital dos mineiros foi construída para acomodar os interesses políticos, econômicos e administrativos da elite dominante do Estado. Além de transformar-se no novo centro político, administrativo e cultural de Minas Gerais, a cidade sintetizava as diversas linguagens da modernidade no seu espaço urbano. Entretanto, esta modernidade tão decantada na sua, ainda, fugaz história, teve uma característica fortemente excludente e de segregação da população negra, desde a planta da sua construção.

A delimitação, já na planta inicial da cidade, de uma zona urbana separada da suburbana, o patrocínio da imigração estrangeira (sobretudo a partir de 1895), a criação de núcleos agrícolas para o abastecimento e a ocupação do solo e a constituição de um mercado privado de terras, permitem afirmar que o Estado, ao regular de forma autoritária a ocupação do solo urbano, funciona como um instrumento de poder

[175] SODRÉ, Muniz. Op. Cit. p.36

das elites dominantes: *"O Estado olha sinceramente para a sorte das classes que representamos".*[176] (grifo meu)

A construção da capital do estado de Minas Gerais foi um projeto dos setores modernizantes do capitalismo industrial que necessitavam criar um novo centro regional em contraposição a Ouro Preto, símbolo da velha ordem política que atendia aos interesses das elites agro-exportadoras e da decadente mineração.

> "Belo Horizonte nasceu planejada de acordo com a ordem positivista, filha dos desdobramentos do Iluminismo em suas manifestações do século passado. A ideologia da ordem e do progresso foi expressa na sua configuração urbana, nas linhas e esquinas retas, rigidamente delimitadas, mais adaptadas aos cânones barrocos da tradição ibérica e do modismo francês do que às condições específicas da natureza do terreno onde se implantava."[177]

O Estado regula e conduz esse projeto que traz a marca da exclusão através da estratificação espacial que reserva os lotes da área urbana, com suas altas exigências urbanísticas para indenizar os antigos proprietários do Arraial do Curral Del Rei, os funcionários públicos e os ex-proprietários de Ouro Preto, como pode ser constatado no relatório de Aarão Reis, o primeiro engenheiro-chefe da Comissão Construtora da cidade criada no início de 1894.

A lógica da exclusão pode ser verificada nesse relatório, datado de 23 de março de 1895, provavelmente o primeiro apresentado pela Comissão. Após falar do sentido do traçado das avenidas, ele esclarece:

> "e assim forçar a população quanto possível, ir-se desenvolvendo do centro para a periferia, como convém a economia municipal, a manutenção da higgiene sanitária e ao prosseguimento regular dos trabalhos technicos. Essa zona urbana é delimitada e separada pela avenida do contorno".[178]

---

[176] LE VEN, Michel Marie. As classes sociais e o poder político na formação espacial de Belo Horizonte (1893-1914). Belo Horizonte: Universidade Federal de Minas Gerais, Dissertação, Mestrado, 1977 p.28.

[177] MONTE–MOR, Roberto Luís de Melo. Belo Horizonte: A cidade planejada e a metrópole em construção. In: Belo Horizonte: Espaços e tempos em construção. Belo Horizonte: CEDEPLAR/ PBH, 1994, p.14.

[178] LE VEN. Op. Cit. p. 29

O crescimento centrípeto da cidade, forçando a população a ir se deslocando do centro para a periferia obedeceu também a lógica da comercialização da terra, que já nasce como um bem de mercado desde a fundação da cidade. No relatório de Aarão Reis, pode-se ler:

> "O preparo, porém, das ruas, avenidas e praças, deverá ser feito lentamente e à medida que a afluência da população for exigindo, o que poderá ser regulado por meio das concorrências a que terá de ser submetida, necessariamente, a venda dos lotes nas diversas secções".[179]

Para Le Ven, o mercado de terras cumpre duas necessidades: arrecadação de recursos para investir na construção da capital e a "fixação de uma população de melhor categoria social". Isso significava excluir a população negra.

As exigências urbanísticas impostas pela Comissão Construtora aliadas ao alto preço dos terrenos funcionam como fatores de expulsão desde o início da existência da cidade. Do Bairro da Floresta, por exemplo, foi desalojada a "população de operários, favelados e construtores da cidade para expulsá-los definitivamente para áreas periféricas ou acidentadas",[180] tudo indica que ainda no final do século passado.

É importante observar que o Decreto n.º 1.516 de 2 de maio de 1902 autoriza o então prefeito, Dr. Bernardo Pinto Monteiro, a "conceder gratuitamente tanto na zona urbana quanto na suburbana lotes de terrenos e força motriz para estabelecimentos industriais desde que tenham capital superior a 20 contos de réis'.[181]

> "Desde o início, portanto, Belo Horizonte apresentou problemas em relação à ocupação do solo. Com o início da industrialização, a preocupação das elites em manter as classes subalternas distantes do centro urbano, levou a administração do município, em 1902, ao requinte de transformar uma área urbana – o Barro Preto, 8ª seção urbana – em área suburbana, bairro para operários."[182]

---

[179] LE VEN. Op. Cit. p. 38

[180] LE VEN. Op. Cit. p. 69

[181] LE VEN. Op. Cit.

[182] FRANCISCO, Dalmir. Ancestralidade e política da sedução: A pluralidade étnico-cultural brasileira. In: SANTOS, Juana Elbein (Org.) Democracia e Diversidade Humana: Desafio Contemporâneo. Salvador: Sociedade de Estudos da Cultura Negra no Brasil - SECNEB, 1992, p.200.

Essa concessão, se teve a vantagem da gratuidade, teve a desvantagem de ser a título provisório. O título definitivo só seria concedido "após concluída a construcção, de acordo com a planta previamente aprovada pela Prefeitura".[183] É importante observar as exigências de caráter moral para se ter acesso a lotes nessa Vila Operária: "ter bons costumes e ser dedicado ao trabalho", o que deve ser atestado "por meio de um certificado de auctoridade policial".[184]

Acompanhando a tendência das elites brasileiras de substituição de mão-de-obra negra através da imigração incentivada pelo Estado; com a saída de Aarão Reis da Comissão Construtora da cidade em meados de 1895, assume o seu lugar Francisco Bicalho que autorizou a entrada maciça de imigrantes. A eles, em sua maioria de origem italiana, foram destinados os núcleos coloniais agrícolas, como o da Fazenda do Barreiro, do Bairro Carlos Prates e do Córrego da Mata (criados pela Lei 150 de 20 de julho de 1896.[185] Pelo Decreto n.º 1.276 de 1899, portanto, depois da inauguração da capital, são criados mais três núcleos agrícolas: "Bias Fortes" no vale do Córrego do Cardoso, "Afonso Pena" no vale do córrego do Leitão e "Adalberto Ferraz" no vale do Córrego do Acabamundo".

Essa legislação correspondia à lógica da política imigrantista desenvolvida pelo Estado, onde o racismo será o pano de fundo da estratégia das elites para colocar a população negra na margem das cidades. O Conselho Deliberativo daquela época (Câmara dos Vereadores) que aprovou essas leis que beneficiaram os imigrantes, nunca aprovou uma lei que beneficiasse a população negra em Belo Horizonte,[186] nenhuma área urbana foi reservada, quer na zona urbana, quer na zona suburbana, quer nas colônias agrícolas. Belo Horizonte, a cidade moderna, parida nas pranchetas da modernidade, pretendia realizar o desejo das elites brasileiras: uma cidade branca, asséptica e europeia. A população negra foi confinada nas favelas e periferias desde a construção da cidade.

Apesar da inexistência do registro da cor da população nesse período, supõe-se que houve a transferência da população negra das

---

[183] LE VEN. Op. Cit. p. 100

[184] LE VEN. Op. Cit. p. 80

[185] LE VEN. Op. Cit. p. 82-83

[186] É importante destacar que em maio de 1998, portanto, após o centenário de Belo Horizonte, a Câmara Municipal aprovou a Lei que cria a Secretaria Municipal para Assuntos da Comunidade Negra. No entanto, em dezembro de 2000 a mesma Câmara Municipal aprova o projeto de reforma administrativa do Executivo Municipal que extingue a secretaria recém-criada.

"cerca de 600 cafuas no "leitão" e 300 no lugar denominado "Favella" para o "Barro Preto" – a 8ª seção – a única reservada na área urbana para os operários.

A lógica de exclusão da população negra e sua segregação em favelas e áreas periféricas é a marca da política urbanística[187] e do pensamento médico desde antes da abolição oficial do trabalho escravo. Por outro lado, a busca de legitimidade da ocupação territorial no Brasil incluiria simbolicamente o indígena, mas não o negro. Este seria materialmente excluído da possibilidade de acesso às terras devolutas, a partir de 1850, com a chamada Lei das Terras. Por essa legislação que instituía a compra e venda de terras que, durante o regime escravocrata, eram de fácil apropriação, o negro pobre ficava impossibilitado de adquirir terras.

A população negra que veio morar em Belo Horizonte sofreu um processo deliberado de segregação pelas elites políticas, eclesiásticas, econômicas, sociais e culturais. Diante da lógica do processo de distribuição, ocupação e acesso da terra na cidade – controlada pelo Estado e a Igreja – e comercializada pelos especuladores de plantão, restou, para a população negra, a precariedade das moradias e a falta de equipamentos urbanos nos bairros da periferia, vilas e favelas.

Em contraposição, a população branca vive em bairros com maior qualidade de vida. Este retrato espacial da cidade evidencia a divisão racial e social do território urbano. Também, não surpreende que a inscrição do nome das famílias tradicionais e personalidades das elites nos monumentos, ruas, avenidas, praças, parques, vilas, bairros, lugares, espaços, instituições artístico-culturais expressem o poder real e simbólico no traçado arquitetônico da cidade.

Ou seja, depois de mais de três séculos de escravidão, em que a população negra viveu uma "abolição" sem garantias, sem compromissos; em Belo Horizonte, cidade moderna e planejada – que não experimentou o "estatuto legal" da escravidão, a população negra que já vivia aqui ou para cá veio, em busca de um "novo horizonte" para a sua vida, foi submetida ao duro traslado da "senzala" para as favelas.

Entretanto, a população negra que veio para Belo Horizonte para trabalhar e participar do processo de edificação da cidade, sonhando

---

[187] HALL, Peter. Cidades do Amanhã - Uma História intelectual do Planejamento e do Projeto Urbanos no Século XX. São Paulo: Perspectiva, 1995, p. 431-473.

com uma melhor qualidade da vida, deixou as suas marcas e impregnou a cidade com suas referências culturais.

> "Pretendia-se implantar a cidade a partir do centro em direção à periferia, do espaço central ordenado, moderno e dominante, para os espaços periféricos, dominados, do urbano para o suburbano. Mas foi a população trabalhadora, excluída do espaço central da cidade, do poder da cidadania, da **ágora** estendida, que de fato determinou a produção da cidade. E Belo Horizonte cresceu no sentido oposto, da periferia para o centro, num processo que se repetiu em inúmeras cidades planejadas no Brasil."[188]

E nessa expansão, da periferia para o centro e do centro para a periferia, é possível registrar aspectos importantes da história da população negra na cidade de Belo Horizonte, expressa, sobretudo, por um movimento contínuo de afirmação política e de resistência cultural.

2. OS REINOS NEGROS EM BELO HORIZONTE[189] UMA ABORDAGEM CULTURAL DA PRESENÇA NEGRA NO TERRITÓRIO DA CIDADE

> "Como se vê, nas Minas Gerais sempre produzimos, portanto existimos, e não fomos, não somos e nem seremos mansas. Por razões históricas e socioeconômicas nós, mulheres negras, não fazemos o gênero submissa e muito do que se tem escrito sobre as mulheres não encontra respaldo na documentação histórica. Devo esclarecer que o tema MULHER E CIDADANIA, foi aqui apresentado sem preocupação cronológica, porque a cultura negra admite outras temporalidades. O destino está aqui mesmo, no instante em que se vive, no aqui e agora. Passado e futuro são partes ativas de uma mesma realidade presente na festa do Dia Internacional da Mulher – que de fato não se restringe ao 8 de março – porque diferentemente da noção branca e ocidental, para nós negros a

---

[188] MONTE-MÓR, Roberto Luís de Melo. Op. Cit. p-15.

[189] A expressão "Reinos Negros" é uma referência à Reinos Bantos em terras de Y-ATA-OBÁ. Cf. MARTINS, Leda Maria. Afrografias da Memória O reinado do rosário no Jatobá. Belo Horizonte: Mazza Edições, São Paulo: Perspectiva, 1997, p-69.

noção de tempo e espaço configura-se no movimento. Movimento este que implica simultaneidade, confraternização, troca simbólica que inclui pedras, plantas, animais e seres humanos vivos e mortos. É claro que este espaço-tempo não está isento de conflitos e lutas, porque não há como esquecer que a pobreza e a miséria atingem, particular e sistematicamente, os negros brasileiros. Mas como faz questão de afirmar Muniz Sodré, nós negros reconhecemos o real na forma da alegria e para nós, conhecer significa abraçar".[190]

(Lídia Avelar Estanislau)

O que os próprios militantes negros(as) convencionaram chamar de **Movimento Negro,** é na verdade, um conjunto de entidades, associações e grupos culturais, de diversos tipos, frouxamente articuladas entre si – há quem prefira mesmo designá-lo por "movimentos negros", no plural. Há desde entidades socioculturais como a Associação José do Patrocínio – a mais antiga entidade da comunidade negra de Belo Horizonte – que, nos anos 80, passa a se chamar Centro de Integração Sócio Cultural da Raça Negra – CISCURNE; organizações políticas como o Movimento Negro Unificado – o MNU – a mais importante organização negra dos anos 80; instituições semiacadêmicas de estudos e pesquisa como o Centro de Estudos Afro-Brasileiros da FAFICH/UFMG e, mais recentemente, o Grupo Interdisciplinar de Estudos Afro-Brasileiros da UFMG; organizações de mulheres negras como o N'zinga – Coletivo de mulheres negras; a Associação Nacional Casa Dandara; organizações religiosas de matriz afro-brasileira como a Federação Espírito-Umbandista de Minas Gerais; a Federação dos Congadeiros de Minas Gerais; o Instituto Nacional da Tradição e Cultural Afro-Brasileira – INTECAB; a Congregação Mineira de Candomblés – COMCAN; o Centro Nacional de Articulação e Resistência Afro-Brasileira – CENARAB; passando por grupos ligados à Igreja Católica como os Agentes Pastorais Negros – APN'S; o Grupo de União e Consciência Negra – GRUCON e os grupos culturais de dança afro-brasileira como a Cia Dançarte dirigida pela coreógrafa Marlene Silva – pioneira em Belo Horizonte; a Cia de Danças Bataka; a Cia Primitiva de Arte Negra; entidades que congregam as escolas de samba como a Associação Mineira das Escolas de Samba e Blocos Caricatos – AMESBEC; inúmeros grupos de capoeira como o Grupo Iúna de Capoeira

[190] ESTANISLAU, Lídia Avelar. *Mulher e Cidadania.* Belo Horizonte: Coordenadoria de Direitos Humanos/PBH, 16, mar.1994, Mesa redonda. (mimeo).

Angola; o Grupo de Capoeira Angola Pelourinho; os grupos de capoeira regional liderados por Mestre Dunga, Mão Branca e outros; grupos culturais que agregam a juventude negra da periferia articulados pelo movimento Hip-Hop; coletivos de sindicalistas negros, universitários negros e grupos de combate ao racismo vinculados aos partidos políticos como o PT, PDT, PMDB, PC do B, e outros, etc.

> "Há meses, nesta página, defini o movimento negro como um arco que vai das entidades ligadas aos partidos de esquerda até aquelas que se movem pendularmente conforme a orientação política do momento. Esquemática demais devido ao assunto de que tratava –, esta definição nada dizia acerca de outras formas de participação social e política do negro, como os grupos culturais e as entidades criadas por profissionais de diversas áreas.
>
> Essas novas formas de participação coletiva, se por um lado se beneficiam dos espaços abertos e ocupados pela militância tradicional, por outro colocam-na em crise, já que trazem para o debate dados extraídos da especificidade de atuação profissional de seus integrantes. Cito por exemplo, a Cia Seraquê?, desenvolvida desde 1995 pelo bailarino Rui Moreira nos intervalos das viagens com o grupo Corpo. Tão inusitado é, no Brasil, um grupo artístico (que não seja de samba, de música baiana ou de dança afro) integrado por negros que, independentemente dos temas que apresente, sua atuação emitirá sempre uma dupla crítica: ao lugar secundário do negro na arte brasileira e ao difícil relacionamento com os grupos de militância política – aquilo que para o ensaísta baiano Antônio Risério é a reencarnação do 'conflito entre o homem estético e o homem político'.
>
> Guardadas as devidas proporções, esse fenômeno pode ser verificado em outras áreas, da educação à psicanálise. A criação em Belo Horizonte de um grupo de empresários afro-brasileiros – à semelhança do que já vem acontecendo em outras cidades – também deve ser entendida dentro dessa perspectiva de ampliação do campo de interesses do movimento negro, que pecou e peca, muitas vezes, pelo impressionismo com que aborda, por atacado, questões ligadas a toda a população negra brasileira, como se todos os negros vivessem do mesmo modo e como se fosse possível falar em nome de todos."[191]

---

[191] ALEIXO, Ricardo. *Contra a Síndrome do marco zero.* Belo Horizonte: O Tempo, caderno Magazine, seção Blequitude, 4, jun. 1997. (É importante registrar a iniciativa pioneira do Jornal O Tempo de Belo Horizonte, que desde a fundação do Jornal mantém a seção Blequitude dedicada à questão das relações raciais no Brasil, notícias, debates e polêmicas de temas políticos e culturais de interesse da comunidade negra.

Contra o argumento exposto de que o Movimento Negro é vinculado a partidos políticos, é importante afirmar que o Movimento Negro nunca foi contra a filiação de militantes aos partidos políticos. O que o Movimento Negro sempre propugnou enquanto movimento social foi a sua autonomia e independência política, até porque, a imensa maioria dos militantes não são filiados aos partidos políticos e os raros militantes orgânicos ao Movimento, e mesmo que filiados aos partidos, sempre atuaram com extrema dificuldade no interior desses partidos na defesa das propostas do Movimento, mas eram duramente combatidos pela concepção de que a realidade vivida pela população negra é determinada mais pela estrutura social do que pelo racismo.

Mesmo a articulação teórica, ideológica e política da categoria **raça e classe**, até o momento, não conseguiu suprimir o significado político que tem para o Movimento Negro, a categoria raça, como estruturante e determinante no processo secular da desigualdade social entre negros e brancos no Brasil ou fraturar a identidade política e cultural do Movimento Negro naquilo que o caracteriza e legitima, ou seja, a luta política de combate ao racismo na sociedade brasileira. E isso marca a diferença e uma diferença profunda entre os militantes do Movimento Negro e os militantes dos partidos que comungam da visão da luta de classes e mesmo daqueles que conseguem articular a relação política raça e classe.

Por outro lado, ponto de vista do processo histórico recente do Movimento Negro em Belo Horizonte, não é verdade que as entidades e organizações do movimento social negro foram ou são vinculadas aos partidos de esquerda.

> "Em troca do atendimento prometido a reivindicações como terrenos para construção de sede de Entidades Negras, sustentação financeira de eventos culturais importantes a nível religioso e cultural e criação do Conselho de Desenvolvimento e Participação da Comunidade Negra, a candidatura Sérgio Ferrara, do PMDB, foi apoiada pelas seguintes entidades negras e religiosas: Centro de Cultura Afoxë Ilê Odara, Associação Recreativa Escola de Samba Unidos do Guarani, Centro de Integração Social e Cultural da Raça Negra, Sociedade de Estudos e Atividades Culturais LUZ NEGRA, Federação das Congadas de Nossa Senhora do Rosário do Estado de Minas Gerais."[192]

[192] FRANCISCO, Dalmir. *Movimento negro, cidadania e estado*. In: POMPEMAYER, M. *Movimentos Sociais em Minas Gerais*. Belo Horizonte, UFMG, 1987.

E concordando parcialmente com o articulista Ricardo Aleixo, de fato, o que estamos denominando de Movimento social negro de Belo Horizonte é este conjunto heterogêneo de grupos, entidades e organizações sociais, políticas, culturais, religiosas e recreativas da comunidade negra, constituído por associações da sociedade civil, instituições religiosas organizadas em comunidades-terreiros de candomblé e umbanda, irmandades religiosas de devoção a Nossa Senhora do Rosário, instituições culturais e recreativas como as escolas de samba, grupos de capoeira, grupos de dança afro-brasileira; fóruns de mulheres negras; grupos de consciência negra, grupos de combate ao racismo vinculados aos partidos políticos e aos sindicatos, cuja união e unidade é permanente reafirmada na luta política contra o racismo e na valorização do patrimônio cultural da população negra brasileira.

> "Há outros movimentos tão reais e muito mais vigorosos, que, na verdade, pressionavam a Casa Grande gerando a ideologia negra contestatória. São movimentos culturais negros de massa que incluem desde as Casas de Minas do Maranhão, os candomblés da Bahia, as escolas de samba do Rio de Janeiro e São Paulo, as congadas, moçambiques e outros agrupamentos negros que sempre comemoraram a libertação dos escravos mas que, hoje, através dos pagodes, blocos baianos ou carnaval de rua, verbalizam críticas à situação social brasileira.
>
> Eles jamais voltaram às suas origens culturais exatamente porque são os produtores da cultura popular: é o movimento dos trabalhadores negros. Jamais viverão a contradição teórica raça e classe porque são o que são: a alma, o espírito e a matéria-prima do proletariado.
>
> Este movimento real inclui mocinhos e bandidos das classes trabalhadoras é formado por migrantes que vão do campo para a cidade ou do norte e nordeste para o sul. Ou então negros que, com muitos esforços ingressam na classe operária, são trabalhadores. Seus integrantes não têm vergonha de trabalhar na Casa Grande, onde, ao limpar banheiros ou aparar jardins, conspiram contra as culturas das elites. Nas madrugadas.
>
> Este movimento definiu o perfil cultural do país do futebol, do samba e da cachaça: um país negro, chamado Brasil. Este mesmo movimento, afinal, deu à luz ao movimento negro pós 1978, que, de certa forma, começou a combinar o vigor da luta cultural e impor novas noções de política à sociedade."[193]

---

[193] CARDOSO, Hamilton. *História recente - dez anos de movimento negro*. São Paulo, Revista Teoria e Debate, n.2, mar, 1988, p.13.

Portanto, compreender o Movimento social negro significa percorrer o itinerário histórico da luta política organizada contra o racismo e o processo de construção e afirmação de uma identidade étnico-racial na cidade de Belo Horizonte, através do trabalho desenvolvido por algumas dessas instituições, tanto no campo das lutas políticas populares quanto no campo da resistência cultural, da afirmação da identidade negra em Belo Horizonte, o que, também, não deixa de ser uma luta política.

Por outro lado, no território de Belo Horizonte estes pedaços e lugares da cidade, comprados, ocupados e/ou destinados à população negra e/ou pobre para morar, seja por força da expulsão pelo mercado de terras ou pelo crescimento demográfico, foram cuidados, civilizados e humanizados pela população negra no passado recente de Belo Horizonte e, posteriormente, essa mesma população foi sendo expulsa para bairros mais longínquos do centro metropolitano. Atualmente, há ainda alguns núcleos populacionais com maior incidência da população negra e, obviamente, não estamos considerando a população negra dos assentamentos humanos que moram nas favelas da cidade. A permanência desses núcleos populacionais em diversos bairros e vilas da cidade está condicionada à capacidade de resistência ao intenso processo de exclusão racial e social do espaço urbano, promovida forte concentração e especulação da terra urbana pelas grandes empresas e incorporadoras imobiliárias dos "tubarões do asfalto" e à falta de uma reforma urbana e a execução política de um Plano Diretor que respeite a diferença e a história da população negra da cidade.

Todavia, a devoção e o cortejo dos congadeiros pelas ruas centrais da cidade até os anos de 1940 e o processo posterior de afastamento para alguns bairros da cidade; a criação das escolas de samba e o esvaziamento do carnaval no final dos anos de 1980; a instalação do monumento dedicado a yemanjá pelos umbandistas, instaurando o sagrado no espaço moderno da Pampulha de JK, Niemeyer e Portinari; a inauguração da Praça do Preto Velho no bairro Silveira; o assentamento do axé dos primeiros terreiros de candomblé e a intolerância de outros segmentos para com a religiosidade de matriz africana; os grupos de capoeira; o movimento da juventude negra a partir do "soul" e a luta política contra o racismo do movimento social negro nos anos 80; dinamizaram os espaços urbanos – que foram ocupados, posteriormente, pela classe média branca – todavia, serão fundamentais no esforço da comunidade negra em construir uma cidade que respeite a diversidade racial e a pluralidade étnica e cultural. E espaço urbano aparece aqui como resultado de morar, que de acordo com Muniz Sodré:

> "Morar, por sua vez, não se define como mero efeito de um fazer comunitário, mas como algo que indica a própria identidade do grupo. O que dá identidade a um grupo são as marcas que ele imprime na terra, nas árvores, nos rios. Tudo isso concorre para fixar o ordenamento simbólico da comunidade e esta ordem de relacionamento constitui um movimento de transformação, cujos polos são marcados por atitudes de acolhimento de normas ou valores. (...) A história de uma cidade é a maneira como os habitantes ordenaram as suas relações com a terra, o céu, a água e os outros homens. A história dá-se num *território*, que é o espaço exclusivo e ordenado das trocas que a comunidade realiza na direção de uma identidade grupal.
>
> A ideia de território coloca de fato a questão da identidade por referir-se a demarcação de um espaço na diferença com outros. Conhecer a exclusividade ou a pertinência das ações relativas a um determinado grupo implica também localizá-lo territorialmente. É o território que, à maneira do *Raum* hedeggeriano, traça limites, especifica o lugar e cria características que irão dar corpo à ação do sujeito. Uma coisa é, portanto, o espaço – sistema indiferenciado de definição de posições, onde qualquer corpo pode ocupar qualquer lugar – outra é o território".[194]

Nessa perspectiva, o Congado, a umbanda, o candomblé, as escolas de samba, os grupos de capoeira e da dança afro-brasileira, as organizações da juventude negra, os movimentos sociais da comunidade negra são as mais expressivas marcas da resistência cultural e religiosa e de afirmação política do povo negro presente no território da cidade de Belo Horizonte.

Nesse sentido, o Congado além de ser uma marca dessa resistência cultural e religiosa da comunidade negra, anterior à própria fundação da cidade de Belo Horizonte, é uma tradição muito mais antiga, de origem Bantu (Angola, Moçambique, Congo); o Congado não deixa de representar simbolicamente um *continuum*, o momento sagrado de reencontro da comunidade congadeira com a distante mãe-África e com seus "deuses e santos".

> "O culto à Nossa Senhora do Rosário é difundido na Europa e na África através dos dominicanos. Segundo Van der Poel, há notícias

---

[194] SODRÉ, Muniz. *O Terreiro e a Cidade: A forma social negro-brasileira.* Petrópolis, Vozes,1988.

> do uso do rosário de Maria pelos cristãos já em 1090, tendo sido sua divulgação e expansão obra de São Domingos de Gusmão (1170-1221), fundador da ordem dos dominicanos. Nos séculos seguintes, a devoção do rosário esteve ligada à vitória nas batalhas que os cristãos moviam considerados hereges pela Igreja Católica. (...) A devoção à Nossa Senhora do Rosário e sua entronização com o padroeira dos negros teriam sido pulsionadas pela aparição de uma imagem da santa em Argel, possivelmente no deserto, inaugurando em relação a essa divindade católica todo o processo de reelaboracão mítica, que se estende da África ao Brasil."[195]

O Congado, enquanto uma manifestação cultural negra, cujo sentido primordial é essencialmente religioso, busca com a presença firme dos reis Congos e através do toque retumbante dos tambores, danças e cânticos mágicos, realimentar-se de "forças", religar-se ao sagrado, renovar a fé congadeira a cada instante em que se homenageia a Senhora do Rosário e reverenciam-se os santos pretos da devoção: São Benedito, Santa Ifigênia. É o motivo principal da saída do Congado às ruas todos os anos.

De acordo com a tradição, o mês de outubro corresponde ao período em que o Congado deve sair às ruas para prestar homenagens à Senhora do Rosário. Todavia, essa data pode variar de um lugar para o outro devido as particularidades de cada contexto social.

> "De março, quando então os Reinos se recolhem e se fecham, os tambores cantam em Minas e guiam pelas ruelas e pelos asfaltos, pelas capelas e igrejas do Rosário, pelos quintais, as nações do Congo que, com seus reis e rainhas, seus capitães e marinheiros, rematizam a África em terras d'Américas. Como estiletes autografando as abissais desfronteiras e deslimites simbólico-geográficos dessas serras gerais, Congos, Moçambiques, Marujos, Catupés, Candombes, Vilões, caboclos, na sua variedade rítmica, cromática e coreográfica, performam cânticos, gestos, ritmos e falas, como aedos e *griots* que imbricam a história e a memória, posfaciando o discurso cultural brasileiro com os prefácios africanos."[196]

---

195 MARTINS, Leda Maria. *Afrografias da Memória*. Belo Horizonte: Mazza Edições, São Paulo: Perspectiva, 1997, Op. Cit. p. 48.

196 MARTINS, Leda Maria. *Afrografias da Memória*. Op. Cit. p. 36.

Segundo Tinhorão, a coroação de reis congos começou em Portugal no decorrer do século XV, sendo realizada por africanos ali introduzidos como escravos. Daquele país essa tradição veio parar no Brasil, incentivada pela Igreja através da organização das "Irmandades dos Homens Pretos".[197]

> O Congado compreende basicamente três elementos, como afirma Câmara Cascudo: a) a coroação de reis Congos; b) préstimos e embaixadas; c) danças guerreiras comemorativas.
>
> A coroação de reis do Congo tem registro muito antigo no Brasil, com ocorrência em 1674, em Recife. Esse evento – permitindo simbolicamente que os negros tivessem seus reis – foi um recurso utilizado pelo poder do Estado e da Igreja para controle dos escravos. Era uma forma de manutenção aparente de uma organização social dos negros, uma sobrevivência que se transformou em fundamentação mítica. Na ausência de uma sociedade original, onde os reis tinham uma função real de liderança, os negros passaram a ver nos 'reis do Congo' elementos intermediários no trato com o sagrado."[198]

As embaixadas por sua vez, relembravam as lutas de poder entre grupos africanos rivais. O embaixador desafiava o grupo adversário através do duelo verbal e a batalha poderia ser finalmente decidida na luta de espadas. O vencedor era sempre o grupo que, em "'nível mítico, era o protegido da Senhora do Rosário, ou dos santos pretos Benedito e Efigênia."[199] Já os bailados:

> "Os bailados guerreiros se ligam a uma comemoração de vitória ou a um pedido de intercessão das forças cósmicas, sendo marcado por um vínculo de intercessão das forças cósmicas, sendo marcado por um vínculo de oferta: dança-se para e por causa da divindade. Esses bailados rememoram a figura da Rainha Ginga (Njinga Nbandi) guerreira que se tornou lendária por sua resistência aos portugueses e pelas lutas de domínio com tribos vizinhas, ainda que a História registre seu papel posterior de fornecedora de escravos para o Novo Mundo."[200]

---

[197] TINHORÃO, José Ramos. *Os negros no Brasil: Cantos, danças e folguedos*. São Paulo: Art Editora, 1988.

[198] GOMES, Núbia Pereira de Magalhães, PEREIRA, Edimilson de Almeida. *Negras raízes mineiras: Os Arturos*. 2. ed. Belo Horizonte: Mazza Edições, 2000, p. 244-245.

[199] GOMES, PEREIRA. Op. Cit. p. 245.

[200] GOMES, PEREIRA. *Negras raízes mineiras: Os Arturos*. Op. Cit. p. 245.

Minas Gerais é um lugar onde essa tradição é muito antiga e baseamos esta afirmação nas datas de fundação das primeiras "Irmandades dos Homens Pretos", por exemplo: Vila do Serro em 1704 e Vila Rica (Ouro Preto) em 1711.

> "Em Minas Gerais a lenda recobre a figura de Francisco da Natividade, o famoso Chico-Rei de Vila Rica. Antigo rei na África, é vendido como escravo e trazido para o Brasil, onde consegue sua alforria e de sua família, chegando a liderar um grupo de negros forros. Devoto da Senhora do Rosário, torna-se o representante de uma reação contra o sistema escravista. Foi coroado Rei dos Congos de Minas Gerais, organizando uma corte em Vila Rica."[201]

Diferentes pesquisadores têm constatado que o Congado ao longo dos tempos sofreu muitas alterações em sua estrutura e se distancia, cada vez mais, de sua fundamentação mítica. Se em alguns lugares esta tradição já desapareceu, em outros, onde luta por preservar-se, corre o risco de se perder do seu sentido mais profundo e essencial – a dimensão mágico-religiosa. Diversos fatores provocam essa ameaça: inovações introduzidas de fora para dentro no ritual, interesse da indústria turística e até mesmo a maneira diferente que os mais jovens encaram a prática ritual, sobretudo pela forma caricatural que a escola e os meios de comunicação apresentam o Congado, dissociada da realidade vivenciada pelos jovens, que, de acordo com Erisvaldo Pereira dos Santos, "demonstra não haver reflexão na escola sobre a importância dessa manifestação sociocultural na construção da identidade desses adolescentes".

> "A dança, cuja prática, como já vimos, constitui-se em uma experiência socializadora, não encontra espaço na escola, senão nas semanas folclóricas. No entanto, quando vão aos bailes, jovens e adolescentes falam uma linguagem comum, muitas vezes incompreensível para os educadores. Naqueles espaços, a música e a dança não proporcionam apenas momentos de descontração e divertimento.
>
> A linguagem articulada põe o corpo em um movimento coletivo. No *funk*, por exemplo, adolescentes e jovens organizam pequenos

[201] GOMES E PEREIRA. Op. Cit. p. 245.

grupos e demarcam o espaço em que se deve ocorrer a dança ritmada. Quando se referem à dança do Congado, pelo que já vimos anteriormente, parece haver uma unanimidade na distinção e na filiação. Vejamos o que T.C.S. respondeu quando lhe perguntei se há uma diferença entre o funk e o Congo: — **'Há, o é! Porque o Congo é uma religião e o funk é uma diversão'.**

No entanto, é de forma caricaturada que a dança do Congado encontra espaço na escola. Seus valores, sua história e a linguagem articulada naquele momento não são levados em conta, pois o tratamento que recebe é de uma manifestação folclórica, a qual é compreendida como divertimento das classes populares. Ao dançar para Nossa Senhora do Rosário, eles realizam uma comunicação com o sagrado, com o trans-histórico. Compartilham religiosidade, alegria, valores, certezas, esperanças e a festa com outros devotos da santa. Porém, dificilmente o Congado é concebido como uma linguagem que expressa uma maneira de estar no mundo."[202]

O que se observa, portanto, é que o Congado oscila entre o lado tradicional e o moderno, estando a meio caminho entre a religiosidade e a secularização, com tendências para esta última dimensão. A percepção dessa realidade tem feito com que congadeiros mais velhos se interessem pelo estudo, a pesquisa e a construção da memória histórica das comunidades congadeiras de que participam. Na verdade, os velhos congadeiros discutem os problemas que ameaçam a preservação dos Congados, reinados e irmandades, enquanto uma tradição viva e original. Dispondo muitos deles a contar o que aprenderam com os "antigos" e os saberes que adquiriram a partir dos anos de prática e de vivência desse complexo fazer cultural.

Em Belo Horizonte, a Irmandade de Nossa Senhora do Rosário do Jatobá, na região do Barreiro, tem um papel histórico muito importante e constitui-se como uma herança cultural viva e um dos símbolos expressivos da resistência cultural de matriz africana, na medida em que a existência dessa comunidade remonta ao período anterior da construção da cidade como capital do estado de Minas Gerais. Conforme Abílio Barreto,[203] em 1893, a região do Jatobá é

[202] SANTOS, Erisvaldo Pereira dos. Religiosidade, identidade negra e educação: o processo de construção da subjetividade de adolescentes dos Arturos. Belo Horizonte: Faculdade de Educação/UFMG, Dissertação, Mestrado em Educação, p. 161-162. (mimeo). Erisvaldo Pereira dos Santos é membro do Grupo de União e Consciência Negra de Belo Horizonte.

[203] BARRETO, Abílio. Bello Horizonte, Memória Histórica e Descritiva. Belo Horizonte: Fundação João Pinheiro/ Secretaria Municipal de Cultura de Belo Horizonte, 1995, p. 167-168.

citada como o limite oeste do antigo Curral Del Rey, território que dará origem à cidade de Belo Horizonte, fundada em 1897.

> "Nas fazendas que prosperaram na região oeste do Curral Del Rey, dentre elas a Fazenda Barreiro, a Fazenda do Pião, a Fazenda Olaria, a Fazenda Boa Vista, a Fazenda do Riacho, a Fazenda Jatobá e, a maior de todas, a Fazenda da Pantana, escravos benguelas, angolas, cabindas, congos e moçambiques construíam os cabedais dos latifúndios e plantavam a riqueza dos proprietários. Como em toda a extensão das Américas escravista, os escravos resistiam, de modos diversos, ao desterro, ao trabalho forçado, à chibata e à violência, enfim do sistema escravocrata. Histórias de violência e agressividade por parte dos 'senhores' latifundiários eram muitas. Ainda hoje circulam na boca do povo, como a de Matias, um escravo já velho, com mais de sessenta anos, pertencente ao dono da Fazenda Barreiro, o Major Cândido Brochado. Apesar de naquele ano de 1878 já vigorar a Lei dos Sexagenários, que obrigava a libertação dos escravos maiores de sessenta anos, o major Brochado não só descumpriu a lei como ainda vendeu o escravo. Matias fugiu, mas voltou para vingar-se: (...) 'As escravas o mantinham escondido nas matas próximas, alimentando-o e informando sobre todos os passos do Major, até que, sabendo de sua viagem a uma localidade chamada Freitas (hoje Pampulha), a caminho de Sabará, aguardou no alto de uma árvore e, caindo sobre sua vítima, desferiu-lhe golpes de machadinha, consumando sua vingança. Algum tempo depois foi encontrado morto na prisão. Isso aconteceu em 1878, dez anos antes da abolição da escravatura."[204]

Também, podemos verificar as marcas da população negra no processo de construção de Belo Horizonte, se fizermos um mapeamento das referências culturais afro-brasileiras no território da cidade, deixadas pelo Samba, a partir da experiência social e cultural das escolas de samba e blocos caricatos, sempre georreferenciadas a um bairro, a um morro, a uma vila, a uma favela, a uma comunidade de Belo Horizonte.

> "Durante todo o século XX, os negros buscaram a cidadania, enfrentando a exclusão do mercado de trabalho, a quase impossibilida-

[204] MARTINS, Leda Maria. Afrografias da Memória. São Paulo: Perspectiva – Belo Horizonte: Mazza edições, 1997, p -72

de de ascensão social, simultaneamente à rejeição social, o preconceito e a humilhação por parte da sociedade. Para o estabelecimento da cidadania do negro no Brasil, não basta uma cidadania legal; temos de pensar numa "cidadania mental"; o cidadão se estabelecendo também de dentro para fora. Na autoestima do negro; no reconhecimento e afirmação de suas referências culturais. *Na história dos negros no Brasil do século XX, na busca de espaços de fruição da cidadania, o Samba é um fenômeno cultural da maior importância.* (grifo meu) Expressão musical e poética de setores discriminados e excluídos socialmente, o samba vai se constituir numa matriz da MPB no século: Há samba em João Gilberto e Noel, em Carmem Miranda e Elis, em Chico e Caetano. Há samba no samba-jazz da bossa-nova, no samba-reggae do Olodum e no liquidifi-rock do Virna Lisi, Nação Zumbi, dos Raimundos e Pato-Fu.

O Samba se afirma como expressão, como identidade principalmente para a população negra urbana do país. (grifo meu) A partir dos anos 20 surgem as primeiras Escolas de Samba, autênticas "Óperas Populares": experiência musical, poética, plástica, coreográfica. Nas comunidades que lhes deram origem, para além da arte, as Escolas se transformarão em exercício da política, experiência de gestão, convivência e produção coletivas.

Em Belo Horizonte este movimento acontecerá não mais de 10 anos depois do Rio de Janeiro, sendo a primeira Escola, a **Pedreira Unida**, constituída em 1938, sob a liderança dos sambistas Popó (Mário Januário da Silva) e Xuxu (Dionisio José de Oliveira). Ainda nos anos 30 Popó fundará a **Escola de Samba Primeira**, na Barroca. De 40 a 44 não houve carnaval em Belo Horizonte, por causa da 2ª Guerra. Popó se muda para São Paulo e as escolas Pedreira Unida e Primeira deixam de existir."[205]

De acordo com a o breve histórico das Escolas de Samba, relatado por José Luiz Lourenço, o Mestre Conga,[206] em entrevista ao Jornal do Projeto Faculdade do Samba, em Belo Horizonte, a primeira Escola de Samba a surgir foi a *Pedreira Unida*, constituída em 1938, sob a liderança dos sambistas Popó (Mário Januário da Silva) e Xuxu (Dionisio José de

[205] FACULDADE DO SAMBA. Belo Horizonte: Boletim de apresentação, jul.1995. (mimeo).

[206] FACULADADE DO SAMBA. Belo Horizonte: Jornal, n. 0, jul. 1995, p.3. José Luiz Lourenço, Mestre Conga, é presidente da AMESBEC – Associação Mineira das Escolas de Samba e Blocos Caricatos de Minas Gerais e presidente da Escola de Samba Inconfidência Mineira.

Oliveira). Ainda nos anos 30 Popó fundará a *Escola de Samba Primeira*, na Barroca. De 1940 a 1944 não houve carnaval em Belo Horizonte, por causa da 2ª Guerra. Entre 1945 e 1946 surgem as escolas de samba Nova Esperança, sob a liderança de Xuxu, a *Escola de Samba Surpresa*, na Lagoinha, sob a liderança do sambista (José Ambrósio de Morais). No Prado surge a *Maiorais da Batucada* liderada por Aladim e Jésus Miranda. Mais tarde a Escola passa a se chamar *Unidos do Prado*. Na Floresta surge a *Unidos da Floresta*.

Entre 46 e 47 surgem as Escolas *Remodelação da Floresta* (dissidência da *Unidos da Floresta*) liderada por Dorico, e a *Monte Castelo*, com Cidinho, Lourdes Bocão, Tião e Fefeu. Em 1948, surgem a E.S. *Acadêmicos do Samba* com Nonô Ratinho, Antônio Bonifácio (Galo) e Tião Juazeiro e a E.S. Nacional, no bairro Santo Antônio, fundada por Sebastião da Cruz (Tião Mangueira). Neste mesmo ano surge a E.S. *Destemidos da Concórdia* no bairro Concórdia, liderada por João Pica-pau, tendo como diretores Diogo de Souza, Mundico e Djalma. Esta escola existirá apenas por uma ano mas fará Rainha do Samba de 1948, Elza Randazzo. Também, em 48 os dissidentes da *Remodelação Pedro Perrela*, Arnô, Zé da Lima, Zé Maria, Pai João, Zé Lucas, Nereu, os irmãos Abelardo criam a E.S. *Unidos da Brasilina*. Esta escola existirá por um ano e será recriada em 1954, no bairro Sagrada Família por Osvaldo Santos.

Em 1949 nasce a E.S. *Estrela do Carmo* fundada por José Clementino e Xandico. Em 1950, é criada a *Matriz Primeira*, liderada por Bichinho e Zé Grande. Em 1951 surge a E.S. *Inconfidência Mineira* liderada por José Luiz Lourenço (Conga). Em 1954 surgem a E.S. *União Serrana*, liderada por José dos Santos (Zé Capeta) e *Império Serrano* liderada por Machado, ambas no bairro da Serra; e a E.S. *Deixa Falar* liderada por Zé Teixeira, no morro Pindura Saia, no bairro Cruzeiro.

Em 1956 surge a E.S. *Unidos da Gameleira* liderada por Neri. Entre 61 e 62 funda-se a E.S. Cidade Jardim no bairro Santa Maria liderada por Jairo Pereira da Costa, Antônio Carneiro (Tonico) Paulo Carneiro e outros. Em 1965 funda-se a E.S. *Unidos Guaranis*, no bairro São Cristóvão/Lagoinha, liderada por Arlindo, Edmilson Borges, Vitório de Jesus, Jackson e Bolão. Esta escola tem origem no bloco Índios Guaranis. Ainda na década de 60 fundou-se a E.S. *Princesa Isabel* tendo à frente Zé Pedro, Sr. Nonô e outros e a E.S. *Acadêmicos das Alterosas* fundada por Gervásio Guedes (Tita) e seus irmãos.

Em 1970 nasce a E.S. *Marajoara* liderada por Edmilson Borges e Milton, dissidentes da *Unidos Guaranis*. Ainda no início dos 70 surge a E.S. *Barro Preto* sob a direção de Lourdes Maria de Souza

(Lourdes Bocão), sua irmã Maria Paulina (Dona Nêga) e a turma do beco da Rua Mato Grosso, no Barro Preto. É criada também a E.S. *Dom Cabral*, tendo à frente o maioral Jonas Boiadeiro. Nesta mesma década surgem a E.S. *Unidos da Colina*, liderada pelos sambistas Chimango Branco, Nilton Pereira , os irmãos Nativo e Silvio, João Castelo, Jardel, e mais tarde, a E.S. *Vila Rica* sendo seus fundadores João Soares Teixeira (João Brucutu) Otílio Dellpa, Ediward Rezende, Darcy e outros.

> "Do período mais recente entre o final dos anos 70 e os anos 80, podemos citar ainda as escolas de samba *Bem-Te-Vi*, *Canto da Alvorada* e *Unidos do Santa Teresa*, entre outras. A E. S. *Alegria da Vila* existiu por um ano, mas ganhou o desfile do 2º Grupo. Em 1983 nasce *o Afoxé Ilê Odara* (grifo meu) no Bairro Parque Riachuelo, tendo à frente a saudosa Dona Oneida, seu esposo Raimundo (Dico), seus filhos Márcio Valeriano e o professor Dalmir Francisco entre outros."[207]

Também, é fundamental para a história do samba, em Belo Horizonte, o levantamento da memória dos Ranchos ou Bloco de Choro e posteriormente do Blocos Caricatos. Entre os Ranchos podemos citar, na década de 1930, o *Original Choro* de Santa Efigênia, liderado pelo Sr. Firmo, *o Original Clube* do Barro Preto, do Sr. Simão Camilo, o *Leader* da Vila Concórdia, do Sr. José Martins, o *Aracati* do bairro São Pedro, liderado pelo Sr. Afonso Paulino, os Rouchinóis, que segundo alguns eram formados por soldados do Exército, os *Mataquins*, um bloco de cavalarianos do quartel do Batalhão de Guarda da Polícia Militar em Santa Efigênia e ainda o *Alvorada* no bairro Concórdia, liderado por José Reis. A Segunda Guerra também interromperá a história destes ranchos. No pós-guerra surgirão novos Blocos Choro como o *Marabá*, liderado pelos Srs. Gerônimo e Rufino nos bairros Cruzeiro e Serra, e o Índio Guarani nos bairros Abadia e Vera Cruz. Existiram ainda os Blocos Sujos como o *Botina*, no bairro Santo André, liderado por Pé de Ouro, *Eu não Rapo Nada*, no bairro Cardoso na divisa do Santa Teresa, liderado por José Ignácio. Entre os Blocos Caricatos, os *Boca Branca* do bairro Floresta é apontado por José Luiz Lourenço, o Conga, como o primeiro a surgir, em 1948. No entanto, o mesmo Conga diz que, "segundo a dupla

---

[207] FACULDADE DO SAMBA. Belo Horizonte: Jornal, n. zero, jul. 1995, p.3.

Ítalo e Andrade, que comandaram o sistema de som do carnaval de rua até 1966, teriam existido Blocos Caricatos antes de 1948."[208]

> "Seguiram à fundação dos Boca Branca as Domésticas de Lourdes, Pirugluglu, os Tangarás, Satãs e seus Asseclas. Demônios do Calafate, Aflitos do Anchieta, Os Invasores, Corsários do Samba, os Inocentes de Santa Teresa, os Glans Mirins (estes dois últimos se fundiram para formar a E.S. Unidos do Santa Teresa, os Cacarecos de Santa Efigênia, Estivadores do Hawai, Mulatos do Carlos Prates, Piratas do Carlos Prates, Piratas do Pedro II, os Coloreds, o Chave de Ouro, Xuxu Beleza, Coisa Nossa, Partido Alto, o Bafo, Mocidade Unida do Vera Cruz, entre outros. Este breve relato da história das Escolas de Samba e dos Blocos de BH, construído a partir de depoimentos de José Luiz Lourenço, o Conga, *busca localizar a importância dessa experiência cultural da cidade. Hoje, quando apostamos na retomada das Escolas consideramos o levantamento mais detalhado desta história como passo decisivo para tal empreitada."*[209] (grifo meu)

Essas manifestações e práticas culturais organizadas pela comunidade negra na cidade de Belo Horizonte, expressam-se também nas religiões da ancestralidade africana, através da tradição da "Festa do Preto Velho" ou "Noite da Libertação" iniciada em 1981 e realizada todos os anos por ocasião das comemorações do 13 de Maio; revela o esforço das comunidades-terreiros dos afro-brasileiros, no sentido de afirmar a sua identidade cultural e religiosa. Implantando sua tradição em espaços públicos urbanos, essa comunidade expressa sua intenção e seu desejo de reterritorializar e democratizar espaços urbanos das cidades brasileiras que são a negação objetiva, em traçado e urbanização, da pluralidade étnico-cultural, que caracteriza nossa formação social e histórica.

Oficialmente o 13 de Maio é uma data consagrada à "libertação dos escravos". Isso significa que a data é celebrada em homenagem aos "libertadores", aos abolicionistas e, sobretudo, à Princesa Isabel. Não se trata , portanto, de uma data voltada para reverenciar os negros e mestiços escravizados que, durante mais de 350 anos, construiriam sozinhos a riqueza do País. No entanto, para o

---

[208] LOURENÇO, José Luiz . Depoimento. Belo Horizonte: Faculdade do Samba, Boletim Informativo, jul. 1995 (mimeo).

[209] FACULDADE DO SAMBA. Belo Horizonte: Boletim Informativo, 1995. (mimeo).

Movimento Negro, o 13 de maio tem o significado de data de homenagem aos "libertadores" brancos dos escravos negros. Por essa razão, a data é comemorada pelo Movimento Negro como o **"DIA NACIONAL DE DENÚNCIA CONTRA O RACISMO".**

> "Há cem anos a comunidade negra vem sendo conduzida pela elite branca, festeja a assinatura da LEI ÁUREA como um fato que beneficiou os antigos escravos e seus descendentes. Para estas festas não tem faltado apoio oficial a todos os negros ou entidades que se disponham a realizá-las. Nós do MNU – MOVIMENTO NEGRO UNIFICADO não vemos qualquer motivo para comemorações neste dia, bem como nunca reivindicamos apoio de órgão do governo ou qualquer outra instituição com o fim de comemorar o que seja.
>
> Uma análise cuidadosa da história nos mostra que, passada a euforia da comemoração da Lei, os 'libertos' ficaram perambulando pelas ruas das cidades e do campo, em busca de um meio de vida. Muitos voltaram às casas de seus senhores em busca de comida, abrigo e trabalho; outros formaram guetos onde ficavam à espera da compreensão cristã de seus algozes.
>
> Estes fatos mostram que o governo e senhores de escravos, apesar dos protestos de alguns destes, foram os verdadeiros beneficiados pela LEI. Livraram-se de um grande contigente de escravos em idade avançada porque 'aqueles animais' – como eram tratados nossos ancestrais – já não estavam sendo substituídos. E passaram a dispor de mão-de-obra quase grátis, para todo e qualquer serviço que os brancos não se dispusessem a fazer. Ficaram livres para incentivar a vinda de imigrantes europeus para trabalhar na lavoura, o que tornou remota a possibilidade de inserção do negro no mercado de trabalho e dava um grande impulso ao *branqueamento* (grifo meu) da nossa sociedade. Além disso, a 'abolição' deixou o Brasil apto ao desenvolvimento do capitalismo, tal como queriam os ingleses que dominavam o mundo naquele tempo, e preparou o terreno para a marginalização que nos atinge até hoje.
>
> Ainda não satisfeita, a Burguesia e suas elites continuou ocultando as lutas dos negros na busca de sua autoemancipação. Escondeu de nossa história oficial a atuação dos quilombolas, enquanto exalta seus algozes como heróis nacionais."[210]

---

[210] MOVIMENTO NEGRO UNIFICADO. *13 de Maio: Dia da traição.* Belo Horizonte: Manifesto à população, 13, mai. 1989. (mimeo).

Embora a análise produzida pelo Movimento Negro sobre o 13 de Maio tenha o mérito de ampliar a compreensão histórica e a consciência política em torno do seu significado, politizando e transformando a data em "dia nacional de luta contra o racismo", há outras interpretações para o significado do 13 de Maio dentro da comunidade negra organizada nos terreiros ou espaços sagrados da religião de matriz africana – especialmente, para os congadeiros e umbandistas – onde o 13 de maio sempre foi consagrado aos ancestrais, à memória dos velhos escravos que, com sua resistência e poder de realização, preservaram e transmitiram aos afro-brasileiros o patrimônio religioso e cultural de origem africana.

No 13 de Maio, nos terreiros, a festa e as homenagens vão para os pretos velhos, as pretas velhas, ancestrais que garantem, para a comunidade, identidade étnica e de origem racial. Ao fundar a primeira Praça do Preto Velho, no dia 13 de maio 1968 – muito antes da emergência do movimento negro contemporâneo – Tancredo da Silva Pinto (Táta Ti Inkisse Omoloko) – na cidade de Campo Grande, Rio de Janeiro, interpretou, política e culturalmente, a prática histórica da comunidade em afirmar sua ancestralidade, sua religião e sua cultura, enfim seus valores e raízes.

Em Belo Horizonte, a Praça 13 de Maio inaugurada em 1981, alguns anos depois, já era conhecia como "Praça do Preto Velho". Essa mudança do nome oficial da praça não é inocente. Ali está implantado o monumento aos ancestrais do negro e dos afro-brasileiros. É na Praça do Preto Velho que, em todos os anos, os umbandistas reúnem-se para "ritualizar e atualizar o nexo do presente com o passado, e na religação com as origens, estabilidade e equilíbrio, em relação à própria cosmovisão, em relação à natureza e à sociedade".[211]

> "Mesmo sem contar com o apoio explícito e direto de movimentos sociais negros, a Comunidade afro-brasileira sempre sustentou sua identidade e tradição. E agiu afirmando sua cosmovisão, princípios e valores e em sua autodefesa, como sujeito social, construindo sua história, no âmbito do desenvolvimento da sociedade brasileira e com imensa sensibilidade para avaliar sua situação política, numa correlação de forças desfavoráveis (alto grau

[211] FRANCISCO, Dalmir. Ancestralidade e Política da Sedução: A pluralidade Étnico-cultural Brasileira. In: SANTOS, Juana Elbein. Democracia e Diversidade humana: Desafio Contemporâneo. Salvador: Edições SECNEB, 1992, Op. Cit. p. 193.

de expropriação econômica mais coerção física e violência simbólica contra a etnia negra e manifestações de fé e cultura de origem africana).

Desviando do confronto aberto e procurando saltar obstáculos postos pelo etnocentrismo e pelo racismo, a comunidade afro-brasileira agiu sempre em termo político, valendo-se da arma da sedução. (...) A comunidade afro também que, por ser uma religião e uma cultura iniciáticas, não tem, por isso mesmo, como se valer do proselitismo doutrinário para disputar almas no mercado da fé e dos bens simbólicos cada vez mais presente s na sociedade capitalista."[212]

Concordando, parcialmente, com a linha de argumentação exposta por Dalmir Francisco, é importante frisar que, no final dos anos 70, a luta organizada contra o racismo desdobrou na articulação do movimento negro com uma amplitude nacional e destacado de outros movimentos sociais e políticos, conforme analisamos na introdução. Inevitavelmente, este processo desembocou na organização do Movimento Negro em Belo Horizonte e ampliou o espaço político e cultural para o fortalecimento de entidades culturais e associações religiosas que já existiam e o surgimento de outros grupos.

> "A Associação José do Patrocínio foi fundada em 1954, em Belo Horizonte, congregando negros dos bairros 'Concórdia', 'Lagoinha', 'Santo André' e 'Pedreira Prado Lopes', entre outros. De caráter sociorrecreativo, a Associação evoluiu depois, com a ascensão em seus quadros dirigentes de profissionais liberais e negros de setores médios, para uma luta política pela qual, usando formas culturais brancas, buscava-se a afirmação negra, tais como bailes de debutantes negras, concurso de beleza feminina negra e outras técnicas de promoção dos negros. Nos anos 60, profissionais e representantes dos setores médios buscaram dominar a Associação, o que resultou em sua divisão, enfraquecimento e fechamento em 1968. Dessa divisão deu-se o surgimento, em 1964, da Associação Mineira Henrique Dias, de corte mais comunitário."[213]

---

[212] FRANCISCO, Dalmir. *Ancestralidade e Política da Sedução.* Op. Cit. p. 201.

[213] Cf. FRANCISCO, Dalmir. *Negro, afirmação política e hegemonia burguesa no Brasil.* Op. Cit. p.48.

Se essas agremiações não iam para o confronto direto com a sociedade denunciar o racismo, as perseguições, a discriminação e a indiferença hostil, seguramente, o discurso político inaugurado pelo Movimento Negro, abriu espaço para que as organizações da comunidade negra, mesmo não concordando a linha política do Movimento, ampliassem as suas atividades, inclusive sendo assediados pela sociedade abrangente com vistas a sua cooperação ou cooptação.

Nesse sentido, é importante assinalar, também, outro fenômeno cultural e político importante que ocorreu no curso dos anos de 1970: foi a emergência da juventude negra, através do movimento Black-soul brasileiro, talvez, o mais controvertido fenômeno da problemática negra recente. Tanto em Salvador – no bairro da Liberdade, "o harlem baiano" – nos morros do Rio de Janeiro, São Paulo e, particularmente em Belo Horizonte – os *"Blacks"* tiveram um papel de estimulador da negritude, de congregar a juventude negra premida pela constante repressão policial e pelo asfixiamento cultural impingido pelo regime da ditadura militar.

Em Belo Horizonte, os bailes soul concentravam-se no Clube Máscara Negra e no Clube da União Italiana, ambos na Rua Curitiba; no Diretório Acadêmico da Faculdade de Ciências Econômicas da UFMG e no Sindicato dos Bancários, ambos na Rua dos Tamoios; e no Clube da União Síria, na Avenida Augusto de Lima. Depois, o movimento se espalhou por diversas casas de baile nos bairros da periferia da cidade.

Além de aglutinar a juventude negra para dançar, o que é mais interessante destacar nesses clubes e equipes de som que promoviam os bailes, é que propiciavam um espaço oportuno onde florescia a consciência política em relação à negritude e possibilitava a construção de uma identidade coletiva, a partir da vivência da realidade em torno dos problemas comuns. Estes espaços-lugares de produção de sociabilidade eram constantemente invadidos pelo aparato policial do Estado – a Polícia – numa evidente ação de racismo e de desrespeito aos direitos humanos. Não é por acaso que uma das primeiras bandeiras do MNU – Movimento Negro Unificado em Belo Horizonte, naquele período, será a luta contra a violência policial e, por essa razão, possibilitando uma aproximação dos militantes do Movimento Negro Unificado com os líderes do bailes-soul, equipes de som e grupos de dança.

"A Juventude Negra não tem 'Cara Pintada'

'É a verdade mais pura, postura definitiva: a juventude negra tem voz ativa.' (**Racionais MC's**).

O Hip Hop é manifestação cultural de três artes – a dança (break), a música (rap) e a pintura (grafite) associadas a uma visão crítica da realidade vivida por jovens, na sua maioria negros e pobres, das periferias de cidades como Belo Horizonte. O Movimento surgiu nos anos 70 nos Estados Unidos chegando ao Brasil nos anos 80. As condições de vida enfrentadas pelos jovens de lá não são diferentes dos problemas dos jovens do Barreiro, do Alto Vera Cruz, da Serra, do Cafezal, do Morro do Papagaio, de Venda Nova, do Paraíso e da Barragem.

Existe uma linguagem cultual das nossas raízes, especialmente no RAP (Ritmo e Poesia), que critica o sistema, pelo descaso das autoridades em relação aos problemas da juventude. Temas como racismo, desemprego, sistema de ensino, drogas, criminalidade, condições de vida e sobrevivência da população negra e pobre, especialmente, a violência policial, são constantes.

O Hip Hop e o Rap são afirmação da juventude negra. Os *rappers, funkeiros, punks* são expressões da cultura de rua, de uma galera que com a poesia, a música e a dança criticam as instituições de uma sociedade violenta e racista. Nos quatro cantos da cidade – os jovens organizam seus bandos e bandas, com força e ritmo apresentam suas armas e tomam posse do espaço urbano."[214]

Caracterizado pela poesia crítica cantada através do Rap (Ritmo e Poesia), pela dança do *Break*– estilo de dançar onde os movimentos do corpo parecem quebrar – e o grafite – forma de dizer com arte nos muros da cidade, o pensamento e as esperanças dos jovens negros; o Movimento Hip-Hop é hoje, antes de ser visto como uma continuidade do movimento estético-musical *Black-Soul* dos anos 60 e 70, a maior expressão política e cultural da juventude negra da periferia da cidade.

---

[214] CARDOSO, Marcos Antônio. *A juventude negra não tem cara pintada*. Belo Horizonte: Panfleto de campanha eleitoral: A felicidade negra é guerreira, 1996 (mimeo).

3. A DIGNIDADE DA POLÍTICA NO MOVIMENTO NEGRO

> *"Eu sei:*
> *Surgiu um grito na multidão*
> *Um estalo seco de revolta*
> *Surgiu outro*
> *outro*
> *e outros*
> *aos poucos, amotinamos exigências*
> *querendo o resgate*
> *sobre nossa forçada*
> *miséria secular."* [215]
>
> (Miriam Alves)

Foi a partir da organização do MNU – Movimento Negro Unificado na cidade de Belo Horizonte em 1979 – cuja criação e articulação inicial foi desenvolvida pelos advogados, Lucimar Brasil e Maria Lúcia de Oliveira, através da atuação de Lélia Gonzalez – que mudou completamente a forma de enfrentamento político ao racismo e à discriminação racial na cidade. Neste processo de lutas, de conscientização política, de intenso debate, as formas de resistência cultural dos terreiros de umbanda e candomblé, dos centros e grupos culturais e das associações foram transformando-se em ações públicas, tornando-se atividades culturais e manifestações públicas de combate ao racismo.

> "Nesse período, os movimentos negros começaram. O MNU começa em 78, eu soube de lá. Terminei a tese de mestrado e o Paulo Bernardo achou que a gente deveria fazer o doutorado. O doutorado representava mais três anos na França. Pra mim pouco somava essa coisa de título. Sabendo do surgimento do movimento negro aqui, tive clareza: eu aprendi a pesquisar, estudar e quero voltar para o Brasil, continuar a vida. É importante andar, estudar fora, descobrir o primeiro mundo, não importa onde, tem que ir para depois voltar, tem que beber daquelas águas. E esse negócio de negritude? Eu vi preto pela primeira vez na Europa. Nós somos negros brasileiros, não somos africanos. Eu vi marca de tribo lá. Concluí que somos todos irmãos. Eu descobri a África

[215] ALVES, Miriam. *MNU.* São Paulo: QUILOMBHOJE, Cadernos negros, n. 9, 1986. (trecho do poema "*MNU*").

na Europa. Pensei: – não estou no mundo, não sei nada, minhas raízes, meus ancestrais, meu povo, não sou nada, sou uma brasileira qualquer, fodida, acostumada a ser massacrada sem consciência de religião nem de coisa nenhuma. Volto. Não posso nada, mas posso fazer barulho, colocar tudo que aprendi a serviço de uma coisa que tem tudo a ver. Cheguei da Europa com a corda toda – vim para fazer, e nessa volta nasce a Mazza Edições. Voltei em 81."[216]

Do final dos 70 aos anos 90, o MNU constituiu-se em principal força politizadora do Movimento Social Negro em Belo Horizonte. Teve um papel destacado na história de luta contra a ditadura militar e de renovação das ações das entidades e grupos da comunidade negra, que passaram a ter uma atuação muito importante nas categorias de trabalhadores, favelas, escolas de samba, terreiros de candomblé e umbanda. Os grupos foram inicialmente estruturados em Centros de Luta – centros culturais e grupos de trabalho – onde os militantes, simpatizantes e colaboradores atuavam nas associações de moradores, universidades, sindicatos, partidos políticos, levando a luta contra o racismo a todo o território da cidade, com significativos embates contra a violência policial naquele período, consolidando o Movimento e inspirando as ações de outras organizações que se constituíram naquele momento.

Para corroborar este processo da história recente do Movimento Negro de Belo Horizonte, registre-se o fato de que os seminaristas negros e ordenados padres pela "Companhia de Jesus", que nos idos dos anos 80 atuavam nas paróquias e comunidades da região norte de Belo Horizonte – Clóvis Cabral e Alfredo Dórea – participaram durante um certo período do MNU. A partir daí, organizaram junto com negros cristãos, católicos e leigos, o Grupo de União e Consciência Negra – de onde surgiram, posteriormente, os Agentes de Pastorais Negros da Igreja Católica.

Os Agentes de Pastorais Negros – APN'S, surgiram em 1983 com a preocupação de fazer a discussão e aprofundamento do racismo no âmbito das igrejas e da sociedade. A partir de reflexões inspiradas na "Teologia da Libertação", os APN'S tentaram fazer com que a Igreja Católica assumisse o compromisso de lutar contra o racismo e a

---

216 RODRIGUES, Maria Mazzarelo. *Ponte Nova, Paris, Belo Horizonte: uma mulher na rota da utopia*. Belo Horizonte: Jornal África Gerais, n. 2, jul. ago. 1995, p.11.(Depoimento)

discriminação racial contra a população negra, colocando inúmeras questões para a alta hierarquia eclesiástica, entre elas, a tentativa, para muitos equivocada, de incluir no ritual litúrgico católico alguns aspectos exteriores das manifestações culturais afro-brasileiras.

> "Somos negros e negras de diferentes comunidades de fé, que procuramos a partir de nossa prática denunciar e combater o racismo brasileiro, apoiar e incentivar atividades que visam a conscientização, o avivamento da identidade do povo negro e a preservação de seus valores, colaborar para a formação de Agentes Culturais e Sociais que possam estar presentes em meio à população mais carente, particularmente os descendentes de africanos, e sobretudo elaborar propostas efetivas de intervenção na nossa realidade com o propósito de reverter o quadro secular de exclusão da população negra a fim de construir nossa cidadania. Hoje trabalhamos com várias questões relativas à negritude, entre elas: mulher, criança, religião, educação, política e cultura."[217]

Um dos conflitos fundamentais dessa organização de negros cristãos vinculados à Igreja Católica é a sua relação com os setores mais politizados do Movimento Negro, especialmente, com os segmentos ligados às religiões ancestrais de matriz africana. Muito embora os Agentes de Pastorais Negros e o Grupo de União e Consciência Negra tenham provocado o debate no interior da alta hierarquia da Igreja Católica, especialmente, por ocasião do "Centenário da Abolição", pressionando-a para aprovar o tema racial para a Campanha da Fraternidade de 1988 – por meio do lema: "Ouvi o clamor desse povo... NEGRO! – o que importa destacar é o fato de que conseguiram introduzir a reflexão acerca da existência do racismo da sociedade brasileira dentro da Igreja Católica, ampliando o eco das questões colocadas pelo Movimento Negro para as comunidades eclesiais e para os grupos de base dos Agentes Pastorais Negros.

Entre estas questões, destacamos a da liberdade religiosa para as religiões de matriz africana – um problema muito mais complexo para um grupo que assume uma identidade com o Movimento Negro, cuja relação com o conjunto do Movimento é mediada pela própria Igreja Católica, na medida em que é muito difícil, no discurso "ecumênico"

---

[217] AGENTES DE PASTORAIS NEGROS. Programação da semana da consciência negra. Belo Horizonte, nov. 1996. (mimeo) . Panfleto.

da Igreja Católica, o reconhecimento das manifestações religiosas afro-brasileiras como religião de um importante segmento da população brasileira.

> "Nós, negros do Brasil, queremos que haja realmente liberdade religiosa para todos. EXIGIMOS especialmente que todas as Igrejas, ditas cristãs, respeitem os cultos afro-brasileiros. Nossos irmãos negros e brancos que seguem os cultos afro-brasileiros em sua forma mais próxima do original ou nas formas sincretizadas, [grifo meu] com os mais diferentes nomes, têm o direito de ter liberdade religiosa. Não podem ser forçados a mudar de religião. Jesus não forçou a ninguém para assumir a fé que Ele apresentava.
>
> Pedimos também que todas as hierarquias das Igrejas Cristãs reflitam: ASSIM COMO VOCÊS ADAPTAM A FÉ CRISTÃ À CULTURA EUROPEIA, POR QUE VOCES IMPEDEM QUE NÓS NEGROS CRISTÃOS ADAPTEMOS TAMBÉM A FÉ CRISTÃ À NOSSA CULTURA AFRO-BRASILEIRA?[218]

Um pouco mais além dessa perspectiva, poucos anos depois, foi criada a Associação Nacional Casa Dandara, com o propósito da construção de um projeto de cidadania do povo negro, cuja justificativa evidencia a necessidade legítima de preencher um espaço de representação política da comunidade negra, e a vontade, ainda que implícita, de disputa política de espaço e de poder com as entidades do Movimento Negro organizado até aquele momento, particularmente, com o Movimento Negro Unificado.

> "A ideia de criação da **Casa Dandara** surgiu em novembro de 1986, como confluência de duas vertentes: a primeira foi a leitura de um livro do mestre Florestan Fernandes: A Integração do Negro na Sociedade de Classes.
>
> (...) A segunda vertente (...) foi a constatação de que essa fragilidade institucional do meio negro persiste até hoje. Os movimentos sociais negros, no mais das vezes, fazem uso de um discurso politizado, intelectualizado, que não atrai a grande massa dos negros pobres, esses os que mais ameaças sofrem na sociedade brasileira.

---

[218] AGENTES DE PASTORAIS NEGROS. Ouvi o clamor deste povo... NEGRO! 2. ed. Petrópolis: Vozes, 1987, p.37-38. (Cartilha da Campanha da Fraternidade de 1988 – Cartilha dos grupos de base dos Agentes Pastorais Negros e da Comissão de Religiosos, Seminaristas e Padres Negros.

(...) Voltando à questão das *entidades dos negros*, (grifo meu) as organizações que são mais representativas e falam a linguagem das massas, não têm um caráter político: são os terreiros de umbanda e candomblé, os grupos de congados, as escolas de samba.

Daí a existência de espaço e a necessidade de se criarem mais e mais entidades para ajudar a organizar e a estruturar o meio negro, para cumprir o importante objetivo de formação da cidadania dos negros.

A partir dessa reflexão, considerei limitada a minha tarefa como combatente negra: a realização de palestras, a participação em debates, os estudos. Procurei, então os amigos e companheiros negros que com certeza se afinariam na tarefa de criação da Casa Dandara, com um jeito novo de fazer política, não como impulso de poder, de competição e de disputa pessoal, mas como projeto de vida, impulso de paixão e alegria."[219]

No discurso de apresentação da Casa Dandara pela presidente Diva Moreira (a primeira diretoria foi constituída por Maria Mazarello Rodrigues, vice-presidente; Elza Bebiano Soares e Maria Inês da Silva Jesuino, secretárias; Paulo Afonso Moreira e Antônio da Conceição, tesoureiros) revela uma contradição política ao referir-se, na terceira pessoa, aos movimentos sociais dos negros e na primeira pessoa quando destaca o seu papel pessoal na fundação da entidade, revelando, implicitamente, o propósito de manter um distanciamento do movimento social negro organizado até então, e ao afirmar que não se tratava de uma disputa pessoal por espaço e poder. Sem considerar o mérito e a importância do trabalho desenvolvido pela Casa Dandara, essa contradição será uma constante no processo de consolidação da entidade e na relação política que foi estabelecida com outras entidades do Movimento Negro de Belo Horizonte.

"A entidade tem como objetivo resgatar e valorizar o patrimônio cultural afro-brasileiro, além de fazer uma reflexão sobre negritude e denúncia de todas as formas de racismo, explícitas ou dissimuladas. "(...) A Casa Dandara é conhecida em todo o Brasil, principalmente porque *atua de uma forma bem diferente da maioria dos*

[219] MOREIRA, Diva. Casa Dandara: projeto de cidadania do povo negro. Belo Horizonte: Mazza Edições, nov. 1997. (Cartilha de apresentação da Casa Dandara).

movimentos similares. (grifo meu) 'Nós não ficamos apenas na denúncia' conta Diva Moreira, 'trabalhamos com publicações, com artes, com estudos. Uma coisa para cima, para que o negro sinta o orgulho de sua cor. E estamos conseguindo'."[220]

Todavia, a Casa Dandara desenvolveu seu trabalho voltado para o fortalecimento da autoestima, por meio das ações educativas com crianças e adolescentes, privilegiando o papel positivo da família e a valorização da mulher negra; contribuindo para a afirmação identidade através da promoção da estética negra, sobretudo, quando realizava o "Dia de Estudo" no último domingo de cada mês, com a finalidade de debater temas de interesse da comunidade, discutir problemas relacionados à luta contra o racismo, de acesso ao conhecimento e propiciar a integração da comunidade através de atividades lúdicas referidas nas manifestações culturais afro-brasileiras. Muito embora, nesse processo, tenha havido outras formas de abordar a importância da Casa Dandara e a sua relação no contexto histórico do movimento social negro de Belo Horizonte, conforme podemos verificar:

> "Com contas de Xangô no pescoço e uma medalha de Xangô-Airá adornada pela pirâmide de cristal dedicada a Iemanjá, o advogado e bancário Paulo Afonso Moreira, 13 anos de BNH e seis de Caixa Econômica Federal, é Ogam Axogum do Terreiro Ilê Ogum Megê-Ici, a Casa de Ogum em Venda Nova. Com 48 anos, 17 deles dedicados à difusão e preservação da cultura negra, Paulo é fundador, ex-presidente e membro do Conselho Deliberativo da Comcan, a Congregarão Mineira dos Candomblecistas. Também é vice-presidente da Associação Nacional Casa Dandara.
>
> Paulo conta que um dos princípios do Candomblé é o respeito (...) ao direito à diferença, coisa que pode soar estranha num mundo massificado pelo consumo e pelo trabalho alienado, de um lado, e marcado pelo igualitarismo doutrinário de certas correntes de esquerda, de outro.
>
> Quase 300 anos depois da morte de Zumbi dos Palmares, Paulo vê uma grande evolução na consciência negra brasileira, **e atribui ao nascimento do Movimento Negro Unificado, o MNU, há cerca de 10 anos, o início de um trabalho sistemático nessa área.** 'Já não é raro encontrar pessoas negras que têm

---

[220] MOREIRA, Diva. Belo Horizonte, Hoje em Dia, 21, out.1988, p. 27. (Entrevista).

orgulho de sua raça, de suas vestes , cabelos e origens. Os negros começam a aparecer em todo o canto, até no fechado clube da publicidade. Tem uma propaganda do banco Itaú onde aparece um cliente negro, uma reviravolta num campo em que até pouco tempo atrás o negro só aparecia varrendo o chão', constata o Axogum (responsável pela consagração de animais nas cerimônias) Paulo Afonso. Mas ele adverte: 'ainda há muito para ser feito'. Um exemplo *é o trabalho realizado pela Casa Dandara com 150 menores carentes de BH,* (grifos meus) que recebem apoio pedagógico, alimentação e formação na cultura afro-brasileira, 'para que possam recuperar a identidade e a autoestima'."[221]

Nesse período de emergência de movimentos sociais de diferentes matizes, comportando desde demandas por melhores salários às liberdades sexuais, é onde o Movimento Negro de Belo Horizonte ganha uma maior visibilidade na cidade, consolida a sua importância em nível nacional, no momento onde o regime militar sofre suas primeiras derrotas.

"Procura denunciar a situação de vida e trabalho da população negra, desmascarar a farsa da *democracia racial* (grifo meu) apregoada pelos órgãos de governo e combater a violência policial.

Consegue importantes avanços. Através de sua ação faz aumentar a consciência do negro brasileiro no reconhecimento dos seus direitos como cidadão e dos valores de sua negritude. Faz avançar também o entendimento da luta contra a discriminação racial como tarefa não só da população negra, mas de toda a sociedade brasileira.

A partir de então, o discurso da questão racial negra é incorporado de diferentes modos pelos organismo sociais (vide atividades do Centenário da Abolição em 1988) sejam eles partidos de diferentes concepções, órgãos governamentais e não governamentais, sindicatos, universidades, meios de comunicação, igreja, etc."[222]

É dentro deste contexto de mobilizações que o Movimento Negro de Belo Horizonte junto com diversos outros setores que se fizeram presentes nas lutas sociais, promoveram ações que provocaram importantes mudanças na vida política brasileira.

---

[221] MOREIRA, Paulo Afonso. *Candomblé: culto milenar e resistência negra.* Belo Horizonte: Jornal do Sindicato dos Bancários de Belo Horizonte e região, n. 106, 18, nov. 1992.

[222] II ENCONTRO DE NEGROS DAS REGIÕES SUL E SUDESTE. Organizar e Transformar: O Brasil que o Negro Quer. *Relembrando Palmares.* Belo Horizonte, out.1989. (mimeo).

> "Contribuímos de forma decisiva para colocarmos um fim ao regime militar. Passamos pela fase da 'institucionalização' provocada pela abertura política que desembocou na 'arapuca' chamada 'Nova República'.
>
> Mesmo nas capitais e cidades importantes onde foram eleitos prefeitos das forças políticas mais avançadas, que acenam com a perspectiva das realizações de governos populares, são inúmeras as dificuldades em se avançar na luta e na organização popular.
>
> Também o Movimento Negro, como os demais movimentos sociais, sofre dessas dificuldades. As entidades surgidas no período, sejam elas de caráter nacional, estadual, municipal ou localizadas a nível de bairros ou universidades, por vários fatores não estabeleceram vínculos concretos entre si e atuam de forma bastante dispersa e localizada.
>
> Em nossos encontros é unânime o entendimento existente quanto à necessidade de uma estrutura organizativa e de um projeto político (embora existam diferenças sobre como construí-lo) que façam a luta contra o racismo avançar em conjunto, dentro de perspectivas sociopolíticas e ideologicamente definidas.
>
> Por outro lado, a postura, tanto dos setores ligados aos órgãos de governo, como às universidades, aos partidos, às igrejas, ao movimento sindical e popular, em relação ao Centenário da Abolição no ano 1988, tem exigido do Movimento Negro definições mais precisas em relação aos seus objetivos."[223]

Entretanto, diante desse quadro de preocupações e de incertezas políticas é que o Movimento Negro de Belo Horizonte participou intensamente da coordenação e organização do I e II Encontro de Negros das Regiões Sul, através da consolidação do Fórum Estadual de Entidades Negras de Minas Gerais, cujo centro político era a cidade de Belo Horizonte, de cuja articulação desembocará mais tarde no I Encontro Nacional das Entidades Negras – o I ENEN – um dos encontros mais representativos do conjunto do Movimento Negro Brasileiro dos anos de 1990.

> "O II ENCONTRO DE NEGROS DAS REGIÕES SUL E SUDESTE, previsto para os dias 07,08 e 09 de outubro de 1989, na cidade de São Paulo, dá sequência ao I ENCONTRO DE NEGROS DAS REGIÕES

[223] II ENCONTRO DE NEGROS DAS REGIÕES SUL E SUDESTE. Op. Cit.

> SUL E SUDESTE, realizado nos dias 10, 11 e 12 de outubro de 1987, na cidade do Rio de Janeiro, sobre o tema ORGANIZAR E TRANSFORMAR'.
>
> Esse novo Encontro é organizado por uma Coordenação de Entidades Negras das Regiões Sul e Sudeste, na perspectiva de reunir militantes do Movimento Negro e de outros setores preocupados com a questão racial dos seguintes Estados do Brasil: Espírito Santo, Minas Gerais, Paraná, Rio de Janeiro, Rio Grande do Sul, Santa catarina e São Paulo.
>
> Pretendendo, através de atividades (...) centradas sobre o tema 'ORGANIZAR E TRANSFORMAR: O BRASIL QUE O NEGRO QUER – RELEMBRANDO PALMARES', tornar o encontro um espaço para a reflexão, centro de intercâmbio e articulação sobre as condições de vida e de participação do negro na atual conjuntura do nosso país. (...) Considerando também o importante momento da conjuntura política brasileira, onde a eleição presidencial, pelo fato de apresentar-se como saída para a crise de governo que vivemos, constitui-se no pano de fundo da ação política em 1989, o II ENCONTRO (...) TEM COMO OBJETIVOS :
>
> Reunir negros das regiões Sul e Sudeste num amplo debate, a fim de que se encontre uma forma de se organizar melhor a luta contra o racismo, como meio eficaz de transformar radicalmente a estrutura da sociedade para se ter assim um novo Brasil, através: 1) do aprofundamento da discussão sobre a organização do Movimento Negro; 2) do debate sobre os métodos e as instituições utilizadas como instrumentos dos que dominam a sociedade; 3) do estabelecimento de um quadro de discussão sobre a questão racial com vistas à eleição presidencial, nos sentido de apontar perspectivas de construção de um Brasil que o negro deseja."[224]

Nos anos de 1990, a derrota eleitoral dos setores democráticos e da esquerda nas eleições presidenciais provocou uma enorme apatia política que imobilizou os movimentos sociais. Com o lançamento do Plano Collor II – congelamento de preços e salários, o confisco de parte dos salários dos trabalhadores e preços acima do mercado – ao lado da tentativa de consolidar uma articulação política para um entendimento nacional visando a um "novo" e desastroso pacto social, contribuiu no processo de agudização das contradições sociais. No calor dessa crise

---

[224] II ENCONTRO DE NEGROS DAS REGIÕES SUL E SUDESTE. Belo Horizonte, out. 1989. (mimeo). Op. Cit.

política, o Movimento Negro Unificado lança uma Campanha Nacional intitulada "**REAJA À VIOLÊNCIA RACIAL**" que foi desenvolvida em todo o País, com o objetivo de estimular a população negra a reagir contra a violência racial, que segundo o MNU "estava levando milhões de negros à morte nas mais variadas formas." Esta campanha acabou transformando-se num eixo teórico de análise da realidade social da população negra brasileira e de ação política do MNU e que discutida, num II Congresso Nacional Extraordinário da entidade, abarcou diversas questões, entre elas: a violência policial e o extermínio de crianças e adolescentes, desemprego, educação e cultura negra, meios de comunicação, mulher negra, entre outros.

> "Os avanços políticos das forças progressistas na década de 80 criaram as condições para um processo radicalizado do Movimento Negro, pois as experiências do negro com as organizações partidárias, sindicais e do movimento popular mostrou ao negro o caminho. É necessário criar uma força independente que aglutine todas as forças do Movimento Negro, e imponha um projeto revolucionário, que discuta as profundas implicações da dominação de raça neste país.
>
> Os equívocos das organizações de esquerda no Brasil, as suas análises parciais da história, da humanidade e do país em que vivemos, nos provam claramente que eles não têm capacidade para apresentar um projeto político que realmente abarque todos os oprimidos deste país. A visão economicista destas organizações colocou os movimentos sociais numa situação geral de imobilização quase total, com o Governo deitando e rolando nos espaços vazios deixados pelos movimentos sociais.
>
> Através da Campanha – 'Reaja à Violência Racial' o Movimento Negro Unificado retoma o seu caminho na organização da população negra voltando a fazer frente à violência policial, buscando formas concretas para esse enfrentamento que além de se dar no campo jurídico, exigindo punição aos racistas, apresentará aos negros os seus direitos como cidadãos, a necessidade de que a população negra se organize para enfrentar essa violência.
>
> Esta campanha discutirá o direito ao trabalho do negro, nos sindicatos, nos partidos políticos, na televisão com milhões de espectadores. Mostrará como os meios de comunicação irradiam o racismo para todos os cantos do país, mostrando uma imagem estereotipada do negro, como desenvolvem um trabalho de depreciação dos valores negros com finalidade claramente de dominação política.

Denunciará o processo de genocídio da população negra, o qual se dá de várias formas: fome, violência policial, esterilização em massa da mulher negra, matança de crianças e adolescentes negros, formação de grupos de extermínio de 'justiceiros', doenças, embriagues, consumo de drogas, através do sistema penitenciário, através de hospitais psiquiátricos. Todas essas formas deverão ser combatidas pela população negra, a grande interessada a dar fim a esta dominação secular."[225]

As rápidas transformações da conjuntura política ocorridas nesse período na sociedade brasileira exigiram, do Movimento Negro, a necessidade de uma maior articulação da discussão em torno das principais questões que afligiam a população negra. O resultado deste processo de acumulação de forças políticas e organizativas, a partir da realização dos encontros regionais (Sul/Sudeste, Norte/Nordeste e Centro/Oeste), foi a realização do I Encontro Nacional das Entidades Negras, no período de 14 a 17 de novembro de 1991, na cidade de São Paulo.

"Em todos os Estados, multiplicam-se grupos e entidades negras com o propósito específico de lutar contra o racismo, colocando em xeque o *mito da democracia racial*: (grifo meu) a imprensa negra reaparece; a ascensão de atletas negros dentro do cenário esportivo vem indiretamente contribuir com o Movimento Negro organizado; as escolas de samba incluem em seus enredos temas ligados à história e luta do negro em nosso país; a juventude negra se manifesta através de um novo modo de vestir, em um novo tipo de organização: os bailes 'blacks' e suas equipes; ganham força os afoxés e blocos afros. A música, o teatro e dança feita por negros e negras ocupam os espaços; os escritores negros ganham visibilidade e tornam conhecida nossa poesia e literatura até fora das fronteiras brasileiras; múltiplos encontros de adeptos e simpatizantes das diferentes denominações das religiões afro-brasileiras em várias regiões do Brasil contribuem para o avanço da organização e luta dos vivenciadores destes cultos contra os estigmas amplamente disseminados no conjunto da sociedade brasileira. E ainda alguns setores que buscam, através da 'tradição' essencialmente ecológica das representações religiosas africanas, interferir nos esforços pela defesa do

---

[225] MOVIMENTO NEGRO UNIFICADO. Campanha Nacional "Reaja à Violência Racial" . Rio de Janeiro: II Congresso Nacional Extraordinário do MNU, mar. 1991, p.5. (mimeo).

meioambiente; a mulher negra se organiza de forma específica. Faz balançar o discurso do movimento feminista e o machismo existente no Movimento Negro; é cada vez maior a participação e presença negra nos movimentos sindicais e populares; a reflexão e ação política e cultural ganham consistência por parcelas expressivas da população negra; ganha relevo a percepção de que não basta apenas denunciar: é necessária a organização.

Desse acúmulo decorreu a necessidade de generalização das experiências e aprofundamento das reflexões inauguradas pelo Movimento Negro. Impõe-se a necessidade de projeções mais abrangentes e eficazes. Surgiram as iniciativas de articulações em cada estado, em cada região e em âmbito nacional: os recentes Encontros de Entidades Negras das regiões Sul/Sudeste, Centro/Oeste e (...) o IX Encontro de Entidades Negras das regiões Norte/Nordeste, (...) discutiram a possibilidade de convocar o I Encontro Nacional de Entidades Negras (ENEN)."[226]

O I ENEN representou um momento de articulação das forças políticas presentes no Movimento Negro e apontou para a necessidade de fortalecimento da luta contra o racismo, por meio de orientações políticas mais precisas e planejadas para a atuação das entidades do Movimento Negro. Com base nessa perspectiva, O I ENEN lançou as bases para a criação e estruturação da CONEN – Coordenação Nacional das Entidades Negras.

O I ENEN representou, também, um divisor de águas no interior do Movimento Negro, com as críticas formuladas ao seu processo organizativo e aos critérios de participação das entidades negras nacionais, formuladas pelo Movimento Negro Unificado. O MNU participava do processo de organização do ENEN nos diversos estados através do encontros regionais e, no caso de Belo Horizonte, através do Fórum de Entidades Negras. Havia, em nível nacional, muitas discussões e articulações de bastidores, cuja preocupação central era se o ENEN criaria ou não, uma outra entidade nacional.

Na verdade, tratava-se de uma luta política de projetos diferenciados e de hegemonia política no interior do Movimento Negro. Tratava-se de uma disputa de poder de representação, na medida em que havia diversos interesses políticos e partidários que não foram devidamente explicitados no processo de organização do ENEN.

---

[226] I ENCONTRO NACIONAL DE ENTIDADES NEGRAS. Projeto da Coordenação Nacional. São Paulo,14,17, nov. 1991. (mimeo).

O MNU realizou o II Congresso Nacional Extraordinário antes da realização do ENEN e aprovou a sua participação no ENEN, delegando para as suas representações a eleição dos seus delegados, de acordo com os critérios estabelecidos. Mas a participação do MNU não foi aceita pelo ENEN, na primeira votação realizada na primeira plenária daquele encontro, com os votos majoritários dos "delegados" da UNEGRO – União de Negros pela Igualdade – entidade negra cujos militantes eram vinculados ao Partido Comunista do Brasil (PC do B) e dos Agentes Pastorais Negros, ligados às bases da Igreja Católica. Isto provocou uma intensa polêmica política, cujos efeitos danosos persistem ainda no processo de organização política e na trajetória recente do Movimento Negro brasileiro.

A Coordenação Nacional organizadora do I ENEN, em síntese, desenvolveu a seguinte avaliação política do I Encontro Nacional de Entidades Negras:

> "1. O ENEN ampliou a visibilidade do Movimento Negro. 2. Os contornos da discriminação racial ficaram mais nítidos a outros movimentos sociais. 3. Rompeu-se o isolamento político do Movimento Negro. 4. Setores que até então se mantinham à margem do conjunto das instituições e pessoas organizadas na luta contra o racismo tiveram uma participação destacada no I ENEN. 5. O setor tido como "histórico" no Movimento Negro é minoritário e isso deve ser avaliado futuramente. 6. As estratégias dos setores dirigentes do País são a de conter o crescimento e a organização política do povo negro para manter as atuais estruturas de dominação. 7. O ENEN permitiu que o Movimento Negro ganhasse maior grau de organização. 8. O ENEN permitiu, apesar de todos os problemas ocorridos, que houvesse um fortalecimento do relacionamento entre as entidades. 9. Diante do esgotamento da luta explícita contra o racismo, marca principal do Movimento Negro contemporâneo, é necessário reafirmar nossas ações. 10. Mais uma vez ficamos, em boa parte, na dependência dos recursos financeiros do Estado, salvo o apoio de algumas agências internacionais."[227]

Entretanto, em que pese a algumas concordâncias com esta primeira avaliação política feita naquele período pela CONEN, sobretudo no que se refere ao ganho organizativo e a participação de diversas

---

[227] I ENCONTRO NACIONAL DE ENTIDADES NEGRAS. Avaliação Política. São Paulo/Rio de Janeiro: Coordenação Nacional de Entidades Negras - CONEN. (mimeo).

entidades negras; o MNU considerou-a muito superficial e teceu algumas críticas ao I ENEN, entre elas, destacaram-se a questão da autonomia e independência política do Movimento Negro, o problema da visibilidade e a questão da participação e a fraca elaboração política do encontro e de seus desdobramentos práticos no encaminhamento da luta contra o racismo.

> "Os partidos políticos, seja qualquer um, não querem resolver a questão do negro, mas sim o do programa do seu partido e do espaço político, e os movimentos sociais fortemente influenciados pelos partidos políticos reproduzem essa prática. Em particular setores políticos como a Igreja, o PC do B, Democracia Socialista(DS) e outros se fortalecem em cooptarem negros para suas visões políticas, mas em nenhum momento para fortalecerem a luta do negro e, (...) mais as pessoas de entidades não tiveram um papel destacado nas discussões políticas e nas votações. Destacou-se, isso sim, aquele padre 'carequinha', do Rio Grande dos Sul que lá da frente da plenária levantava o crachá para que os agentes pastorais negros de todo o país seguissem o seu exemplo vencendo mais uma votação. Para nós do Movimento Negro Unificado isso não é participação política de fato, e muito menos avanço para o Movimento Negro, e não muda em nada a postura da Igreja frente aos negros nesse país.
>
> (...) O negro e outros povos oprimidos estão sendo obrigados a radicalizarem a luta contra o racismo e o neocolonialismo no mundo, e os setores majoritários do **ENEN** não se percebem da importância da autonomia e independência do Movimento Negro como princípio fundamental no processo de libertação do negro. *Essa é a divergência de fundo entre estes setores que são atrelados a partidos e Igrejas e o Movimento Negro Unificado que está buscando criar uma proposta de sociedade através do ponto de vista do negro, não aceitando que organizações externas a nossa realidade nos dê a linha, nos diga o que fazer.* (grifo meu)
>
> Concordamos com a observação e alertamos que não basta ser independente do Estado, é preciso ter uma política de autonomia e independência em relação ao Estado, às Igrejas, e partidos. À organização que assim estiver constituída caberá dialogar com governos, partidos e outro tipo de organização para avançarmos na luta da população negra."[228]

---

[228] MOVIMENTO NEGRO UNIFICADO. ENEN e Daí? II. São Paulo: Boletim Informativo do Movimento Negro Unificado/SP, n. 3, jan. 1993.

Todavia, uma das mais importantes, representativa e legítima organização política do Movimento Negro não participou do I Encontro Nacional das Entidades Negras; por um lado, devido a uma corrente política interna ao MNU que não concordava com os critérios definidos pela coordenação do ENEN no que se refere à participação das organizações negras de caráter nacional; e por outro, devido, sobretudo, às forças políticas que atuavam no Movimento Negro que resistiram à participação do MNU e, por uma manobra política, criteriosa e casuística por uma circunstancial e eventual disputa pela hegemonia política no ENEN e do Movimento Negro; eliminaram a participação política dos delegados do Movimento Negro Unificado, que naquele momento defendia a necessidade de elaboração e implementação de um projeto político para a sociedade brasileira, do ponto de vista do povo negro.

> "Acho que a diferença na colocação que o MNU faz do projeto político reside, num primeiro momento, na crença de que é possível se construir uma força política nesse país baseada no povo negro. Essa primeira diferença é fundamental. Construir uma força política capaz de disputar com um projeto que seja elaborado a partir da sua própria perspectiva, do seu próprio lugar. Não o lugar da subordinação em que a sociedade tem tentado nos atirar ao longo dos séculos, mas o lugar do sujeito político responsável pelo seu próprio destino. Para além disso, outro aspecto que eu considero superimportante na colocação do MNU, é que não se trata de um projeto político do negro para o negro, ou seja, o negro pensando para dentro de sua própria comunidade, mas sim o negro pensando para a sociedade brasileira como um todo e levando em conta todos os povos, todas as raças que compõem. Considero que isso é que dá a mudança efetiva de qualidade desse projeto que o MNU pretende. Estamos apostando hoje na possibilidade de disputar não mais um espaço dentro de outros projetos para as nossas questões, que são tidas como menores. Mas nós estamos apostando na possibilidade de que, através das nossas questões, nós consigamos tocar, e tocar muito fundo, nas questões nacionais, nas questões que dizem respeito à sociedade como um todo. O MNU tem participado de muitas discussões e debates que a respeito disso e tem sido muito questionado.
>
> E é muito interessante perceber que nos demais setores, principalmente nos setores políticos dominados por pessoas brancas, eles percebem exatamente qual é a nossa potencialidade desta nossa proposta. E percebem essa potencialidade muitas vezes com algum medo, porque na medida em que modificamos a forma de nos colocar

perante o Brasil, nos constituímos, nos efetivamos como uma ameaça do ponto de vista de determinados espaços de poder que existem na sociedade. Passamos a ser uma força que compete por determinadas posições. Não se trata mais de ficarmos o tempo todo implorando, digamos assim, para que os outros setores levem em conta nossas questões, que abram espaços para que o negro possa participar. *Essa fase acabou.* (grifo meu)

Daqui para a frente, vamos construir alternativas próprias e, a partir dessas alternativas, criar para o povo negro como um todo no Brasil uma referência positiva, que atualize essa imagem do negro lutador, que hoje só é vista no passado."[229]

No entanto, o MNU articulou, naquele período de realização do ENEN, uma articulação política paralela com a participação de militantes e de segmentos que não concordaram com aquele processo de exclusão política. No caso específico de Belo Horizonte, o que importa notar é que um desses segmentos foi o da religião de matriz africana presente nas discussões do ENEN. O fato de presenciarem a força organizada dos Agentes Pastorais Negros, cujos votos foram decisivos na aprovação da exclusão do MNU do ENEN, intensificou a necessidade de organização política dos religiosos afro-brasileiros no interior do Movimento Negro e a criação do Centro Nacional da Africanidade e Resistência Afro-Brasileira.

"AGO NILE (licença para entrar em sua casa)

QUEM É O CENARAB?! É uma organização não governamental (ONG), sem fins lucrativos, do conjunto das Entidades do Movimento Negro, de abrangência e atuação nacional, fundado em março de 1992, como resultado da articulação e formação da Comissão de Militantes Vivenciadores das Culturas e Religiões de Matriz Africana, constituída por ocasião do I Encontro Nacional de Entidades Negras (I ENEN), realizado de 14 a17 de novembro, na cidade de São Paulo.

Uma das finalidades do Cenarab é a articulação e a mobilização dos Vivenciadores das Culturas e Religiões de Matriz Africana (Candomblé de: Angola, Congo, Ketú, Ijexá, Efon, Nagô, Gege-Nagô, Umbanda, Xangô, Tambor de Mina, Mina-Gêge, Xambá, Pajelança, Omolokô,

---

[229] BAIRROS, Luíza. Entrevista. Salvador: Jornal Nacional do Movimento Negro Unificado, n. 20, out. nov. dez. 1991, p.9. (Luiza Bairros era Coordenadora Nacional do Movimento Negro Unificado.

Catimbó, etc.) em busca da unidade e organicidade política nacional dos mesmos, para fazer frente ao processo secular e comum de marginalização, preconceitos, discriminações, estigmas e estereótipos disseminados na sociedade brasileira.

Com essa perspectiva, o Cenarab objetiva empreender conjuntamente com os Vivenciadores das Religiões de Matriz Africana, uma luta pelos seus direitos de cidadania plena, bem como da população negra em geral, evidenciando os valores civilizatórios específicos que caracterizam as Culturas e Religiões de Matriz Africana, Humano-Ambiental e Ecológica Negro-Africano e/ou Afro-Brasileiro."[230]

Desde a sua fundação, o CENARAB realiza atividades de natureza informativa, formativa e organizativa, bem como de estudos e pesquisas. No processo inicial de organização da entidade, realizou dois encontros nacionais em 1992 e 1994, vários encontros, seminários e assembleias estaduais e municipais, cursos de introdução à língua Yorubá, palestras, conferências e debates em escolas de nível médio e superior, bem como viabilizou projetos como o Eco-Negro: A visão Ecológica das Culturas Negras, a Campanha Pá Ewé, Pá Orisá (Matou a Folha, Matou o Orixá), mapeamento dos terreiros de candomblé em Belo Horizonte e outras atividades. A sua primeira Comissão provisória foi constituída pelos religiosos Paulo Afonso Moreira, Célia Gonçalves de Souza, João Bosco de Araújo, Geraldo André da Silva, Wallace Barreto, Elza Bebiano Soares, Walter Manoel da Silva Júnior, Carlos Luiz Campos, Cássio Luiz do Carmo Menezes, José Luiz Albuquerque, Cássia da Oxum, entre outros.

Todavia, em Belo Horizonte já existiam outras entidades de caráter religioso. O Instituto Nacional da Tradição e Cultura Afro-Brasileira – INTECAB, por exemplo, foi criado em 1988, no ano do "Centenário da Abolição", com sede nacional em Salvador – de onde o Instituto é dirigido pelo Coordenador Geral – o Sacerdote, escritor, escultor/artista plástico, Assogbá e Alapini Deoscóredes Maximiliano dos Santos, o mundialmente conhecido Mestre Didi Assipá e o vice-Coordenador nacional é o Agbajigan Everardo Conceição Duarte, do tradicional Ilê Bogun, de Salvador. Em Minas Gerais, o INTECAB é dirigido pela Coordenadora Njinja Lunda Kioko Sônia Alcântara Vilela, pelo vice-Coordenador Tateto Angola-Congo Nelson Matheus Nogueira (Nepangi),

---

[230] CENTRO NACIONAL DE AFRICANIDADE E RESISTÊNCIA AFRO-BRASILEIRA. Ago Nile. Belo Horizonte: Boletim informativo, s/data. (mimeo).

o representante de Minas no Conselho Consultivo Nacional, professor e jornalista Dalmir Francisco e conta com a colaboração do Tata Lunda Kioko Wamy Guimarães, presidente da Federação Espírito-Umbandista de Minas Gerais, membro vitalício do Conselho Religioso Nacional. O INTECAB é uma associação de caráter religioso e cultural voltada para a defesa, preservação e expansão da herança africana, "recriada reelaborada e institucionalizada no Brasil, pelos afro-descendentes, negros e brancos. É a primeira entidade jurídica, de caráter nacional, que defende e valoriza a união na diversidade".[231]

> "A união na diversidade é o modo mais correto de procurar entender, de respeitar e de acolher, os diversos grupos religiosos e culturais, originários da tradição africana. Integram a tradição afro-brasileira as nações Angola, Ketu, Nagô, Efan, Gêge, Lunda Kioko, Culto Egungum (culto nagô aos Ancestrais), além das diversas formas de recriação das tradições negro-africanas como o Candomblé de Caboclo, a Umbanda e as Congadas. São parte dessa Tradição, como desdobramentos, as manifestações culturais como afoxés, blocos afros, maracatus, as badaladas escolas de samba, toda a riqueza que inspirou o *axé music* ou permite que a juventude negra adote e recrie, no Brasil, o *reggae* ou o polêmico *funk*, ou expressões individuais da cultura negra como o artista plástico Jorge dos Anjos ou os cantores como Milton Nascimento e Leci Brandão, Zezé Mota e Maurício Tizumba, Marlene Silva e Mestre Guda.
>
> O INTECAB entende que rejeitar qualquer forma de manifestação religiosa ou cultural de origem negro-africana seria uma forma de negação e desqualificação da Tradição africana. Por isso, o INTECAB defende a bandeira da união na diversidade: os afro-brasileiros, negros e brancos, possuem uma origem comum, uma história, um desejo comum de pertencer à cultura e às várias nações da religião africano-brasileira.
>
> O INTECAB desenvolve um trabalho internacional de construção da Conferência Mundial da Tradição dos Orixás e Cultura (COMTOC). Realiza periódicos Encontros Nacionais (dois já realizados em Minas Gerais) e apoia a realização de eventos internacionais

---

[231] VILELA, Sônia de Alcântara. O que é o Intecab? Belo Horizonte: Boletim do INTECAB – Instituto da Tradição e Cultura Afro-Brasileira, 1, ago. 2000. (mimeo). (Debate: Belo Horizonte e diversidade Cultural: o patrimônio afro-brasileiro, realizado na sede da BELOTUR/PBH em agosto de 2000).

como os Seminários Nacionais sobre Democracia e Diversidade Humana que, em sessões anuais, vem explorando as possibilidades de estabelecimento da paz no mundo marcado pela pluralidade racial e cultural. Em Minas Gerais, além do trabalho de assistência a manifestações tradicionais dos afro-brasileiros (Festa de Yemanjá, Festa do Preto Velho, Natal dos Umbandistas, visita a Terreiros), o INTECAB de Minas Gerais presta assistência espiritual e psicoterápica a pessoas pertencentes à Tradição ou não."[232]

Outro aspecto político importante na trajetória do Movimento Negro foi a questão das relações e da solidariedade internacional. Em Belo Horizonte e no Brasil, foi o Movimento Negro Unificado que realizou as mais importantes ações políticas de solidariedade ao povo negro sul-africano contra o regime do Apartheid na África do Sul. As condições de vida e a história do povo negro brasileiro foram a base da criação do MNU, mas os fatos e as lutas internacionais tiveram grande influência no processo de formação política da organização, entre elas, a luta pelos Direitos Civis nos Estados Unidos, a trajetória de vida de Martin Luther King, a forte influência de Malcoln X sobre a juventude negra no mundo, a corajosa ação dos *Black Panters* (Panteras Negras). O Movimento também foi influenciado pelas vigorosas lutas dos Movimentos de Libertação Nacional da África, entre elas, destacam-se o Movimento de Libertação de Angola – MPLA; pela Frente de Libertação de Moçambique – FRELIMO; pelo Partido da Independência de Guiné-Bissau e Cabo Verde – PAIGC; pelo Congresso Nacional Africano – ANC – da África do Sul.

"Os movimentos negros organizados temem que a visita do líder africano contra o *apartheid,* Nelson Mandela, prevista par ao dia 28 de setembro, repita o ocorrido em Belo Horizonte, no ano passado, durante a presença do bispo anglicano Desmond Tutu, que também luta contra o racismo na África do Sul, quando suas lideranças não tiveram oportunidade de se aproximar do religioso. A Prefeitura de BH é quem vai anfitrionar Mandela e, em sua programação preliminar, está previsto um encontro com representantes da comunidade negra.

---

[232] INSTITUTO DA TRADIÇÃO E CULTURA AFRO-BRASILEIRA. Patrimônio, direitos humanos e respeito ético e legal a diversidade cultural. Belo Horizonte: Boletim, 1, ago. 2000, p. 1-3. (mimeo).

> A militante do Movimento Negro Unificado (MNU) Maurília Queiroga, disse que a entidade pretende discutir com a PBH o roteiro do líder negro de maneira que tenham condições de manter com ele um diálogo produtivo. O Sindicato dos Mineiros de Nova Lima quer levar Mandela até a cidade para que conheça a realidade dos mineiros. Um dos maiores acionistas da mineradora é o grupo Anglo-American Corporation ligado ao governo racista da África do Sul. O presidente do sindicato, Ronaldo Faria Silva, disse que 80% das aposentadorias na Morro Velho são consequência da doença ocupacional conhecia como silicose, num quadro semelhante das minas africanas.
>
> Assim como o MNU, a Casa Dandara também receia ficar alijada da visita do líder sul-africano em prol de movimentos ligados ao Governo, como o Conselho Estadual do Negro, a exemplo do que ocorreu com a vinda de Desmond Tutu. É o que afirmou o vice-presidente da entidade, Paulo Afonso Moreira, que preside a Congregação Mineira de Candomblecistas. Moreira disse que a Congregação vai se reunir amanhã para definir sua participação na visita de Mandela. Quem não pensa em se integrar à movimentação é o presidente da Federação Espírito-Umbandista Mineira, Wamy Guimarães. Depois de lembrar que, durante a missa ecumênica celebrada na UFMG em função da visita de Tutu, foi discriminado pelo arcebispo metropolitano de BH, Dom Serafim Fernandes de Araújo, que garante não ter lhe dado a palavra, disse esperar que as posturas políticas de Mandela tragam mudanças positivas para a concretização da 'tão sonhada liberdade religiosa."[233]

O Movimento devota o maior respeito político à história, ao conhecimento e à experiência de lutas dos líderes e intelectuais africanos como Patrice Lumumba, Kwami N"Krumah, Amilcar Cabral, Eduardo Mondlane, Agostinho Neto, Samora Machel, Steve Biko, Oliver Tambo e Nelson Mandela. Cabe ainda destacar a influência do Pan-Africanismo, que se ampliou para o mundo através de Congressos, principalmente, na própria Europa, tornando conhecidas figuras como Leopoldo Senghor, Du Bois, Aime Cesaire, Wole Soinka, entre outros.

Mas de todas essas lutas, até pelo momento histórico em que surge o Movimento Negro, a que mais mobilizou a militância foi a luta

---

[233] *HOJE em DIA*. Negros querem planejar visita de Mandela a BH. Belo Horizonte, 14, ago. 1980.

internacional contra o Apartheid. Em Belo Horizonte foi criado um Comitê de Solidariedade à luta do povo negro sul-africano, que contou a participação das diversas entidades do Movimento Negro e, raramente, de uma ou outra organização de esquerda.

> "O líder negro e dirigente de honra do Congresso Nacional Africano, NELSON MANDELA, foi libertado da prisão na África do Sul. Após 27 anos nos cárceres do *APARTHEID*, a libertação do mais importante preso político do mundo e símbolo maior da luta do povo negro sul-africano, é uma vitória inconteste das organizações negras que combatem o sistema racista do *Apartheid*.
>
> (...) Nós do Movimento Negro no Brasil e em Belo Horizonte, entendemos que a solidariedade política ao povo negro sul-africano, nesse momento, deve ser muito mais firme. Exigimos a continuidade das sanções econômicas ao regime do *Apartheid*. Exigimos o fim do estado de emergência e a libertação de todos os presos políticos da África do Sul.
>
> (...) Conclamamos a sociedade civil, os movimentos populares e sindicais, os partidos políticos e os movimentos culturais, a exigirem do governo brasileiro, o total rompimento das relações econômicas com o Governo da África do Sul até que o *Apartheid* tenha um fim. Conclamamos todas forças organizadas para a solidariedade política com o povo negro sul-africano e também, para assumirem a luta antirracista no Brasil. A luta continua, a vitória é certa. Movimento Negro de Belo Horizonte."[234]

Foram organizados debates, seminários, atos públicos e abaixo-assinados que foram encaminhados ao Ministério das Relações Exteriores, onde o Movimento reivindicava o corte das relações diplomáticas entre o Governo brasileiro e Governo do da África do Sul, o reconhecimento político do Congresso Nacional Africano como legítimo representante da África do Sul e a libertação de Nelson Mandela.

> **"Ato político e show na Praça Sete comemoram Mandela livre"**
>
> "Bandeiras verde, amarela e preta – cores do Congresso Nacional Africano – tomaram conta da Praça Sete, em Belo Horizonte, ontem à tarde, durante o "Ato Político e Cultural Mandela Livre",

[234] MOVIMENTO NEGRO DE BELO HORIZONTE. Ato político e cultural Mandela livre. Belo Horizonte, 16, fev. 1990, (mimeo). Panfleto do Movimento Negro de Belo Horizonte.

promovido pelo Movimento Negro de Belo Horizonte e outras entidades que lutam contra o racismo no Brasil e em todo o mundo. A manifestação teve ainda o apoio de partidos políticos e movimentos sindicais e populares da Capital.

O ato teve início às 18:30, com cerca de 200 pessoas, reunidas para saudar o mais importante preso político do século, Nelson Mandela, libertado no último dia 11, na África do Sul. Participaram da manifestação, além de representantes de entidades integradas na luta contra o racismo, artistas mineiros, como Marku Ribas, Ênio Flávio, Tizumba, e outros.

Segundo Diva Moreira, a representante da Casa Dandara que falou durante o ato público, o baixo índice de organização do povo brasileiro na luta impede o crescimento da luta negra. 'O próprio negro brasileiro não se reconhece negro. A chamada *democracia racial* (grifo meu) levou brancos e negros a negarem ou desconhecerem os conflitos raciais, o racismo', afirmou Diva. 'Para nós, da Casa Dandara, a luta do racismo não é uma bandeira só dos negros, mas da luta democrática', salientou a representante da entidade , que foi fundada em Belo Horizonte em 1987, para lutar pela cidadania plena do povo negro e contra o racismo.

O Ato Político e Cultural Mandela Livre foi coordenado pelo representante do Movimento Negro Unificado, Marcos Antônio Cardoso, que abriu a manifestação na Praça Sete, saudando o líder negro da África do Sul e afirmando que a luta do negro é uma questão que diz respeito a toda sociedade. Segundo Marcos, a libertação de Mandela tem influência na luta do movimento negro em todo o mundo, e principalmente no Brasil, onde a violência racial exclui a população negra da participação política, social e econômica."[235]

Indubitavelmente, não podemos deixar de ressaltar a importância política e histórica que a luta das mulheres negras brasileiras e belohorizontinas no processo de construção e consolidação do Movimento Negro e que só confirma uma tradição que se origina nas raízes histórico-culturais do sistema social e político matrilinear das civilizações africanas. Transplantado para o Brasil no processo da colonização e escravização dos povos africanos, esse modelo social, ao contrário de reprimir as mulheres, valoriza o desenvolvimento humano e estimula a sua contribuição para o conjunto da sociedade.

---

[235] MINAS GERAIS. Ato político e show comemoram Mandela livre. Belo Horizonte: Diário Oficial do Estado de Minas Gerais, 17, fev. 1990, p.16.

Essa tradição de mulheres guerreiras africanas renasce em mulheres como Dandara, companheira de Zumbi dos Palmares; Luísa Mahin, liderança da Revolta dos Malês, mãe do poeta Luís Gama; Escrava Anastácia, Chica da Silva, a rainha negra de Diamantina e precursora da atuação da mulher negra na política e no poder; Mãe Menininha do Gantois, sacerdotisa negra e respeitada internacionalmente; Beatriz Nascimento, historiadora e Lélia Gonzalez, antropóloga, importante ativista, intelectual e liderança do Movimento Negro contemporâneo; são exemplos da dignidade e do espírito de luta dessas mulheres que ontem não se deixaram abater pela crueldade do sistema escravista e, hoje, pela violência do racismo.

Vamos encontrar, também, a permanência dessa concepção africana sobre o papel da mulher nas religiões de matriz afro-brasileira, fonte primordial das manifestações culturais e artísticas da população negra brasileira e mantenedora da identidade positiva africana diante da violência da escravidão e do racismo.

> "As *iyaba*, ou orixás femininas, desempenham um papel central na cosmogonia afro-brasileira. Iemanjá, mãe de todas águas, é o princípio gerador dos seres da natureza, do reino humano e do reino espiritual. Oxum, deusa do amor e da água doce, simboliza a fertilidade, a procriação e o princípio da criatividade. Iansã, deusa do raio e dos ventos, senhora dos mortos e símbolo da personalidade livre da mulher, significa o poder feminino na luta pela vida, pela justiça, enquanto Nanã representa a fecundidade, Obá, a pureza das cascatas no interior das matas e Ewa, a essência pura da água cristalina."[236]

Em Belo Horizonte, a participação e as contribuições das mulheres do Movimento Negro Unificado na reorganização das lutas das mulheres negras contra a opressão de gênero e raça foram imensas e trouxeram novos conceitos e abordagens para a ação política feminista e antirracista. No primeiro momento, com Lélia Gonzalez à frente, foram introduzidas várias teses revolucionárias no campo das ciências humanas, da sociologia e da antropologia, afirmando novos conceitos em relação à luta das mulheres, acentuando as diferenças e a importância da luta contra o racismo e a opressão.

---

[236] NASCIMENTO, Abdias. Discurso em comemoração ao Dia Internacional da Mulher. Cf. THOTH – Escriba dos Deuses, pensamento dos povos africanos e afrodescendentes. Brasília: Senado Federal, n.1, jan.abr.1997, p-88.

As discussões de temas importantes como a participação histórica das mulheres negras na África e na Diáspora na luta pela libertação do povo negro, a exploração sexual, social e econômica, a esterilização das mulheres negras como mais um mecanismo de extermínio do povo negro, foram colocadas na pauta do Movimento Negro. Este novo olhar feminista e antirracista, conforme Sueli Carneiro, "ao integrar a tradição de luta do movimento negro e do feminista, afirma esta nova identidade política decorrente do ser mulher e negra".[237]

> "O atual movimento de mulheres negras ao trazer para a cena política as contradições resultantes da articulação das variáveis raça, classe e gênero, promove a síntese das bandeiras de luta historicamente levantadas pelos movimentos negros e de mulheres do nosso País, enegrecendo de um lado as reivindicações das mulheres e, por outro, promovendo a feminização das reivindicações e propostas do movimento negro.
>
> Enegrecer o movimento feminista brasileiro tem significado demarcar e instituir na agenda feminista o peso que a questão racial tem na configuração, por exemplo, das políticas demográficas; na caracterização da violência contra a mulher – ao conceituar e dar visibilidade à violência racial como aspecto determinante das formas de violência sofridas por metade da população feminina de nosso País que é 'não branca'; na introdução das doenças étnico/raciais ou de maior incidência na população negra, como parâmetros fundamentais para a formulação de políticas públicas de saúde; ao instituir a crítica aos mecanismos de seleção no mercado de trabalho, como a 'boa aparência', que mantém as desigualdades e os privilégios entre mulheres negras e brancas. Tem-se ainda estudado e atuado politicamente sobre os aspectos éticos e eugênicos colocados pelos avanços das pesquisas nas áreas de biotecnologia. Temos destacada presença política nos fóruns acadêmicos e populares sobre bioética (a ética da vida)."[238]

---

[237] CARNEIRO, Sueli. *A perspectiva da mulher negra*. Belo Horizonte: Estado de Minas, caderno de opinião, 8, set. 1997. (Sueli Carneiro era Coordenadora Executiva do Geledés – Instituto da Mulher Negra/São Paulo).

[238] CARNEIRO, Sueli. *A perspectiva da mulher negra*. Belo Horizonte: Estado de Minas, caderno de opinião, 8, set. 1997, Op. Cit.

O Grupo de Mulheres do MNU foi pioneiro na organização da luta das mulheres negras em Belo Horizonte, colocando questões específicas da luta das mulheres negras e viabilizando a organização do Iº Encontro de Mulheres Negras de Belo Horizonte, realizado no auditório da Faculdade de Direito da UFMG. Inspirados pela combatividade de Lélia Gonzales na Comissão Executiva Nacional do MNU, o I Encontro discutiu temas como: A Discriminação da Mulher Negra, A Mulher Negra e o Trabalho, A Mulher Negra e a Educação e a Mulher Negra e o Movimento Negro Unificado.

> "A situação da mulher negra hoje não é muito diferente de seu passado de escravidão. Enquanto negra e mulher, é objeto de dois tipos de desigualdades que fazem dela o setor mais inferiorizado da sociedade brasileira. Enquanto trabalhadora, continua a desempenhar as funções de escrava do eito, da mesma mucama, da escrava de ganho. Enquanto mãe e companheira, continua aí, sozinha a batalhar o sustento dos filhos, enquanto o companheiro, objeto da violência policial, está morto ou na prisão, ou então desempregado e vítima do alcoolismo. Mas seu espírito de QUILOMBOLA, de luta não a deixa soçobrar."[239]

No Movimento Negro, a resistência e a luta das mulheres negras torna-se bastante visível, diante do número de militantes envolvidas na luta contra o racismo. Demonstravam isso de forma organizada e crítica na diversas áreas em que atuavam, tais como saúde, educação, moradia, trabalho, etc.

> "Neste sentido a presença da mulher negra tem sido de fundamental importância, uma vez que, compreendendo que o combate ao racismo é prioritário, ela não se dispersa num tipo de feminismo que a afastaria de seus irmãos e companheiros. Na verdade, o trabalho que a mulher negra vem desenvolvendo, seja nas discussões prático-teóricas, seja nas favelas, periferia ou prisões, com crianças, adolescentes ou adultos, seja procurando organizar nas associações e sindicatos, etc., dá a medida de sua crescente conscientização política. Mas sobretudo a mulher negra anônima, sustentáculo econômico, afetivo e moral de sua família é quem, a nosso ver, desempenha o papel mais importante. Exa-

---

[239] I ENCONTRO DE MULHERES NEGRAS DE BELO HORIZONTE. A discriminação da mulher negra. Belo Horizonte: Grupo de Mulheres do MNU, documento s/data, (mimeo).

tamente porque com sua força e corajosa capacidade de luta pela sobrevivência transmite a nós o ímpeto de não recusarmos a luta pelo nosso povo".[240]

Já em 1982, a Comissão Executiva Nacional do MNU decidiu deslocar a perspectiva de abordagem da questão da mulher negra e do homossexual negro para um âmbito mais geral onde se tomasse o fio da meada do processo de opressão, cujo objetivo era o de buscar a raiz da violenta discriminação submetida às mulheres e aos homossexuais negros como o de discutir a questão do machismo do homem negro.

Em Belo Horizonte, no III Congresso Nacional do MNU, as mulheres negras encaminharam a tese "*Sexismo e Racismo*" para o debate no Congresso, com vistas a sistematizar um conjunto de preocupações, desenvolver o Programa de Ação da organização e pautar as lutas gerais e específicas das mulheres negras na agenda política do Movimento Negro. A essa altura, o MNU já iniciara a sua participação nas atividades mais gerais da luta feminista, caracterizando as suas intervenções por *diferenciar a tríplice opressão da mulher negra,* destacando a participação e a capacidade de organização das mulheres negras que saíram às ruas para protestar contra o assassinato de seus filhos pela violência policial.

> "É nossa tarefa colocar para esses movimentos o quanto e por que o poder dominante fragmentou a identidade racial da mulher negra, hoje em sua maioria doméstica, aplastando-a sob um cotidiano que a aliena, não lhe deixando energia para que possa compreender a complexidade global do fenômeno racial-sexual.
>
> Porém, a questão que serve para melhor entendermos o problema do atual distanciamento do MNU e do Movimento de Mulheres é relativa à composição de classe. Contando em sua grande maioria com mulheres de classe média, o Movimento de Mulheres não mostrou até agora nenhuma perspectiva de implantação onde está o conjunto de mulheres que sofre mais diretamente a opressão sexual em condições sequer de identificar o problema."[241]

---

[240] I ENCONTRO DE MULHERES NEGRAS DE BELO HORIZONTE. A discriminação da mulher negra. Belo Horizonte; Grupo de Mulheres do Movimento Negro Unificado, s/data, (mimeo).

[241] MOVIMENTO NEGRO UNIFICADO. Sexismo e Racismo. Belo Horizonte: III Congresso Nacional, abril, 1982.Cf. MNU: 1978-1988: 10 Anos de Lutas contra o Racismo. Op. Cit. p.30.

Nesse processo são discutidos a complexa inter-relação política e ideológica entre sexo, raça e classe social; a relação do Movimento Negro Unificado com o Movimento de Mulheres; a questão sexual no interior do Movimento; os direitos sociais, as relações de trabalho e legislação relativas às mulheres negras e, especialmente, os temas polêmicos como a questão do aborto e os que envolvem a questão do controle da natalidade e as suas implicações na população negra, os direitos reprodutivos das mulheres negras e a questão da esterilização feminina. De acordo com Luíza Bairros, então Coordenadora Nacional e do Grupo de Mulheres do MNU, em depoimento à Comissão Parlamentar de Inquérito no Congresso Nacional em 1992 – uma iniciativa da então Deputada Federal Benedita da Silva, destinada a investigar a incidência de esterilização em massa de mulheres negras – "já em 1983, o MNU, através da sua seção no Distrito Federal, lança o que eu suponho ser o primeiro manifesto do Movimento Negro, alertando para essas questões do controle da natalidade e as implicações sobre a população negra no Brasil".[242]

> "Em julho de 1982, o economista Benedito Pio da Silva, assessor do Grupo de Assessoria e Participação (GAP), órgão do Banespa, criado durante o governo Maluf, ao expor seu projeto de controle da natalidade para o Estado de São Paulo, que segundo denúncias fazia parte de um acordo entre o governo do Estado de São Paulo e instituições japonesas, com o título 'O censo de 1980 no Brasil e no estado de São Paulo e suas curiosidades e preocupações' informou que o objetivo do programa era reduzir a população negra (pretos, pardos, mulatos, etc.) porque no ano 2000 essa população seria maioria no país, superando mais de 60% a população branca brasileira, podendo então tomar os 'pontos chave do poder'; propôs então uma campanha nacional para conscientizar 'nossos governantes, nosso povo e nossos religiosos' de que era preciso iniciar desde já um trabalho de controle de natalidade (junto à população negra) para evitar as consequências da explosão demográfica."[243]

---

[242] BAIRROS, Luíza. A esterilização de mulheres negras no Brasil. Salvador: Jornal Nacional do Movimento Negro Unificado, n. 22, ago. set. out. 1993, p.8. (Depoimento à Comissão Parlamentar de Inquérito do Congresso Nacional em 23, jun. 1992).

[243] MOVIMENTO NEGRO UNIFICADO. Controle da natalidade e suas implicações na população negra. Brasília: MNU/DF, out. 1993. Cf. 1978-1988 – 10 anos de lutas contra o racismo. Op. Cit, p.36.

Para que houvesse avanços políticos institucionais e conquistas de reivindicações na sociedade brasileira, foi preciso muita luta das mulheres negras, que se organizaram nos bairros, cidades, estados, articulando-se com outros movimentos em nível nacional e internacional. E, através da pressão e outros mecanismos, foram se impondo na sociedade e conquistando novos espaços.

> "O meu sonho era ser médica. Para mim ser médico é ter um horizonte maior, é atuar de fato junto à população que é igual a mim, a gente pobre. Apesar de não ter feito a medicina na escola, hoje sou uma médica formada pela vida, e em vez de estar atrás de um consultório, especialista só numa área, estou com o povão, na favela, com as crianças e trabalhadores desse país inteiro. Esta é a minha medicina, que não é com um bisturi, mas com uma panela, com uma vassoura, pano de chão e fazendo comida que eu tanto gosto de fazer. É como se fosse um medicamento que eu receitasse ao paciente. Exerço atividade sindical e cuido de 185 crianças carentes, que tiramos da rua e estamos recuperando lá na CAMESI – Centro de Acolhimento ao Menor do Santa Inês. Esses meninos são os meus clientes. Ajudo-os na formação pessoal, escolar e profissional. Nem sempre o sonho se realiza como a gente imaginou, mas Nosso Senhor sabe o nosso papel e nos encaminha colocando na mão de cada um a ferramenta necessária. Isso é muito bonito, é grandioso. Todo mundo merece viver seu sonho de ser cidadão. Ter direito a casa, escola e saúde. E nós da raça negra temos um motivo muito mais sério para lutar: nossos antepassados desbravaram essas matas, construíram esse país e ainda somos discriminados. Temos que continuar a lutar para mudar a história e sermos inseridos em todos os segmentos da sociedade. Aí poderemos ser felizes e viver em paz."[244]

Nesse processo de discussão e organização das mulheres negras brasileiras, a partir de 1985 começam a surgir os primeiros grupos e coletivos de mulheres negras em São Paulo, Rio de Janeiro e Belo Horizonte e outras cidades. Vale registrar a realização do I Encontro Nacional de Mulheres do MNU no período de 27 a 29 de setembro de

---

[244] RICARDO, Maria Ilma. Depoimento. Belo Horizonte: Projeto Tricentenário de Zumbi dos Palmares/Secretaria Municipal de Cultura/PBH, Jornal África Gerais, n.3. out.nov.1995, p.8. Maria Ilma Ricardo é Presidente do Sindicato dos Trabalhadores Domésticos da Região Metropolitana de Belo Horizonte.

1991 em Recife/PE, com a realização de oficinas com a participação dos homens para discutir os mesmos temas como: traçar o perfil da mulher negra militante e da mulher negra em geral; maternidade e esterilização; paternidade e esterilização; grupos de trabalho sobre a esterilização, exposições e debates. Em que pese as dificuldades encontradas pelas mulheres negras no processo da luta, especialmente o baixo grau de solidariedade dos homens em relação aos filhos, a difícil conciliação entre maternidade e militância e a complexidade dos temas tratados, vale chamar a atenção para dois aspectos da exposição de Lélia Gonzalez:

> "Lélia Gonzalez se deteve, principalmente, na questão da espiritualidade negra, afirmando ser esta uma espiritualidade essencialmente feminina. Prendeu totalmente a atenção do Plenário durante toda a sua exposição, trazendo uma gama de informações desconhecidas pelos militantes. Colocou que nós, negras e negros, devemos retomar nossas raízes culturais, religiosas e históricas, negando assim os conceitos impostos pela cultura ocidental judaico-cristã, que conduza um modo de vida e uma relação com a natureza humana completamente contrária àquilo que herdamos dos nossos ancestrais. Questionou a pouca importância que os militantes dão ao estudo da cultura e da religião negras, a pouca atenção que se dá à espiritualidade dentro dos Movimentos. A priorização do racional, em detrimento do espiritual e criativo é, segundo Lélia, um traço que não faz parte da nossa cultura, mas que assimilamos no contato com a cultura europeia, judaico-cristã.
>
> 'Há um saber muito antigo na África que nós vamos ter de reinterpretar, a partir desse 1991, que nós vivemos, porque nós temos que pensar em relação ao futuro, temos que pensar em construção. Não estou propondo nenhuma volta às raízes. Temos que pegar as grandes ondas de pensamento, que não contam no nosso cotidiano, mas a nossa responsabilidade é de construir, de reconstruir nossa identidade, mas com os olhos voltados para o futuro'. (Lélia)
>
> Em relação à conjuntura atual do Movimento Negro, Lélia avalia que o Brasil está entrando num caminho semelhante ao trilhado pelo Movimento Negro nos Estados Unidos: uma parcela politizada e organizada articulando-se em torno de objetivos que não visam à conscientização e o avanço da comunidade negra. Tais segmentos buscam apenas consolidar-se enquanto 'repre-

sentantes' da população negra brasileira, com interesses, principalmente, econômico-financeiros."[245]

Todavia, os coletivos de mulheres negras fortaleceram a articulação nacional de mulheres negras brasileiras, cujo processo de organização teve como marco histórico inicial a realização do Primeiro Encontro Nacional de Mulheres Negras, com a participação de 450 mulheres de 17 estados, na cidade de Valença no Rio de Janeiro. Seguiu-se a este, a realização do II Encontro em novembro de 1991 na cidade de Salvador, com a participação de 430 mulheres de 17 estados; o Seminário Nacional Políticas e Direitos Reprodutivos das Mulheres Negras (Itapecerica da Serra/SP, 1994, 55 participantes, 14 estados) preparatório para a Conferência sobre População e Desenvolvimento, Cairo/1995; o Seminário Nacional de Mulheres Negras (Atibaia/SP, 1993,48 participantes, 9 estados) e o II Seminário Nacional de Mulheres Negras (Salvador/Ba, 1994, 67 participantes) que teve como objetivos, além de propostas de organização nacional das mulheres negras, discutir também a IV Conferência Mundial sobre a Mulher realizada em Beijing, China, 1995.

Em Belo Horizonte:

> "Quando concordamos em organizar e sediar a Reunião Nacional de Mulheres Negras realizamos uma longa discussão que nos possibilitou algumas constatações e decisões que queremos compartilhar com todas as participantes do evento. Consideramos um privilégio a oportunidade de receber em nossa cidade centenária mulheres negras de todo o Brasil. Realizar a Reunião Nacional poderia ser um instrumento capaz de aumentar a visibilidade de nossas lutas e do nosso trabalho; Assumimos a realização da reunião como uma responsabilidade política e desde o primeiro momento decidimos que a Reunião Nacional aconteceria com ou sem financiamento da cooperação internacional; Acreditávamos que o processo organizativo de uma reunião de tal porte poderia ser um motivo suficientemente aglutinador para fortalecer a organização coletiva e plural que estávamos retomando em Belo Horizonte em 1997; Pensamos que, se nos esforçássemos, a organização da Reunião Nacional aumentaria

---

[245] I ENCONTRO NACIONAL DE MULHERES DO MOVIMENTO NEGRO UNIFICADO. Por que Mulher Negra? Cf. Conferência de Lélia Gonzalez. In: Jornal Nacional do Movimento Negro Unificado, n. 20, out. nov. dez. 1991, p.6.

os laços de solidariedade entre nós, além de espaço apropriado para o exercício da fraternidade, da franqueza e do aumento de nossa autoestima; Avaliamos também que, uma vez no processo organizativo e participando do embate nacional do Movimento de Mulheres Negras, teríamos também a oportunidade de aprender a exercitar e a defender mais a nossa autonomia, enquanto pessoas e atrizes políticas – individuais e coletivamente.

Não foi fácil 'tocar' a reunião Nacional desde o convite, no dia seguinte pós-Campinas, até o dia 21 de setembro, mas enfim.... conseguimos. (...) e então, aprendemos a conviver melhor e de forma respeitosa com a diversidade e a pluralidade de ideias e a negociar com habilidade o que é possível e necessário realizarmos juntas, sem que qualquer de nós seja forçada a abrir mão dos seus valores e princípios."[246]

A Reunião Nacional de Mulheres Negras realizada em Belo Horizonte, com a participação de 69 mulheres representantes de 10 estados, nos dias 20 e 21 de setembro de 1997, na Escola Sindical 7 de Outubro, consolida o processo de organização do Fórum de Mulheres Negras de Belo Horizonte.

"Apesar de todas estas iniciativas, temos um sentimento generalizado de frustração, particularmente em relação ao nosso processo organizativo. O sistemático aborto destas propostas de constituição, seja de Comissões ou Articulações ou Rede de Mulheres Negras de caráter nacional, faz supor que, instintivamente, perseguimos algo que não se encontra suficientemente maduro par se revelar enquanto uma forma de organização política coletiva que tenha efetivamente o nosso rosto. Talvez tais impasses no plano organizativo se devam ao fato de que historicamente temos proposto formas organizativas tomadas de empréstimo do Movimento Negro – grandemente influenciado pelo modelo organizativo da esquerda – ou temos defendido experiências organizativas do Movimento Feminista, supostamente mais horizontais, como as Redes Temáticas.

Acredito que isto se deve à realidade de que a agenda política das mulheres negras tem sido determinada por estes dois movimentos, então as nossas opções organizativas decorrem da maior ou

---

[246] REUNIÃO NACIONAL DE MULHERES NEGRAS. Relatório Final. Belo Horizonte: Comissão Organizadora de Belo Horizonte, 20-21, set. 1997, p.5. (mimeo).

menor proximidade em relação a cada um deles. Portanto, o papel das mulheres negras ao longo da luta dos últimos anos tem consistido fundamentalmente em estabelecer o corte antirracista nas propostas e políticas contra a opressão de gênero e o corte de gênero nas propostas e políticas antirracistas.

Se este balanço é verdadeiro, excetuando-se a Campanha contra a Esterilização em Massa de Mulheres e as frustradas tentativas de organização nacional, as mulheres negras brasileiras ainda não conseguiram tematizar uma agenda política própria.

Se a natureza interligada de raça, gênero e classe é outro fundamento de um feminismo negro, que projeto político – a partir desta condição – se coloca para as mulheres negras? O aprofundamento destas questões determinaria as nossas parcerias, as nossas alianças, as nossas táticas e nossas estratégias para a atuação na Conjuntura atual."[247]

Além destes eventos que são espaços políticos de debate e organização da mulher negra, elas atuam também nos partidos políticos e sindicatos, embora de modo quase invisível, posto que são minoria nesses espaços predominantemente masculino, machista e branco. Em contraposição, as mulheres negras tiveram uma atuação política muito mais intensa nos movimentos populares, cuja participação é absolutamente majoritária nos movimentos comunitários dos bairros da periferia, vilas e favelas da cidade.

"O meu sonho era ser assistente social ou professora. Como eu fui criada sem pai e sem mãe, não tive condições de estudar. O maior motivo da minha falta de oportunidade é que a família que me criou, que me trouxe da Bahia para Minas, era branca e eu era negra. Daí a dificuldade de estudar e de ser alguma coisa na vida. Esse casal nunca teve filho, não sabia o que era o amor de filho, eles não importavam se uma negra tinha de estudar, se tinha que aprender alguma coisa, ou se tinha que ser alguma coisa na vida. Eles me ensinaram apenas a ser cozinheira, lavadeira, passadeira. E eu realizei meu sonho trabalhando como líder comunitária na minha comunidade.

Eu faço meu trabalho como se eu fosse realmente uma assistente social, ajudando e aconselhando as pessoas, procurando ajudar

---

[247] CARNEIRO, Sueli. Reunião Nacional de Mulheres Negras. Belo Horizonte: Relatório Final. Op. Cit. p.9 -10.

as famílias, os filhos, os sem-casa, as crianças carentes. Qualquer problema da comunidade que estiver ao meu alcance, eu procuro ajudar.

Eu tive um sonho uma vez de ser bailarina, mas minha família tinha preconceito. Quem dançava, quem desfilava no carnaval era prostituta, e eu nunca pude ser bailarina. Mas eu realizei o meu sonho através da minha filha, que hoje é uma bailarina profissional. Depois de casada, filhos criados, realizei o sonho, desfilei numa escola de samba no carnaval, o Afoxé e a Escola de Samba Unidos do Vera Cruz."[248]

Vale ressaltar, também, os debates e as lutas encaminhadas pelas mulheres neste processo, em especial a campanha "Não matem nossas crianças", organizada pelo Centro de Articulação de Populações Marginalizadas – CEAP/RJ e em Belo Horizonte, pelo Coletivo de Mulheres Negras; a Campanha Nacional pela Paternidade Responsável, articulada pela Coordenação Nacional das Entidades Negras – CONEN e em Belo Horizonte, pelo Fórum das Entidades Negras e a Campanha Nacional Contra a Esterilização em Massa de Mulheres Negras, encaminhada em diversos estados pelo MNU, pelo Geledés – Instituto de Mulheres Negras de São Paulo e pelo CEAP/RJ e Criola/RJ, sob a coordenação da médica Jurema Werneck, entre outras; com o objetivo de denunciar a esterilização massiva de mulheres negras como processo de eugenia e controle populacional.

"Considero a convocação do Movimento Negro Unificado na CPI, uma vitória, porque essa questão da esterilização está completamente permeada pelo que vimos discutindo há anos, que é o problema do racismo. O nosso depoimento veio demonstrar o quanto esse controle da natalidade, como vem sendo conduzido no País, tem hoje um endereço certo, que é o povo negro.

Existem vários indicadores de que vivemos um processo mais ou menos camuflado de tentativa de extermínio do povo negro brasileiro.

O que mais marcou, fundamentalmente, os anos 80 e agora, 90, é o aumento da violência racial com a ação da polícia sobre os

---

[248] CORDEIRO, Valdete Silva. Depoimento. Belo Horizonte: Jornal África Gerais, n. 3. Op. Cit. p.9. (Valdete Silva Cordeiro é líder comunitária, presidente do Grupo de Pais e Educandos do CIAME – Centro de Integração e Atendimento ao Menor – Flamengo e Coordenadora do Grupo de terceira idade Meninas de Sinhá.

negros; como crescem os casos de pessoas negras que são mortas pela polícia com base em acusações que nunca são completamente evidenciadas. Existe hoje, no País, uma pena de morte à raça negra que é praticada por grupos de extermínio ligados à instituição policial, incluindo crianças e adolescentes de rua que são, majoritariamente, negros.

> Apesar da especificidade dessa CPI, abordamos a questão da raça negra de uma forma abrangente, para mostrar que todo esse quadro é complementado como o processo de esterilização que está atingindo mais brutalmente as mulheres negras. Na verdade, está endereçado a elas."[249]

Em Belo Horizonte, o N'zinga – Coletivo de Mulheres Negras – foi criado em 1986, cujo nome do grupo é uma homenagem à tradição africana das mulheres guerreiras que combateram os escravagistas e colonizadores europeus; ao registrar o exemplo da rainha N'zinga M'bandi de Angola, contemporânea de Zumbi dos Palmares e soberana competente no enfrentamento militar e político aos portugueses e holandeses. O N'zinga é uma organização feminista de mulheres negras que luta contra a opressão de gênero e a opressão racial/étnica.

> "Nós Mulheres Negras somos discriminadas no trabalho, onde ocupamos as profissões menos qualificadas e pior remuneradas. Constituímos o maior contigente de analfabetos e apresentamos o menor preparo profissional.
>
> As campanhas de esterilização, mascaradas sob o rótulo de controle da natalidade visam, impiedosamente, restringir o nascimento de crianças oriundas da população negra e pobre. Os traços que herdamos muito honrosamente de nossas antepassados sã considerados fora dos padrões estéticos de beleza em nosso país. Nossa imagem é distorcida pelos meios de comunicação de massa.
>
> Nós sabemos que nas escolas o modelo ideal é marcado pela superioridade do branco sobre o negro, e do homem sobre a mulher. Poderíamos dizer que a partir deste modelo nossas crianças e adolescentes negros são induzidos a acreditarem que ser homem e 'bem sucedido' constitui o bem supremo a ser atingido, por outro

---

[249] BAIRROS, Luíza. O negro vê o racismo no Brasil com clareza. Brasília: Correio Braziliense, 18, jul. 1992. (Entrevista da Coordenadora Nacional do MNU, por ocasião do seu Depoimento à Comissão Parlamentar de Inquérito da Esterilização de Mulheres da Câmara dos Deputados.)

lado, eles aprendem que ser mulher, negra e pobre consiste no pior dos males.

Ser mulher negra na sociedade brasileira significa, antes de tudo, viver diariamente a luta por cidadania e dignidade. Pelo fim do extermínio de crianças pobres e negras. Pelo direito ao acesso aos serviços públicos de saúde e educação. Pelo fim da esterilização em massa de mulheres negras."[250]

Atualmente o N'zinga – Coletivo de Mulheres Negras de Belo Horizonte – desenvolve trabalhos nas áreas de saúde e direitos reprodutivos, violência (gênero e racial) saúde, mercado de trabalho, educação e autoestima, integrados aos Programas de Combate ao Racismo, de Saúde da Mulher Negra e de Atenção à Violência de Gênero e Racial. Integrado pelas mulheres Benilda Regina Paiva de Brito, psicopedagoga; Ana Maria da Silva Soares, psicóloga; Andréa Patrícia Ferreira, pedagoga; Aparecida dos Reis Maria, historiadora; Carmen Jânia de Lima, artesã; Cleide de Hilda de Lima Souza, historiadora; Elzelina Doris dos Santos, contadora e cantora; Helena Aparecida Pena, historiadora e cantora; Patrícia Maria Souza Santana, pedagoga; Rita de Cássia Amorin, educadora social; Sônia Maria Lima, artesã e Valéria Regina Neves, técnica em contabilidade, o N'zinga atua em diversas frentes como na educação, mas, um dos focos principais da sua atuação incide sobre o combate à violência doméstica.

"Desde a época em que integrava o Grupo União e Consciência Negra, na década de 80, Benilda lida com a questão da violência doméstica contra a mulher negra. Ela diz que, quando se avaliam os índices de violação dos direitos humanos, descobre-se que gênero e raça estão intrinsecamente ligados. 'Acho complicado dizer, sobre a violência doméstica, que a mulher negra apanha mais, porque estaríamos supondo que o homem negro bate mais, já que a maioria das uniões registradas é entre indivíduos da mesma cor. Mas há fatores a serem considerados – o maior número de casos acontece entre as classes mais baixas, nas favelas, então entra a questão social vinculada à racial', diz.

Ela conta que, no período em que trabalhou no Benvinda, atendeu cerca de 8.000 mulheres vítimas de violência doméstica,

---

[250] COLETIVOS DE MULHERES NEGRAS. Ao longo dos séculos, as mulheres negras... Belo Horizonte: Panfleto, s/data, (mimeo).

sendo que deste total 635 são negras. O N'zinga tem dados referentes, inclusive, às categorias profissionais em que a incidência deste tipo de caso é maior. Os bancários lideram a lista, seguidos pelos motoristas de ônibus e policiais militares. Benilda considera que o numero de denúncias é muito alto e ressalta que ainda há muitas mulheres que se calam diante da violência que sofrem em casa. A preocupação com os índices alarmantes é que a levou a trabalhar especificamente com essa questão no N'zinga.

'A violência que incomoda mais – e que é a mais frequente – é a que acontece no ambiente doméstico, onde a vítima tem relação afetiva com o agressor. Por esse motivo, o nível de denúncias é menor. Como nós não somos polícia, as mulheres têm maior liberdade de nos procurar', diz."[251]

Para o Movimento Negro, as mulheres negras foram submetidas a um longo processo de opressão e marginalização sexual, racial, cultural e social. O Movimento Negro e o Movimento de Mulheres enfrentam o desafio de erradicar o racismo e o machismo da sociedade brasileira. No entanto, a luta destes movimentos não dão conta de, pelo menos, minimizar os efeitos devastadores da violência racial e de gênero que destrói a identidade da mulher negra.

"E foi em meio ao debate sobre a 'normatização da esterilização' que setores do movimento negro desencadearam o que se constitui até hoje a única ação de massas de caráter antirracista na área da saúde em nosso país, que foi a *Campanha contra a Esterilização em Massa de Mulheres* (1991) que, apesar dos méritos da denúncia visando sensibilizar a opinião e o poder público, aconteceu praticamente ao largo da luta pela saúde da mulher no Brasil e sem qualquer envolvimento mais orgânico com a busca de políticas públicas na área da saúde, ou seja, sem ligações efetivas com a luta em curso pela implantação do SUS e do PAISM.

Apesar disso, e alavancada pela contundência da denúncia (plano genocida contra a população negra brasileira) mobilizou o parlamento federal e alguns estaduais, que instalaram Comissões de Inquéritos, cujas contribuições práticas não foram além de fomentar o debate. (...) Isto é, a Campanha contra a Esterilização em Massa de Mulheres, embora tenha o mérito de despertar setores do movimen-

---

[251] BRITO, Benilda Regina Paiva de. Grupo combate violência contra mulher negra. Belo Horizonte: *O Tempo,* caderno Magazine, seção Blequitude, 18, out. 2000, p. 3. (Entrevista).

to negro para a importância estratégica da 'questão da saúde' para a luta antirracista, não conseguiu estabelecer uma parceria em âmbito nacional com os setores com tradição na luta popular pela saúde, assim como não tornou o assunto (o recorte racial/étnico na esterilização de mulheres no Brasil) uma bandeira de luta de profissionais da saúde e nem do movimento feminista. A ausência do 'quesito cor', ou a falta de preenchimento dele nos serviços de saúde com certeza constituiu um entrave para que o movimento negro pudesse comprovar as suas denúncias."[252]

Para mudar esta situação impôs-se necessária a organização política específica de mulheres negras, construindo uma articulação nacional de mulheres negras, constituída por entidades, grupos e diversas organizações de mulheres com o objetivo de combater o racismo, lutar por seus direitos específicos e apontar soluções para a construção plena e efetiva da cidadania da mulher negra. Para essa articulação política de mulheres negras, a valorização da mulher negra e o fortalecimento de sua identidade é compreendida como uma dinâmica que resulta da inter-relação política e ideológica das questões de gênero, raça e classe social.

> "E exprimindo a confluência entre machismo e racismo, é sobre os ombros da mulher negra que recaem os piores efeitos da dupla opressão sexo/raça. Tendo seu biótipo associado à inferioridade, em contraste com o padrão estético de beleza da mulher branca ; exercendo o papel de chefe de família submetida a toda sorte de estereótipos e violência física e simbólica; alvo preferencial das políticas de esterilização, a mulher negra está na base da pirâmide social em termos de ocupação e rendimento. A situação da mulher negra exige desenvolvimento de políticas públicas que enfrentem os resultados perversos da interseção raça e gênero (opressão entre os sexos)."[253]

---

[252] OLIVEIRA, Fátima. *Oficinas Mulher Negra e Saúde – Manual.* Belo Horizonte: Mazza Edições, 1998, p-46-47. Fátima de Oliveira é médica em Belo Horizonte e membro do Conselho Diretor da Rede Nacional Feminista de Saúde e Direitos Reprodutivos, da Sociedade Brasileira de Bioética e consultora técnica do Musa – Mulher e Saúde de Belo Horizonte.

[253] FORUM ZUMBI DOS PALMARES. Zumbi na Praça Sete pela igualdade e a vida. Belo Horizonte, panfleto de divulgação, out. 1995 (mimeo). O Fórum Zumbi é articulação das entidades do Movimento Negro de Belo Horizonte, formada por ocasião das atividades de mobilização das comemorações dos 300 anos de Zumbi dos Palmares.

A emergência do Movimento de Mulheres Negras, com fisionomia própria e de caráter nacional, que luta duplamente contra a opressão racial e de gênero, além de ampliar a atuação política do próprio Movimento de Mulheres Negras, concomitantemente, amplia, também, a agenda política do Movimento Negro, revelando novos aspectos da violência racial no Brasil.

> "Estamos diante de um novo contexto caracterizado pela redução populacional, fruto da esterilização massiva – aliado tanto à progressão da AIDS quanto pelo aumento dos processos de drogadização em nossa população –; as ameaças colocadas pelas biotecnologias, sobretudo no campo da engenharia genética, pelas possibilidades de novos instrumentos para a instauração de práticas eugênicas, que significam novos e alarmantes faces do genocídio, sobre os quais o Movimento Negro precisa atuar. A importância dessas questões para nós nos conduziu a uma perspectiva internacionalista de luta, a diversificação de nossas temáticas prioritárias, a parcerias e à ampliação da cooperação interétnica."[254]

Por fim, outra área de atuação política do Movimento Negro na cidade refere-se ao movimento sindical. Com a realização do I Encontro Estadual de Sindicalistas Negros no ano de 1986 na cidade de São Paulo, teve início uma articulação de dirigentes negros e ativistas sindicais no combate à discriminação racial em todo o País. A abertura de novas frentes de ação pelo Movimento Negro configurou uma extraordinária ampliação do horizonte da luta contra o racismo na sociedade brasileira com a adesão de novos atores sociais e o estabelecimento de um plataforma política que pensa a transformação da realidade como um processo alicerçado no dia-a-dia.

Para o Movimento Negro, o reconhecimento de que as desigualdades raciais constituem um problema estrutural da sociedade brasileira implicava a capacidade de organização e de pressão política e, especialmente, na capacidade de diálogo com os demais segmentos sociais, baseado nas práticas discriminatórias sofridas pelas trabalhadoras e trabalhadores negros e, particularmente, no silêncio histórico do movimento sindical frente às desigualdades sociorraciais.

---

[254] CARNEIRO, Sueli. *A perspectiva da mulher negra.* Belo Horizonte: Estado de Minas, caderno de opinião, 8, set. 1997.

"Na sociedade brasileira, os seus estratos dominantes (intelectuais orgânicos comprometidos com a manutenção da ordem econômica e política, da hierarquia agrária ou a cosmopolita) buscaram nas teorias racistas europeias e norte-americanas, de meados do século passado, as bases falsamente científicas, e claramente ideológicas para a formulação do pensamento racista vigente até os dias de hoje, sendo que as esquerdas e as chamadas forças progressistas nunca tiveram uma resposta organizada para esta questão.

E é equívoco aceitarmos a formulação política de caráter geral de partidos políticos e entidades civis (sindicatos e associações de moradores, etc.) que trabalham no sentido da libertação dos oprimidos, pois o programa e estratégia de transformação da sociedade, levados sem a participação efetiva dos oprimidos, quase sempre resultam numa abstração... Não se trata aqui de louvar o basismo e afirmar que as massas são a verdade. Trata-se de destacar que a fragmentação real dos oprimidos, em termos de divisão social e racial do trabalho, da riqueza coletivamente produzida e de poder, cria particularidades, diferenciações qualitativas e quantitativas, cuja expressão e articulação podem resultar numa transposição para uma verdadeira unidade dos oprimidos.

Diante deste quadro é relevante que a luta contra a discriminação racial no trabalho seja efetiva pela Central Sindical. É importante a discussão da questão, sendo que mesmo entre as categorias onde a grande maioria é negra, a organização sindical 'a nível' de fato não existe. Assim, temos muitas vezes, o negro sindicalizado e portanto organizado junto a sua categoria, mas longe de conseguir dar uma diretriz ao seu 'problema negro', pois não consegue sensibilizar os dirigentes sindicais e as esquerdas para a questão da discriminação racial no trabalho."[255]

Em Belo Horizonte um grupo de militantes do Movimento Negro, em particular do MNU, sindicalistas e ativistas, destacando entre eles, José Dias Pereira, Wilson Queiroga e José Eustáquio de Brito, diretores do Sindicato dos Trabalhadores em Telecomunicações – SINTTEL/MG; Júlio César de Oliveira e Ludgero Clemente Faria, diretores do Sindicato

---

[255] CARDOSO, Marcos Antônio, OLIVEIRA, Júlio César et. Al. A Questão Racial e a CUT- Emenda ao III Congresso Estadual da Central Única dos Trabalhadores. Belo Horizonte. 25,26,27, ago. 1989. (mimeo). Assinaram ainda: Genilson Ribeiro Zeferino, Wilson Queiroga e Carlos Passos Martins.

dos Trabalhadores nos Correios – SINTECT; Genilson Ribeiro Zeferino do SENALBA/MG, Carlos Passos Martins, diretor do Sindicato de Trabalhadores em Hospitais, João Martinho e Patrícia Santana do Coletivo Anti-Racista do Sindicato dos Trabalhadores em Educação – SINDUTE, Denise de Paula Pacheco do Sindicato dos Trabalhadores na Saúde – SINDSAÚDE, João Antônio Mota do Sindicato dos Bancários; Marcos Antônio Cardoso e Rogéria Cássia dos Reis, ativistas sindicais; que a partir do encaminhamento de uma EMENDA – documento ao III CECUT – Encontro Estadual da Central Única dos Trabalhadores, realizado em agosto de 1989, desenvolveram um importante trabalho de conscientização e articulação política na base dos sindicatos onde atuavam, bem como estabeleceram o difícil e tenso diálogo entre o Movimento Negro e o movimento sindical, sobretudo no interior da central sindical, tendo como eixo a questão da discriminação racial no mundo do trabalho.

O certo é que este processo impulsionou a organização dos sindicalistas negros em Belo Horizonte, cuja atuação teve um papel fundamental na criação da Comissão Nacional de Luta Contra a Discriminação Racial da CUT. A Comissão realizou em Belo Horizonte, no período de 5 a 8 de agosto de 1993, o Seminário Nacional "O papel da CUT no Combate ao Racismo".

> "Os dirigentes sindicais presentes no seminário 'o papel da CUT no combate ao racismo' considerando o quadro de desigualdade racial que atinge a população negra no mercado de trabalho; considerando a violência física, material e simbólica que cotidianamente persegue o povo negro brasileiro, impingindo-lhe status de cidadãos de segunda classe e mesmo de população descartável; considerando que os trabalhadores e as trabalhadoras negras representam 45% da força de trabalho do país; considerando a omissão histórica da CUT que compreende o trabalhador como massa homogênea composta por homens brancos; considerando o papel estratégico do movimento negro na luta contra o racismo; considerando a morbidade e mortalidade profissionais, a esterilização em massa da mulher negra e o extermínio de crianças que configuram o genocídio sistemático do povo negro; considerando a necessidade de uma ação global que combata todas as formas de discriminação; considerando finalmente que não há futuro para a democracia no Brasil enquanto persistem as desigualdades raciais, manifestam a necessidade de a Central desenvolver e construir uma política nacional antirracista que incorpore a luta

contra as desigualdades raciais como parte indistinta da luta pela melhoria da qualidade de vida dos trabalhadores.

Tal política deve começar pela própria concepção da formação social brasileira, da história do trabalho no Brasil, da história da resistência dos trabalhadores negros, de forma a rever a concepção clássica de formação da Central, numa perspectiva plural e não etnocêntrica."[256]

Este manifesto revela uma vitória política importante do Movimento Negro, após 15 anos da retomada da luta política contra o racismo no Brasil. Nesse processo não faltaram duríssimos embates ideológicos, muitas brigas e discussões internas, conflitos silenciados e incompreensões. Apesar das dificuldades, importa destacar que um setor fundamental na trajetória histórica do movimento sindical contemporâneo – a Central Única dos Trabalhadores – a partir da organização dos sindicalistas negros assumia a luta antirracista e uma responsabilidade política com as questões colocadas pelo Movimento Negro, em especial, a luta contra a discriminação racial no mundo do trabalho.

"Neste sentido, o Seminário não colocou em questão um problema do negro, mas um problema da organização sindical, incapaz de refletir e incorporar as desvantagens decorrentes da discriminação racial que atinge pelo menos metade da força de trabalho do país.

É evidente que num país de altas taxas de desemprego, inflação e recessão econômica, a luta contra a discriminação racial não pode e nem deve estar desvinculada do debate global sobre as alternativas de desenvolvimento do país.

Justamente aqui reside o ponto de cruzamento entre a organização dos trabalhadores negros e brancos antirracistas e demais segmentos sociais: não há futuro para projetos de desenvolvimento sem a superação da exclusão e das práticas discriminatórias que atingem o povo negro brasileiro.

Deste modo, o desenvolvimento de programas de educação sindical antirracista, a difusão de informação, a construção de uma política sindical antirracista, a luta pela implementação da Convenção 111 da

---

[256] SEMINÁRIO NACIONAL O PAPEL DA CUT NO COMBATE AO RACISMO. Manifesto de Belo Horizonte. Belo Horizonte, 8, ago. 1993. Cf. Jornal da Comissão Nacional de Luta Contra a Discriminação Racial/CUT. São Paulo: Bangraf - Gráfica do Sindicato dos Bancários de São Paulo, 1993.

OIT – Organização Internacional do Trabalho –, pela regulamentação dos dispositivos constitucionais antidiscriminatórios e pelo aperfeiçoamento da legislação contra o racismo, constituem muito mais do que resoluções de um Seminário que se ocupou das desigualdades raciais no trabalho. Representam, sem sombra de dúvidas, exigências impostas pela realidade, sem as quais estará comprometida da legitimidade do movimento sindical e o futuro da luta pela promoção da cidadania."[257]

O seminário, primeiro na história do sindicalismo brasileiro, contou com a participação de 102 (cento e dois) dirigentes representando 40 (quarenta) entidades sindicais de 8 (oito) estados da Federação. O Seminário foi coordenado pela Comissão Nacional de Luta Contra a Discriminação Racial da CUT, pela Secretaria Nacional de Formação da CUT e assessorado pelo CEERT – Centro de Estudos das Relações de Trabalho e Desigualdades – organização não governamental vinculada ao Movimento Negro.

4. O SIGNIFICADO DO TRICENTENÁRIO DE ZUMBI DOS PALMARES EM BELO HORIZONTE

"retomar toda a história
de todos os fatos
contar todas as verdades
para todas as idades
do teu mito que
para sempre se refaz em
liberdade liberdade liberdade"[258]

(Jônatas Conceição da Silva)

As comemorações dos 300 anos da imortalidade de Zumbi dos Palmares pelo Movimento Negro em 1995 colocaram definitivamente a questão racial para o Brasil e os brasileiros. Ao ir para as ruas em toda a cidade , percebeu-se , mais uma vez, uma cidade lutando, quotidianamente,

---

[257] JORNAL DA COMISSÃO NACIONAL DE LUTA CONTRA A DISCRIMINAÇÃO RACIAL DA CUT. Editorial. São Paulo: Bangraf – Gráfica do Sindicato dos Bancários de São Paulo, ago., 1993.

[258] SILVA, Jônatas Conceição da. Miragem de Engenho. Salvador: IRDEB, 1984. p.34. (trecho do poema: " Zumbi é Senhor dos Caminhos").

por cidadania. E não se podia falar em cidadania sem colocar a situação da população negra brasileira.

Em Belo Horizonte, o diálogo amadurecido e pautado na construção política de relações democráticas entre o Movimento Negro e o movimento sindical resultou na articulação, organização e coordenação da participação representativa das entidades da comunidade negra, de diversos sindicatos e dos movimentos populares da cidade, em particular do Movimento dos Sem Casa, na **Marcha Zumbi dos Palmares Contra o Racismo, pela Cidadania e a Vida** realizada em 20 de novembro de 1995, marco das comemorações dos 300 anos da imortalidade de Zumbi dos Palmares.

> "Cerca de três mil pessoas saem de Minas para a marcha a Brasília
>
> Neste ano em que se comemora os 300 anos de Zumbi – símbolo da resistência do povo negro contra a escravidão, o preconceito e a opressão – o Movimento Negro Brasileiro organizou uma série de atividades que culminam com a Marcha a Brasília. Partindo de todos os estados brasileiros, a Marcha chega à capital do país no próximo dia 20 – data em que se comemora o tricentenário do herói. O objetivo é entregar a Fernando Henrique Cardoso um documento que fala sobre reforma agrária, a violência, racismo, a igualdade e a vida, apontando soluções para que o Estado possa resolver tais problemas. Vários artistas já confirmaram presença, entre eles, Milton Nascimento, Gilberto Gil, Cidade Negra, Olodum, Ilê Aiyê e Steve Wonder, que permanece em Brasília exclusivamente para participar da marcha. Durante todo o dia estarão acontecendo atos solenes com a presença de delegações estrangeiras dos Estados Unidos, África do Sul, entre outras. Cerca de três mil pessoas saem de Belo Horizonte neste domingo 19 com destino ao planalto central. A concentração acontece na Avenida dos Andradas, próximo à Câmara Municipal."[259]

As comemorações dos 300 anos da imortalidade de Zumbi dos Palmares ensejou também a articulação e execução de projetos institucionais referentes à importância do patrimônio cultural da população negra na cidade de Belo Horizonte e iniciando um novo,

---

[259] JORNAL DO SINDICATO DOS BANCÁRIOS DE BELO HORIZONTE E REGIÃO. Cerca de três mil pessoas saem de Minas para Marcha a Brasília. Belo Horizonte, n.º 333, 17, nov. 1995.

conflituoso e rico processo de relação política entre o Movimento Negro e o Poder Público Municipal. A vitória eleitoral da Frente Democrática e Popular e sua chegada à frente da Prefeitura Municipal de Belo Horizonte em 1993, permitiu que a partir do trabalho desenvolvido pelos militantes do Movimento Negro, mesmo que poucos e ainda nos escalões inferiores da hierarquia de poder da Administração Municipal, propiciasse o início da discussão de projetos em torno de políticas públicas voltadas para a população negra com vistas a produzir visibilidade para a comunidade negra e sensibilizar o poder público como parceiro na luta de combate ao racismo. Na administração do prefeito Patrus Ananias da Frente BH Popular (1993/1996):

> "O trabalho de identificar, documentar, proteger e promover o patrimônio cultural de Belo Horizonte não pode mais ignorar os marcos da resistência negra na cidade e assim a Irmandade do Rosário do Jatobá, no Barreiro, e o Ilê Wopo Olojukan, no Aarão Reis, estão protegidos por tombamento municipal desde 1995. A cidade conta hoje, também, com a escultura – Liberdade e Resistência – do artista negro Jorge dos Anjos, plantada no início da Av. Brasil, uma avenida cujo traçado termina na Liberdade (a Praça): um marco definitivo no tecido urbano da cidade. A comemoração – no sentido de trazer à memória – dos 300 anos da imortalidade de Zumbi dos Palmares inverteu prioridades e colocou em evidência a cultura em Belo Horizonte, em Minas Gerais e no Brasil."[260]

Além das ações referidas por Lídia Avelar em relação a memória e patrimônio, o projeto Tricentenário de Zumbi dos Palmares, talvez, um dos maiores projetos desenvolvidos pela Secretaria Municipal de Cultura voltado para a população negra naquela gestão, tanto no que se refere ao montante de recursos orçamentários quanto às atividades desenvolvidas. Com o objetivo de colocar em evidência a tal questão racial em Belo Horizonte, além das ações já citadas, foram também realizados, de maio a dezembro de 1995, cursos, debates, desfiles, exposições de artes plásticas e fotografia, mostras de cinema e vídeo, espetáculos de música, teatro, dança, oficinas, lançamento de livros e outra publicações, mobilizando mais de 150.000 pessoas, tanto nos palcos como na plateia. O Ciclo de Debates e o Curso "Minha Terra

[260] ESTANISLAU, Lídia Avelar. Afro-Horizonte. Belo Horizonte: Suplemento Literário. n.º 32, dez. 1997, edição especial, Secretaria de Estado da Cultura de Minas Gerais.

tem Palmares" colocou em evidência a presença e a contribuição da cultura negra em Belo Horizonte, em Minas e no mundo.

Outras atividades desenvolvidas pelas entidades do Movimento Negro de Belo Horizonte em parceria com o Projeto Tricentenário Zumbi dos Palmares foram o Seminário Internacional: O Afro-Brasileiro na Construção de uma Agenda Política para o ano 2000, organizado pela Casa Dandara e os seminários "Orixás: Um tributo a Zumbi", realizado pelo CENARAB – Centro Nacional de Africanidade e Resistência Afro-Brasileira e a "Mulher Negra em Questão", coordenado pelo GIEAB – Grupo Interdisciplinar de Estudos Afro-Brasilerios da UFMG. São exemplos dessa ações realizadas em parceria com o Poder Público.

O jornal Áfricas Gerais, veículo de comunicação e divulgação do Projeto, com uma tiragem de 25.000 exemplares (3 números) teve um papel importante na democratização das informações e de mobilização da cidade. A realização de inúmeras oficinas de instrumentos, adereços, indumentárias e alegorias, em várias regiões da cidade, viabilizaram levada de afoxé "300 Filhos de Zumbi" no dia 13 de maio e o cortejo do "Afro-Horizonte", por ocasião das comemorações da semana da consciência negra em novembro de 1995, foram eventos de grande mobilização e de intensa participação popular, percorreu as principais ruas do chamado centro histórico da cidade, anunciando a realização do I Festival Internacional da Arte Negra de Belo Horizonte, o FAN.

O Festival Internacional da Arte Negra – FAN, ocupou os principais palcos e praças da cidade estendendo-se pelas outras regiões. Na abertura do FAN, os tambores de Minas – com o cortejo dos Reis e Rainhas Congas de Belo Horizonte e várias cidades do interior receberam os tambores do mundo, num desfile que reuniu grupos e manifestações culturais da África, das Américas e da Europa, numa confraternização somente possível no âmbito de uma administração que de fato seja democrática e popular e dialogue com os movimentos sociais, norteados pela convicção de que em Belo Horizonte, ou em qualquer outro lugar deste país, sem a participação do movimento social negro, a construção da democracia será apenas um arremedo.

O projeto de criação do Centro de Referência da Cultura Negra – CRCN, uma das prioridades do Movimento Negro, definidas no período das comemorações dos 300 anos de Zumbi dos Palmares, sua estrutura e atribuições foram objeto de amplas discussões, mas não teve encaminhamento e nem uma definição política por parte do Poder Público. Com a criação e a extinção da Secretaria Municipal para Assuntos da Comunidade Negra, o projeto foi transformado na Fundação Centro de Referência da Cultura Negra – FCRCN, que continua a luta para implantar, em Belo Horizonte, um centro cultural voltado para a valorização e promoção da memória, do patrimônio, da arte e da cultura negra, com a compreensão de que a cultura negra, além de estratégica, é fundamental na luta contra o racismo e no processo de construção e exercício pleno da cidadania pela população negra de Belo Horizonte.

Em Belo Horizonte, homens e mulheres negras constituem cerca de 49% da população, ainda que insistam em dividi-los em uma longa escala cromática. Esta divisão ressente nas estatísticas oficiais que ainda classifica os negros(as) como pretos e pardos, desconsidera o termo negro(a) consagrado pelo pensamento social brasileiro para designá-los e produz a sensação de não existir, para usar uma expressão da historiadora negra Beatriz Nascimento, assassinada no Rio de Janeiro em 1994.

Para o Movimento Negro, a proteção do patrimônio cultural e ambiental na cidade está diretamente ligada à melhoria da qualidade de vida dos cidadãos, porque diz respeito à memória de ocupação do território, em sua dimensão material e simbólica. Essa memória social compreende as relações entre o passado, o presente e o futuro em um espaço coletivo, e a sua demanda é tão importante quanto qualquer outra atendida pelo serviço público. O patrimônio cultural da cidade está inserido na dinâmica urbana e protegê-lo é tanto uma competência do poder público quanto um dever da sociedade civil.

Até porque, os interesses se explicitam quotidianamente no conflito e é preciso destacar que o trabalho com memória e patrimônio cultural requer multidisciplinaridade e o abandono de certezas teóricas. Nesses tempos de globalização, continuamos a perseguir a construção da identidade e da cidadania, percebida como reterritorialização, um dos temas privilegiados da reflexão contemporânea em torno dos novos quilombos urbanos.

Ora, a cidadania refere-se apenas ao fato de que habitamos a cidade, ou gozamos dos direitos civis e políticos e, em consequência temos deveres a desempenhar na construção de uma cidade livre, igualitária e fraterna, como um dia o povo negro vivenciou nos quilombos? Já é tempo de os políticos e de todos aqueles que, efetivamente, querem combater o racismo, sentir que a nossa força cultural é também política e que poderiam, pelo menos, ao constatar o fato de que a representação política da comunidade negra nos parlamentos, no judiciário e nos executivos municipais, estaduais e federais, é quantitativamente insuficiente e qualitativamente inexpressiva, e assumir, de fato, um projeto social e coletivo, onde as temáticas do Movimento Negro possam desabrochar.

De fato, do ponto de vista de uma política pública na campo da memória e do patrimônio cultural em Belo Horizonte, não se pode mais desconsiderar o modo como a comunidade negra percebe, estrutura e usa o espaço urbano. A população negra está diretamente ligada à construção da cidadania no território. A noção de território compreende tanto o espaço particular, o corpo próprio, como o espaço coletivo da casa, do trabalho, da diversão e da devoção. Território é o espaço público da cidade, com suas ruas, praças, transporte coletivo e demais equipamentos urbanos como teatros, cinemas, bares, restaurantes, hotéis, casas de bailes, clubes, campos de futebol, hospitais, escolas, centros culturais, parques, áreas verdes, rios, lagos, matas, cachoeiras e lugares do sagrado. A ocupação do território pode se dar como espaço interativo ou segregativo para os diferentes povos, grupos e classes sociais em luta por seus direitos. Território é também o próprio corpo – espaço pessoal que acompanha todo e qualquer indivíduo, caracterizado pela capacidade de expandir-se e contrair-se conforme o contexto. E todos aqueles, cuja cor tornou-os socialmente invisíveis em Belo Horizonte, já experimentaram na pele o desconforto causado pela contração.

Mas, parafraseando Márcio Borges, "os sonhos do Movimento Negro não envelhecem nunca",[261] mesmo com as forças políticas a serviço do racismo, que impedem a efetivação de um projeto político democrático, amplo, multirracial, pluricultural, libertário que respeite a diferença e a luta da militância negra em Belo Horizonte, em Minas, no Brasil e no mundo.

[261] BORGES, Márcio. *Os sonhos não envelhecem nunca: histórias do Clube da Esquina*. São Paulo: Geração, 1996. (Apoio Cultural PBH).

CONSIDERAÇÕES FINAIS

> "No geral, o homem negro se transformou numa casca, numa sombra de homem, totalmente derrotado, afogado na própria miséria: um escravo, um boi que suporta o jugo da opressão com a timidez de um cordeiro. Por mais amarga que possa parecer, essa é a primeira verdade que temos de aceitar antes de poder iniciar qualquer programa destinado a mudar o *status quo*. Torna-se ainda mais necessário encarar a verdade como ela é se percebermos que o único veículo para a mudança são essas pessoas que perderam a personalidade. O primeiro passo, portanto, é fazer com que o negro se encontre a si mesmo, insuflar novamente a vida em sua casca vazia, infundir nele o orgulho e a dignidade. Lembrar-lhe de sua cumplicidade no crime de permitir que abusem dele, deixando assim que o mal imperasse em seu país natal. É exatamente isso que queremos dizer quando falamos em um processo de olhar para dentro. Essa é a definição de Consciência Negra."[262] *(Steve Biko)*

Ao longo dessa dissertação, procurei mostrar que o movimento social negro é uma presença viva na nossa história desde que as populações originárias do continente africano foram transplantadas para fundar o sistema colonial escravista no Brasil. Parti da premissa de que o Movimento Negro de hoje é, também, uma possibilidade de reconstituição da historicidade de uma simbologia africano-brasileira e representa uma continuidade das lutas travadas por homens e mulheres negras no passado, a cada passo reinventada, seguindo ritmo e determinações de tempo e lugar.

Nessa perspectiva, a resistência à escravidão, a experiência de luta dos quilombos, a constituição de irmandades e de territórios dedicados a manifestações do sagrado segundo as tradições de matriz africana, a imprensa negra, as expressões e manifestações culturais alternativas ao esmagamento, o protesto ativo das entidades e organizações da comunidade negra contra o racismo e a opressão; configuram-se como estratégias de resistência cultural e de afirmação política.

---

[262] BIKO, Steve. *Escrevo o que eu quero*. São Paulo: Editora Ática, 1990, p. 41.

Ao mesmo tempo, essas estratégias constituem expressões históricas consistentes de uma civilização afro-brasileira que serve de referências para aqueles que se assumem como descendentes das civilizações africanas e assim se identificam entre si e em face da sociedade abrangente, da qual participam como brasileiros e descendentes do continente africano, aqui genericamente denominadas de **"povo negro"**, que nos últimos cinco séculos dão singularidade ao modo de ser e viver dos brasileiros, às culturas brasileiras.

> "Nesse processo de *continuidades reelaboradas*, a grande maioria da população identifica-se, cria formas de pertencimento através de diferentes níveis de vinculação com as organizações étnicas, secularmente criadas e atualizadas na contemporaneidade de sua existência humana. Desse pertencimento, as pessoas, assim organizadas, retiram forças para o enfrentamento das formas que atualizam processos de exclusão, historicamente criados no bojo do sistema colonial-escravista, persistentes nas determinações do modelo capitalista de produção."[263]

Nesse sentido, o Movimento Negro de hoje, compreendido como um movimento social, constituído por uma diversidade de grupos étnicos, entidades, associações e organizações políticas, culturais e religiosas busca dinamizar as marcas dessa herança civilizatória que lhe dá referência com a luta permanente contra o racismo, melhorar as condições de vida da população negra em sociedade com autoestima e cidadania, em resposta aos processos de exclusão sociorracial no interior da sociedade brasileira.

Entretanto, só recentemente, especialmente no final dos anos de 1970, que a sociedade brasileira parece começar a demonstrar alguma sensibilidade em relação à justiça social e à gravidade da realidade social da população negra e a luta desencadeada pelo movimento social negro.

> "Podemos contabilizar um razoável acúmulo de erros e acertos, de avanços e recuos na luta antirracismo e seu principal precursor – o Movimento Negro (MN). Compreende-se por Movimento Negro aqui o conjunto de iniciativas de resistência e de produção cultural e

---

[263] SIQUEIRA. Maria de Lourdes. *Ancestralidade e Contemporaneidade de Organizações de Resistência Afro-Brasileira*. In: Gestão Contemporânea, Cidades Estratégicas e Organizações Locais. Rio de Janeiro: Fundação Getúlio Vargas, 1996.

de ação política explícita de combate ao racismo, que se manifesta em diferentes instâncias de atuação, com diferentes linguagens, por via de uma multiplicidade de organizações espalhadas pelo País.

Os anos oitenta introduziram novos ricos e componentes na perspectiva que a vanguarda militante surgida na década passada vislumbrou em termos de organização do MN. A multiplicidade de grupos e organizações negras se desenvolveu às margens dos domínios dos projetos que marcaram o final dos anos setenta, à época considerados mais avançados.

Com características de guerra de guerrilha, a luta antirracismo propagou-se meteoricamente por entre determinados setores da população negra. Músicos, atores, artistas plásticos, escolas de samba, grupos culturais, centros de estudo, organizações políticas, clubes recreativos de predominância negra, órgãos partidários, intelectuais e pesquisadores negros, terreiros de candomblé, grupos de afoxé, escritores negros, religiosos, grupos de jovens negros, sindicalistas, grupos de mulheres negras, organismos de assessoria ao movimento popular, imprensa negra, partidos políticos negros, parlamentares negros e outros atenderam ao apelo lançado nas escadarias do Teatro Municipal de São Paulo, naquele 7 de julho de 1978."[264]

Historicamente, vivemos um processo sistemático de desconstrução da identidade negra, que persiste por quase cinco séculos. Vivemos uma outra fase dos comportamentos sociais discriminatórios em relação à população negra brasileira. No período em que predominou a escravização, o preconceito era manifestado abertamente nas relações sociais, na literatura e nas expressões artísticas em geral. Após a abolição, permaneceu o conceito de raças superiores e inferiores. A seguir, a construção da ideologia do branqueamento e, sobretudo, a partir de Gilberto Freyre, com a construção do mito da democracia racial, atitudes abertamente racistas foram, progressivamente, perdendo a força, na medida em que a valorização do mestiço apresentava uma identificação maior com ideário de uma sociedade que se quer europeia, de uma nação que privilegia os traços fenótipos da população branca, procurando esvaziar o potencial político dos conflitos nas relações raciais. O certo é que:

---

[264] MOVIMENTO NEGRO UNIFICADO. I ENEN - Um passo à frente? Jornal do Movimento Negro Unificado, n.18, jan. fev. mar. 1991, p.6.

> "O discurso mistificador da democracia racial – contemporâneo do crescimento de um mercado de bens culturais e da afirmação de sua mais poderosa indústria – a televisão – embora tenha perdido a legitimidade social, passou a ser substituído por um silêncio contundente, que se traduz em indiferença pura e simples das classes e elites dominantes da sociedade brasileira e na omissão institucional."[265]

No entanto, a omissão institucional do Estado e esta nova atitude política de criar um campo de invisibilidade da discriminação racial é contraditória. Por um lado, não nega a existência do racismo, por outro, transfere para os próprios homens e mulheres negras a responsabilidade pela situação, e isenta o poder branco. E ao mesmo tempo, folcloriza as manifestações e expressões culturais africano-brasileiras com um manto de estereótipos, reatualziados do século anterior, que dá o contorno à política de invisibilidade e à perversidade do racismo.

Por outro ângulo de análise, é possível inferir em diversas passagens deste trabalho que, na história recente do Movimento Negro, a relação do Movimento com os partidos políticos, especialmente, com os partidos de esquerda, tem sido, no mínimo tensa e conflituosa. Com efeito, a ausência do debate politicamente qualificado e consistente de ambas as partes, ao lado de acusações simplistas de ambos os lados, colocam obstáculos para uma unidade sólida entre os setores oprimidos e explorados da sociedade brasileira.

> "O esforço iniciado pela vanguarda dos anos setenta, no sentido de contextualizar a questão racial na luta de classes, não foi o bastante para que os projetos de esquerda rompessem com a estreiteza e a precariedade de suas concepções e práticas políticas: o lugar da questão racial ainda é o lugar do Movimento Negro."[266]

Há um longo caminho a ser percorrido para que essa unidade política se concretize. Será necessário que os partidos políticos – tanto os de esquerda quanto os de direita – mudem a sua postura clássica na compreensão da questão racial e a sua relação com o

---

[265] ARAUJO, Joel Zito. Ondas brancas nas pupilas negras. São Paulo: Revista Teoria e Debate, n. 23, dez. jan. fev. 1994, p.40.

[266] MOVIMENTO NEGRO UNIFICADO. I ENEN - Um passo à frente? Jornal Nacional do Movimento Negro Unificado, n. 18, jan. fev. Mar. 1991, p.6.

Movimento Negro, por um lado, e que o Movimento Negro, em contraposição a esta postura, contribua, uma vez mais, com o processo de desarticular pedagogicamente a influência do mito da democracia racial no pensamento dos partidos políticos, em especial da esquerda brasileira.

Seguramente, mesmo com os avanços do Movimento Negro nas últimas décadas, a ideologia racial com sua propaganda da democracia racial permanece com um alto grau de legitimidade em nossa sociedade, pois está enraizada no consciente e no inconsciente das pessoas e, portanto, é até certo ponto compreensível que os partidos políticos não estejam imunes à influência poderosa do mito da democracia racial.

No entanto, convém ressaltar que os partidos políticos e os movimentos sociais possuem objetivos e formas de atuação muito diferentes. Tradicionalmente, os partidos se propõem a tomar o poder, assumindo a direção do Estado, a partir de um programa para toda a sociedade e os movimentos sociais, não. A força dos partidos políticos, *a priori*, estaria na coesão ideológica dos seus membros em torno da filiação a um programa. A força dos movimentos sociais estaria no seu caráter de massa porque filia os seus associados, independente da ideologia e posição política. No caso do Movimento Negro, a sua força estaria na união do conjunto dos homens e da mulheres negras.

O fato, porém, de que os movimentos sociais não são alternativas reais de poder, não definem uma estratégia política de conquista de poder e muito menos um programa geral de transformação da sociedade, porque estes elementos são próprios dos partidos políticos e impedem, nos movimentos sociais, a unidade política necessária para sustentar sua organização como organização de amplas massas e, portanto, são independentes do Estado e dos partidos políticos, não pode levar ao entendimento de que os movimentos sociais devam ser apolíticos.

Pelo contrário, o Movimento Negro posiciona-se politicamente e as suas organizações têm se colocado, enquanto entidade representativa da população negra, na luta política contra o racismo e contra a opressão e exploração das classes dominantes. Até porque a consolidação do processo democrático no Brasil, a radicalização da gestão democrática do poder, tem sido uma conquista das organizações da sociedade civil. Aliás, a democracia não pode ser pensada nem realizada sem a participação das diversas organizações do movimento social, embora as experiências recentes de gestão democrática do poder têm frustrado, pelo menos, as expectativas do movimento social negro.

No caso de Belo Horizonte, as experiências concretas das lutas da população negra confirmam o papel estratégico do Movimento

Negro, o seu crescimento e um grande avanço na luta contra o racismo e na sua capacidade de estabelecer o diálogo com a população, expressando sua posição, canalizando a potencialidade consciência negra e a revolta latente contra o racismo. Muito embora o que caracteriza uma gestão democrática do poder diga respeito ao diálogo entre o Governo e os setores organizados, o respeito e apoio do Governo aos movimentos sociais, na cidade de Belo Horizonte, a relação entre o Governo Municipal – considerado um governo de esquerda e eleito com o ideário de um programa democrático e popular – e o Movimento Negro não venha acontecendo. Até porque o mais complicado aspecto da existência do Movimento Negro está no fato de que, mesmo buscando garantir a sua autonomia, o Movimento Negro recusa, terminantemente, permanecer nas bordas do poder, na condição de mero coadjuvante no cenário das decisões políticas.

Por outro lado, a tarefa fundamental de um governo democrático é possibilitar realização de políticas públicas que garantam o vínculo entre o interesse público e o bem comum. O diálogo, o respeito, o apoio e a garantia de autonomia, através da participação democrática, apresentam-se como práticas políticas, em que se pode visualizar um modo ético de governar. Entretanto, a experiência recente de Belo Horizonte, onde o Poder Executivo Municipal criou uma secretaria municipal com a finalidade de produzir e executar políticas públicas voltadas para combater as desigualdades sociorraciais na cidade, foi vista por amplos setores do Movimento Negro no Brasil como um avanço político. O fato de dois anos e meio depois, o mesmo Poder Executivo Municipal implementar uma reforma administrativa e a despeito de desenvolver uma política universalista como justificativa da extinção do órgão recém-criado, além de demonstrar um enorme retrocesso político, revela um profundo desrespeito ao Movimento Negro e à história da população negra de Belo Horizonte.

> "Por seu turno, o Estado, historicamente cooptador, tenta remodular sua resposta à questão racial, aparentemente admitindo a existência do problema, mas mantendo intactas as estruturas que reproduzem as desigualdades.
>
> A celebração conflituosa do Centenário da Lei Áurea, que opôs o discurso oficial às massivas manifestações de protesto prontamente reprimidas como se verificou no Rio de Janeiro, ilustra a correlação de forças: o debate sobre o racismo está definitivamente legitimado na sociedade brasileira, o MN possui um potencial

respeitável, mas, na essência, as estruturas do racismo não foram tocadas, até porque o conjunto da população negra ainda se encontra fora do campo."[267]

De uma maneira geral, embora o diálogo entre o Movimento Negro e o Estado seja pautado pela falta de apoio dos governos às propostas e projetos do Movimento Negro, a invisibilidade da população negra nos altos escalões dos governos democráticos e não democráticos denuncia a persistente exclusão dos homens e mulheres negras dos processos de decisão política. Tudo isso vem demonstrar que parece não haver saída para o Movimento Negro, mesmo que o Movimento consiga envolver o conjunto maior da população, os setores organizados da sociedade e suas instituições na luta contra o racismo.

> "O Brasil está inconcluso e se debate nesse estado há mais de um século, sem buscar extirpar a raiz que produz e mantém quase intocada nossa assimetria. Economistas de plantão, teóricos da política brasileira e homens da política real raramente reconhecem, como Joaquim Nabuco, que, ao não erradicar os efeitos do escravismo, o país fortaleceu o processo de exclusão social.
>
> Ora, o Brasil foi um dos países que mais cresceram neste século. No entanto, a despeito de uma riqueza inegável, persistimos na rabeira do ranking mundial de distribuição de renda. Eis por que se diz que aqui temos uma pobreza cristalizada, que resiste bravamente ao enriquecimento geral. A aridez no campo da cidadania não será invertida com políticas universalistas (tão ao gosto dos mais diferentes discursos), uma vez que, na 'terra brasilis' a subcidadania tem cor."[268]

O movimento negro contemporâneo sugere e quer discutir com a sociedade, com empresários, com o governo, com as lideranças políticas, educadores e profissionais da mídia, a importância de iniciar experiências de implementação de políticas especificas para a população negra. Para amplos setores do Movimento Negro de hoje, as políticas universalistas não superam as desigualdades raciais. Ao mesmo tempo em que há uma saturação das informações estatísticas

---

[267] MOVIMENTO NEGRO UNIFICADO. I ENEN - Um passo à frente? Jornal Nacional do Movimento Negro Unificado, n. 18, jan. fev. mar. 1991, p.6

[268] SANTOS, Hélio. Ação afirmativa, uma necessidade. São Paulo: Folha de São Paulo, 20, nov. 1997.

sobre as desigualdades sociorraciais, há um vazio em torno das políticas públicas que possam beneficiar amplos contigentes da população negra e pobre do País. Ou seja, o fato de tornar os negros e negras brasileiros numa realidade estatística das desigualdades raciais, não os torna numa realidade política real. Ou seja, a sociedade brasileira se recusa a enfrentar o problema do racismo, mas, em contrapartida, continua a festejar a cultura negra.

> "Essa lógica pode soar como impropérios para alguns, mas é corrente nos mais combativos movimentos negros do país. É preciso tratar problemas desiguais de modo desigual para haver uma verdadeira igualdade. A defesa dessa tese tem conquistado adeptos importantes como os presidentes do Instituto Brasileiro de Geografia Estatística (IBGE) , Sérgio Besserman, e do Instituto de Pesquisa Econômica Aplicada (Ipea), Roberto Martins. Os dois funcionários do governo recentemente defenderam na coluna da jornalista Míriam Leitão em 'O Globo' a adoção de políticas de discriminação ativa para facilitar o acesso dos negros à escola, às universidades, ao mercado de trabalho.
>
> Os institutos Ipea e IBGE produzem e analisam os indicadores que revelam a desigualdade socioeconômica que atinge as populações preta ou parda- que assim se declararam. No mês passado, o IBGE divulgou a pesquisa Síntese de Indicadores Sociais de 1998. Uma coordenadora do estudo, Moema Teixeira, afirma que não há novidades no trabalho que acontece, anualmente, há 13 anos. Os resultados indicam que as diferenças existentes nas áreas de educação, mercado de trabalho e apropriação de renda passam pela cor e raça da pessoa. O que pode ser considerado novo, é a repercussão ampliada dessa realidade imutável."[269]

O Movimento Negro, todavia, não adota concepções vanguardistas que subestimam o papel das lutas reivindicatórias e da luta no campo institucional. Além de ser um instrumento da luta da população negra contra o racismo e por melhores condições de vida dentro da estrutura da sociedade capitalista, o Movimento Negro, quando consegue realizar amplas mobilizações ou participar delas, constitui-se como uma escola de formação da consciência antirracismo, da consciência negra e, portanto, continua a reafirmar a sua mais completa autonomia e independência com relação aos partidos políticos e ao Estado.

---

[269] Uma síntese da desigualdade. *O Tempo*, Belo Horizonte, caderno magazine, 21, jun., 2000.

Enfim, para o Movimento Negro, **SER NEGRO** não é assumir apenas a cor da pele ou os traços físicos da descendência africana. Ser negro é assumir, também, a identidade racial e cultural. A consciência negra está ancorada na cultura e na história das lutas travadas por nossos ancestrais contra a escravidão, o racismo e a opressão. A consciência negra se traduz na atitude efetiva em assumir os quilombos de hoje, verdadeiros espaços de resistência e de construção da dignidade de ser negro e de afirmação política da população negra. A consciência negra é a possibilidade de fazer, coletivamente, um futuro de dignidade e liberdade, que fundado na ancestralidade e na cultura, é um eixo de conhecimento, de referência identitária e de energia vital, traduzida em dinâmica de resistência, de desconstrução e reconstrução.

Para o Movimento Negro o reconhecimento histórico não é apenas uma forma de valorizar a participação negra na construção da democracia no Brasil, mas, sobretudo, tem uma meta fundamental para ser atingida: adubar o árido terreno da cidadania brasileira e mostrar que a luta contra o racismo deve ser incorporada por todos aqueles que buscam um mundo mais plural e eticamente múltiplo e onde as organizações negras inscrevem-se no âmbito dos movimentos sociais que se insurgem como novos atores comprometidos com o desenvolvimento humano de modo coletivo.

Por fim, desenvolvi este trabalho com a intenção de ressaltar a dignidade política do Movimento Negro e torná-lo mais uma ferramenta nas lutas do povo negro pela sua autodeterminação e exercício em plenitude da cidadania. Não sei se consegui, mas, se a história tem se revelado para os homens e mulheres negras como crueldade, para a minha felicidade a felicidade do negro é uma felicidade guerreira.

REFERÊNCIAS BIBLIOGRÁFICAS

ADORNO, Theodor W. HORKHEIMER, Max. *A dialética do esclarecimento.* Rio de Janeiro: Jorge Zahar Editores, 1997.

AFRODIÁSPORA – Revista de estudos do mundo negro. Rio de Janeiro, IPEAFRO – Instituto de Pesquisas e Estudos Afro-Brasileiros, v. 6-7, 1985.

AGENTES DE PASTORAIS NEGROS – APNs. *Ouvi o clamor deste povo...*negro*!* Campanha da Fraternidade de 1988. 2. ed. Petrópolis: Vozes, 1987.

AGENTES DE PASTORAIS NEGROS – APNs. *Programação da semana da consciência negra.* Belo Horizonte: nov., 1996. (mimeo). Panfleto.

ALBERTO, Luiz. Marcha Nacional Zumbi dos Palmares contra o racismo, pela cidadania e a vida: Por uma política de combate ao racismo e a desigualdade racial. Brasília: Cultura Gráfica e Editora, 1996.

ALEIXO, Ricardo. *Contra a síndrome do marco zero.* Belo Horizonte: *O Tempo*,(Caderno magazine, seção blequitude, 04,jun,1997).

ALVES, Miriam. MNU. São Paulo: QUILOMBHOJE, Cadernos Negros, n. 9, 1986.

ANDRADE, Mário Edson F. *Do Quilombo à Fundação Cultural Palmares.* Brasília: Ministério da Cultura/Fundação Cultural Palmares, 1993. (Caderno n.1).

ANJOS, J.C. Gomes dos. *Mestiçagem como mito.* Jornal Nacional do Movimento Negro Unificado, n.º 21, jul/ago/set, 1992.

APPIAH, Kwame Anthony. *Na casa de meu pai*: a África na filosofia da Cultura. Rio de Janeiro: Contraponto, 1997.

ARAUJO, Emanoel. *A mão afro-brasileira: significado da contribuição artística e histórica.* São Paulo: Tenenge, 1988.

ARAUJO, Joel Zito. *Ondas brancas nas pupilas negras.* São Paulo: Revista Teoria e Debate, n. 23, dez. jan. fev. 1994.

ARENDT, Hannah. *Entre o passado e o futuro.* São Paulo: Perspectiva, 1997.

Ato político e show na Praça Sete comemoram Mandela livre. Belo Horizonte: Diário Oficial do Estado de Minas Gerais, 17, fev., 1990.

BACKZO, Bronislaw. *A imaginação social.* In: Enciclopédia Einaudi (Anthropos-Homem). Lisboa, Imprensa Nacional – Casa da Moeda, vol. 5, pp. 296-332.

BAIRROS, Luíza. *A esterilização de mulheres negras no Brasil.* Jornal Nacional do Movimento Negro Unificado, n.º 22, ago. set. out., 1993.

_____. *Entrevista.* Jornal Nacional do Movimento Negro Unificado, n. 20, out. nov. dez., 1991.

_____. *O negro vê o racismo no Brasil com clareza.* Brasília: *Correio Braziliense,* 18. Jul. 1992. (Entrevista, caderno M/Perfil).

_____. *Marcha Nacional Zumbi dos Palmares contra o racismo, pela cidadania e a vida: Por uma política de combate ao racismo e a desigualdade racial. Brasília*: Cultura Gráfica e Editora, 1996.

BAKHTIN, Mikhail. *A cultura popular na idade média e no renascimento: o contexto de François Rabelais.* 3. ed. São Paulo: Hucitec, 1996.

BARBOSA, Milton. *Reaja à violência racial.* Jornal Nacional do MNU, n.18, jan. fev. mar. 1991. (poema).

BARRETO, Abílio. *Bello Horizonte, Memória Histórica e Descritiva.* Belo Horizonte: Fundação João Pinheiro/Secretaria Municipal de Cultura de Belo Horizonte, 1995.

BASTOS, Elise Rugar. *A questão racial e a sociologia paulista.* São Paulo: SEADE, Revista São Paulo em perspectiva , vol. 5, n.1, 1991. (Ensaio).

BENJAMIN, Walter. *Magia e técnica, arte e política: ensaios sobre literatura e história da cultura.* 3. Ed. São Paulo: Brasiliense, 1987. (Obras escolhidas).

BENTO, Maria Aparecida da Silva. Cidadania em preto e branco: Discutindo as relações raciais. 2. ed. São Paulo: Editora Ática, 1999.

BERMAN, Marshall. *Tudo o que é sólido desmancha no ar: a aventura da modernidade.* São Paulo: Companhia das Letras, 1987.

BIKO, Steve. Escrevo o que eu quero. São Paulo: Editora Ática, 1990.

Bloco racista, nota destoante. A Tarde, Salvador, 12, Fev. 1975.

BORGES, Márcio. *Os sonhos não envelhecem nunca: histórias do Clube da Esquina.* São Paulo: Geração, 1996. (Apoio Cultural: Prefeitura de Belo Horizonte)

BRITO, Benilda Regina Paiva de. *Grupo combate violência contra mulher negra.* Belo Horizonte: *O tempo,* 18, out. 2000. (Caderno magazine, seção blequitude, entrevista)

CADERNOS ABONG – Associação Brasileira de Organizações Não Governamentais. *O racismo no Brasil: a democracia em questão.* São Paulo: caderno n. 23, nov. 1997.

CADERNOS CANDIDO MENDES – Estudos afro-asiáticos. *Resoluções do seminário para a criação do Parque Histórico Nacional (memorial Zumbi)* Rio de Janeiro: Centro de Estudos Afro-Asiáticos, n.5, 1981.

CADERNOS DO TERCEIRO MUNDO. *Brasil: Uma democracia racial?* Rio de Janeiro, n. 41, 1982.

CANDEIA & ISNARD. *Escola de samba, árvore que perdeu a raiz.* Rio de Janeiro: Editora Lidador/SEEC, 1978.

CARDOSO, Edson Lopes. *Bruxas, espíritos e outros bichos.* Belo Horizonte: Mazza Edições, 1992.

_____. *Marcha Nacional Zumbi dos Palmares contra o racismo, pela cidadania e a vida: Por uma política de combate ao racismo e a desigualdade racial.* Brasília: Cultura Gráfica e Editora, 1996.

CARDOSO, Hamilton Bernardes. *Jornal Versus,* São Paulo, n.º 23, jul/ago,1978.

_____. História recente – dez anos de movimento negro. São Paulo: Revista Teoria e Debate, n.2, mar. 1988.

CARDOSO, Marcos Antônio, SIQUEIRA, Maria de Lourdes. *Zumbi dos Palmares.* Belo Horizonte: Mazza Edições, 1995.

CARDOSO, Marcos Antônio. *A juventude negra não tem cara pintada.* Belo Horizonte: Panfleto de campanha eleitoral: A felicidade negra é guerreira, 1996, (mimeo).

CARDOSO, Marcos Antônio, OLIVEIRA, Júlio César et al. *A Questão Racial e a CUT.* Belo Horizonte: III Congresso Estadual da Central Única dos Trabalhadores, 25,26,27, ago. 1989. (mimeo).

CARNEIRO, Sueli. *A perspectiva da mulher negra.* Belo Horizonte: Estado de Minas, caderno de opinião 8, set, 1997.

_____. *Marcha Nacional Zumbi dos Palmares contra o racismo, pela cidadania e a vida: Por uma política de combate ao racismo e a desigualdade racial.* Brasília: Cultura Gráfica e Editora, 1996.

_____. *Reunião Nacional de Mulheres Negras.* Belo Horizonte: Comissão Organizadora de Belo Horizonte, Relatório Final, 20,2, set. 1997. (mimeo).

CASTRO, Maria Céres Pimenta Spínola. *Na tessitura da cena, a vida: Comunicação, sociabilidade e política. Belo Horizonte:* Editora UFMG, 1997.

CENTRO DE ESTUDOS DAS RELAÇÕES DE TRABALHO E DESIGUALDADES – CEERT. *Relações raciais no trabalho e sindicalismo.* São Paulo: 1992, (mimeo).

CENTRO DE DEFESA DO NEGRO DO PARÁ – CEDENPA. *Raça Negra: A luta pela liberdade.* Belém, s/data, (mimeo).

CENTRO NACIONAL DA AFRICANIDADE E RESISTÊNCIA AFRO-BRASILEIRA – CENARAB. *Ago Nile.* Belo Horizonte: Boletim, s/data. (mimeo).

CERTAU, Michel de. *A escrita da história*. Rio de Janeiro: Forense Universitária, 1982.

CHAUI, Marilena. *Cultura e democracia: O discurso competente e outras falas*. São Paulo, Editora Moderna, 1980.

_____. *Brasil: Mito fundador e sociedade autoritária*. São Paulo: Editora Perseu Abramo, 2000.

CHIAVENATO, Júlio José. *O negro no Brasil: da senzala à Guerra do Paraguai*. 2. Ed. São Paulo: Livraria Brasiliense Editora, 1980,

COLETIVO DE MULHERES NEGRAS. *Ao longo dos séculos, as mulheres negras...* Belo Horizonte: panfleto, s/data, (mimeo).

COMISSÃO NACIONAL DE LUTA CONTRA A DISCRIMINAÇÃO RACIAL – CUT. *Editorial*. São Paulo: Jornal da Comissão Nacional de Luta contra a Discriminação Racial da CUT. Bangraf – Gráfica do Sindicato dos Bancários, 1993.

COORDENAÇÃO NACIONAL DE ENTIDADES NEGRAS – CONEN. *I Encontro Nacional de Entidades Negras*. Relatório de avaliação política. (mimeo)

CORDEIRO, Valdete Silva. *Depoimento*. Belo Horizonte: Jornal África Gerais, n.3, out. nov. Projeto Tricentenário de Zumbi dos Palmares/Secretaria Municipal de Cultura/PBH, 1995.

CUTI (Luiz Silva). *Tocaia*. São Paulo: Edição dos Autores, Cadernos negros, n. 3, jan. ago. 1980. (Poesia)

DIÁRIO OFICIAL DA UNIÃO. Brasília, 21, nov. 1995.

ESTANISLAU, Lídia Avelar. *Mulher e Cidadania*. Belo Horizonte: Coordenadoria de Direitos Humanos e Cidadania/PBH. 16, mar, 1994 (mimeo).

_____. *Afrohorizonte*. Belo Horizonte: Suplemento Literário, edição especial. Secretaria de Estado da Cultura, n. 32. dez, 1997.

FACULDADE DO SAMBA. Belo Horizonte: Boletim, 1995. (mimeo).

_____. Jornal, n.º 0, jul. 1995.

FANON, Frantz. *Pele Negra, Máscaras Brancas*. Rio de Janeiro: Fator, 1983

FOUCAULT, Michel. *História da Sexualidade: a vontade de saber*. 9. ed. Rio de Janeiro: Edições Graal, 1988.

_____. *Vigiar e Punir: o nascimento da prisão*. Petrópolis: Vozes, 1997.

FRANCISCO, Dalmir. *Negro, afirmação política e hegemonia burguesa no Brasil*. Belo Horizonte: Faculdade de Filosofia e Ciências Humanas/DCP/UFMG, Dissertação de Mestrado em Ciência Política, 1992, (mimeo).

_____. *Ancestralidade e política da sedução: a pluralidade étnico-cultural brasileira.* In: SANTOS, Juana Elbein. Democracia e Diversidade Humana: Desafio Contemporâneo. Salvador: Edições Secneb, 1992.

_____. *Movimento negro, cidadania e estado.* In: POMPEMAYER, M. Movimentos Sociais em Minas Gerais. Belo Horizonte: UFMG, 1987.

FERNANDES, Florestan. A integração do negro na sociedade de classes. 3.ed. São Paulo, Editora Ática, 1978. (v. I – II)

_____. *O 13 de maio.* São Paulo: Folha de São Paulo, Caderno de Opinião Tendências/Debates, 13, mai, 1988.

FORUM ZUMBI DOS PALMARES. *Zumbi na Praça Sete.* Belo Horizonte: Panfleto da programação dos 300 anos de Zumbi., out. 1995 (mimeo).

FREITAS, Décio. Palmares: *A Guerra dos Escravos.* Rio de Janeiro, Graal, 1978.

FREYRE, Gilberto. *Casa grande & senzala: formação da família brasileira sob o regime da economia patriarcal.* 35ª ed. Rio de Janeiro: Record, 1999.

GEERTZ, Clifford. *A interpretação das Culturas.* Rio de Janeiro: Livros Técnicos e Científicos Editora S.A, 1989.

GIACOMINI, Sônia Maria. *Mulher e escrava: uma introdução histórica ao estudo da mulher negra no Brasil.* Petrópolis: Vozes, 1988.

GOMES, Nilma Lino. *A mulher negra que vi de perto: o processo de construção da identidade racial de professoras negras.* Belo Horizonte: Mazza Edições, 1995.

GOMES, Núbia Pereira de Magalhães, PEREIRA, Edmilson de. *Negras raízes mineiras: os Arturos.* 2. ed. Belo Horizonte: Mazza Edições, 2000.

GONZALEZ, Lélia; HASENBALG, Carlos. *Lugar de negro.* Rio de Janeiro: Editora Marco Zero, 1982.

_____. *Por que Mulher Negra?* Jornal Nacional do Movimento Negro Unificado, n. 20, out.nov.dez. 1991.

GRUPO DE PRESIDIÁRIOS AFRO BRASILEIROS NETOS DE ZUMBI. *Carta ao Movimento Unificado Contra a Discriminação Racial.* São Paulo: Jornal *Versus*, n. 23, jul. ago. 1978.

GUIMARÃES, Carlos Magno. *Entrevista.* Belo Horizonte: Hoje em Dia, caderno de cultura, 11, set. 1995.

HALL, Peter. *Cidades do Amanhã – uma história intelectual o planejamento e do projeto urbano no século XX.* São Paulo: Perspectiva, 1995.

HALL, Stuart. *A identidade cultural na pós-modernidade.* 3. ed. Rio de Janeiro: DP&A editora, 1999.

HASENBALG, Carlos. *Discriminação e desigualdades raciais no Brasil.* Rio de Janeiro: Graal, 1979.

HOBSBAWM, Eric e RANGER, Terence. *A invenção das tradições.* Rio de Janeiro: Paz e Terra, 1984.

HOJE em DIA. *Negros querem planejar visita de Mandela a BH.* Belo Horizonte, 14, ago. 1990, p. 27.

IANNI, Octavio. *Escravidão e racismo.* São Paulo: Editora Hucitec, 1978.

INSTITUTO DA TRADIÇÃO E CULTURA AFRO-BRASILEIRA – INTECAB. *O que é o Intecab.* Belo Horizonte: Boletim de apresentação, 1, ago. 2000. (mimeo).

JORNAL *ÁFRICAS GERAIS.* Belo Horizonte: Projeto Tricentenário de Zumbi dos Palmares/Secretaria Municipal de Cultura/PBH, n. 1,2, 3, mai./nov. 1995.

JORNAL DO SINDICATO DOS BANCÁRIOS BH E REGIÃO. *Cerca de três mil pessoas saem de Minas para Marcha a Brasília.* Belo Horizonte, n.333, 17, nov. 1995.

JORNAL VERSUS. São Paulo: Seção afro-latino-américa, n.23, jul. ago., 1978.

KOSSOY, Boris, CARNEIRO, Maria Luiza Tucci. *O olhar europeu: o negro na iconografia do século XIX.* São Paulo: EDUSP, 1994

LE VEN, Michel Marie. *As classes sociais e o poder político na formação espacial de Belo Horizonte (1893-1914)* – Belo Horizonte: UFMG, mimeo,1977.(tese de Mestrado).

LEITE, Ilka Boaventura. *Antropologia da viagem: escravos e libertos em Minas Gerais no século XIX.* Belo Horizonte: Editora UFMG, 1996.

LEITE, José Correia, CUTI (org.). *E disse o velho militante José Correia Leite.* São Paulo: Secretaria Municipal de Cultura, 1992.

LOURENÇO, José Luiz (Conga). *Depoimento.* Belo Horizonte: Jornal Faculdade do Samba, n. zero, jul. 1995.

LUZ, Marco Aurélio. *Cultura negra e ideologia do recalque.* Salvador: Edições Secneb, 1994.

MARCHA NACIONAL ZUMBI DOS PALMARES, contra o Racismo, pela Cidadania e a Vida. *Por uma política de combate ao racismo e à desigualdade racial.* Brasília: Cultura Gráfica e Editora, 1996.

_____. *Manifesto Zumbi dos Palmares.* Jornal da Marcha Nacional. São Paulo, out. 1995.

MARTINS, Leda Maria. *Afrografias da Memória: O Reinado do Rosário do Jatobá.* Belo Horizonte: Mazza Edições, São Paulo: Perspectiva, 1997.

_____. A cena em sombras. São Paulo: Perspectiva, 1995.

MATTA, Roberto da. *Carnavais, Malandros e Heróis.* 2.ed. Rio de Janeiro: Zahar Editores, 1978.

Mito da democracia racial. Estado de Minas, Belo Horizonte, Caderno de Opinião, 21, mar,1997.

MOTA, João Antônio. *Marcha Nacional Zumbi dos Palmares contra o racismo, pela cidadania e a vida: Por uma política de combate ao racismo e a desigualdade racial.* Brasília: Cultura Gráfica e Editora, 1996.

MONTE-MÓR, Roberto Luís de Melo. Belo Horizonte: *A cidade planejada e a metrópole em construção.* In: Belo Horizonte: espaços e tempos de construção. Belo Horizonte: CEDEPLAR/PBH, 1994.

MOREIRA, Diva. *Casa Dandara: Projeto de cidadania do povo negro.* Belo Horizonte: Mazza Edições, 1987 (Cartilha)

_____. *Entrevista.* Belo Horizonte: *Hoje em Dia.* 21, out. 1988.

MOREIRA, Paulo Afonso. *Candomblé: culto milenar e resistência negra.* Belo Horizonte: Jornal do Sindicato dos Bancários, n.106, 18,nov. 1992. (Entrevista)

MOREL, Edmar. *A revolta da chibata.* Rio de Janeiro, Graal, 1979.

MOURA, Clóvis. As Injustiças de Clio: o negro na historiografia brasileira. Belo Horizonte: Oficina de Livros, 1990.

_____. *Brasil: as raízes do protesto negro.* São Paulo: Global editora, 1983.

_____. *Rebeliões da Senzala.* 3. Ed. São Paulo: LECH Livraria Editora de Ciências Humanas, 1981.

MOVIMENTO NEGRO DE BELO HORIZONTE. *Não deixe sua cor passar em branco. Responda com Bom Censo.* Belo Horizonte: Panfleto de divulgação da Campanha sobre o Censo. Entidades do Movimento Negro de Belo Horizonte: MNU, Casa Dandara, Grucon et all. Jul., 1990, (mimeo).

MOVIMENTO NEGRO DE BELO HORIZONTE. *MANDELA LIVRE: Ato Político-Cultural.* Belo Horizonte: Panfleto, 16, fev., 1990.

_____. *Justificativa das emendas populares do movimento negro de Belo Horizonte.* Belo Horizonte: Panfleto. MNU, Casa Dandara, APNs et al, 1989, (mimeo)

MOVIMENTO NEGRO UNIFICADO. *ENEN e daí?* São Paulo: Boletim Informativo, n. 3, jan, 1993.

_____. *Campanha Nacional "REAJA À VIOLÊNCIA RACIAL".* Rio de Janeiro, II Congresso Nacional Extraordinário, mar, 1991. (mimeo)

_____. *Carta aberta à população.* São Paulo, 1978. (mimeo).

_____. *Carta de princípios*, 1978. (mimeo).

_____. *Controle da natalidade e suas implicações na população negra*. In: 1978-1988: 10 anos de luta contra o racismo. São Paulo: Confraria do livro, 1988.

_____. *NÊGO*. Jornal Nacional do MNU, n. 14, abr., 1988.

_____. Jornal Nacional do MNU, n.18, jan. fev. mar. 1991.

_____. *Vinte anos do 20 de novembro*. Jornal Nacional do MNU, n. 20, set/out/ nov, 1991.

_____. *Jornal Nacional do MNU*, n. 21, jul/ago/set, 1992.

_____. *O papel do aparato policial do Estado no processo de dominação do negro*. São Paulo, 1978/1979. (mimeo).

_____. *Por uma autêntica democracia racial*. Belo Horizonte: III Congresso Nacional do Movimento Negro Unificado. Introdução ao Programa de Ação. In: 1978/ 1988 – 10 anos de luta contra o racismo. São Paulo, Confraria do livro, 1988.

_____. *Programa de Ação*. Belo Horizonte: III Congresso Nacional do Movimento Negro Unificado, 1982, (mimeo).

_____. *Programa de Ação*. Salvador: 1992, (mimeo).

_____. MNU – *MOVIMENTO NEGRO UNIFICADO: 1978-1988: 10 anos de luta contra o racismo*. São Paulo: Confraria do livro, 1988.

_____. *13 de maio: Dia da traição*. Manifesto à população. Belo Horizonte, 13,

_____. *Manifesto Nacional pelo Dia Nacional da Consciência Negra*. São Paulo, 1978. (mimeo)

_____. *III Congresso Nacional*. Belo Horizonte: Relatório, 1982, (mimeo)

_____. Revista do MNU, n. 3, mar. Abr., 1980.

_____. *Sexismo e Racismo*. Belo Horizonte: III Congresso Nacional do Movimento Negro Unificado, abr. 1982. In: 1978-1988 10 anos de luta contra o racismo. São Paulo: Confraria do Livro, 1988.

MUNANGA, Kabengele. *Rediscutindo a mestiçagem no Brasil: Identidade nacional versus identidade negra*. Petrópolis: Vozes,1999.

MUSEU DA IMAGEM E DO SOM. *João Cândido, o almirante negro*. Rio de Janeiro, Gryphus, 1999.

NABUCO, Joaquim. O Abolicionismo. Petrópolis: Vozes, 1977.

NASCIMENTO, Abdias. *O Quilombismo*. Petrópolis: Vozes, 1980.

_____. *Discurso*. Brasília: THOTH – Escriba dos Deuses – pensamento dos povos africanos e afrodescendentes, n. 1, jan/abr, Senado Federal, 1997.

NASCIMENTO, Beatriz Maria do. *O conceito de quilombo e a resistência cultural negra.* Rio de Janeiro: Afrodiáspora – Revista do mundo negro. Instituto de Pesquisas e Estudos Afro-Brasileiros – IPEAFRO, vols. 6-7, abr.dez.,1985.

_____. Rio de Janeiro: Jornal do Brasil, 13, mai, 1978.

NASCIMENTO, Elisa Larkin. SANKOFA: Matrizes Africanas da Cultura Brasileira. Rio de Janeiro: EdUERJ,1996. (v.1)

NEGROS querem planejar visita de Mandela. Belo Horizonte: *Hoje em Dia.* 14, ago. 1980.

OLIVEIRA, Fátima. *Oficinas Mulher Negra e Saúde.* Belo Horizonte: Mazza Edições, 1998. (Manual).

ORTIZ, Renato. *Cultura Brasileira e Identidade Nacional.* São Paulo, Brasiliense, 1994.

POSADA, Jorge. *Vem Mulher, Vem Sempre.* Belo Horizonte: Mazza Edições, 1993.

PRIMEIRO ENCONTRO DE MULHERES NEGRAS DE BELO HORIZONTE. *A discriminação da mulher negra et al.* Belo Horizonte: Grupo de Mulheres do Movimento Negro Unificado, s/data. (mimeo).

PRIMEIRO ENCONTRO NACIONAL DE MULHERES DO MOVIMENTO NEGRO UNIFICADO. Recife: *Relatório.* In: Jornal Nacional do Movimento Negro Unificado, n.20, out.nov.dez. 1991.

PRIMEIRO ENCONTRO NACIONAL DE ENTIDADES – I ENEN. *Projeto.* São Paulo, Coordenação Nacional, 14,17, nov. 1991. (mimeo).

_____. Avaliação Política. São Paulo: CONEN – Coordenação Nacional de Entidades Negras, Relatório. (mimeo).

REIS, João José. *Escravidão e invenção da liberdade.* São Paulo: Brasiliense/CNPQ, 1988.

REIS, José Carlos. *Mudança e continuidade na historiografia brasileira: Anos 1930: Gilberto Freyre: o re-elogio da colonização portuguesa.* Belo Horizonte: Faculdade de Filosofia e Ciências Humanas/UFMG, mimeo.

REVISTA DO PATRIMONIO E ARTÍSTICO NACIONAL. Rio de Janeiro, n.º 25, IPHAN, 1997.

_____. Rio de Janeiro, n.º 23, IPHAN, 1994.

REVISTA TIÇÃO. *Abolição lenta, gradual e relativa.* Porto Alegre: n.2, ago/79.

REUNIÃO NACIONAL DE MULHERES NEGRAS. *Relatório Final.* Belo Horizonte: Comissão Organizadora de Belo Horizonte, 20,21 set. 1997. (mimeo).

RIBEIRO, Darcy. *O povo brasileiro: a formação e o sentido do Brasil.* São Paulo: Companhia das Letras, 1997.

RICARDO, Maria Ilma. *Depoimento.* Belo Horizonte: Jornal África Gerais, n.3, out. nov. 1995. Projeto Tricentenário de Zumbi dos Palmares/Secretaria Municipal de Cultura/PBH.

RODRIGUES, Nina. *Os africanos no Brasil.* São Paulo: Cia Editora Nacional, 1935.

RODRIGUES, Maria Mazarello. *Ponte Nova, Paris, Belo Horizonte: uma mulher na rota da utopia.* Belo Horizonte: Jornal África Gerais, n.2, jul. ago. 1995. Projeto Tricentenário de Zumbi dos Palmares/Secretaria Municipal de Cultura/PBH.

ROSENBERG, Fúlvia, PINTO, Regina P. *Trajetórias escolares de estudantes brancos e negros.* Belo Horizonte: Seminário Educação e Discriminação de Negros. Ministério da Educação/Instituto de Recursos Humanos João Pinheiro/FAE, 1988.

RUDÉ, George. A multidão na História: Estudo dos movimentos populares na França e na Inglaterra. Rio de Janeiro, Campus, 1991.

SADER, Eder. *Quando novos personagens entram em cena: experiências e lutas dos trabalhadores da grande São Paulo/1970– 1980,* 2ª ed. São Paulo: Paz e Terra, 1988.

SANT'ANA, Antônio Olímpio. *Igreja, escravidão e racismo.* Rio de Janeiro: Revista Tempo e Presença – Publicação do CEDI – Centro Ecumênico de Documentação e Informação, n. 227, jan./fev., 1988.

SANT'ANA, Wania. *Novos paradigmas de análise e intervenção sobre as relações raciais.* São Paulo: Cadernos ABONG – Associação Brasileira de Organizações Não Governamentais, n. 23, 1997.

SANTOS, Boaventura de Souza. *Pela mão de Alice: social e o político na pós modernidade.* 3. ed. São Paulo: Editora Cortez, 1997.

SANTOS, Erisvaldo Pereira dos. *Religiosidade, identidade e educação: o processo de construção da subjetividade de adolescentes dos Arturos.* Belo Horizonte: Faculdade de Educação/UFMG, Dissertação de Mestrado, 1997. (mimeo).

SANTOS, Hélio. *Ação afirmativa, uma necessidade.* São Paulo: Folha de São Paulo, 20, nov. 1997.

SANTOS, Joel Rufino dos; BARBOZA, Wilson do Nascimento. *Atrás do muro da noite: (dinâmica das culturas afro-brasileiras).* Brasília: Ministério da Cultura/ Fundação Cultural Palmares, 1994.

_____. *Zumbi.* São Paulo: Editora Moderna, 1985.

SANTOS, Juana Elbein dos. (Org.) *Democracia e diversidade humana: desafio contemporâneo*. Salvador: SECNEB – Sociedade de Estudos da Cultura Negra no Brasil, 1992.

SANTOS, Milton. *Metamorfoses do Espaço Habitado*. 5. ed. São Paulo: Editora Hucitec, 1997.

SEGUNDO ENCONTRO DE NEGROS DAS REGIÕES SUL E SUDESTE. *Organizar e transformar: O brasil que o negro quer – relembrando Palmares*. Belo Horizonte: Boletim, 7,9, out. 1989. (mimeo).

SEMINÁRIO NACIONAL O PAPEL DA CUT NO COMBATE AO RACISMO. *Manifesto de Belo Horizonte*. Belo Horizonte: Jornal da Comissão Nacional de Luta Contra a Discriminação Racial, 08, ago. 1993.

SHWARCZ, Lilia Moritz. *O espetáculo das raças*. São Paulo: Companhia das Letras, 1995.

SILVA, Benedita da. *O mito da democracia racial*. Brasília: A questão racial no Brasil. Senado Federal, 1998. (mimeo).

SILVA, Hédio Júnior. *Anti-racismo: coletânea de leis brasileiras (Federais, Estaduais, Municipais)*. São Paulo: Editora Oliveira Mendes, 1998.

_____. *Democracia: a contribuição do negro*. Rio de Janeiro: Revista Tempo e Presença – CEDI – Centro Ecumênico de Documentação e Informação, n. 227, jan/fev.,1988.

_____. *Marcha Nacional Zumbi dos Palmares contra o racismo, pela cidadania e a vida: Por uma política de combate ao racismo e a desigualdade racial*. Brasília: Cultura Gráfica e Editora, 1996.

SILVA, Jônatas Conceição da. *Histórias de lutas negras: Memórias do surgimento do Movimento Negro na Bahia*. In: 1978-1988: 10 anos de luta contra o racismo. São Paulo: Confraria do livro, 1988.

_____. Miragem de Engenho. Salvador: IRDEB, 1984. (Poesia).

SILVA, Luiz Inácio Lula da. *A mistificação da democracia racial*. Folha de São Paulo, caderno de opinião Tendências/Debates, 16, fev., 1988.

SILVA, Regina Helena Alves da. São Paulo, a invenção da metrópole. São Paulo: Tese de Doutorado, FFLCH/USP, 1997

SILVEIRA, Oliveira. *Entrevista*. Salvador: Nêgo, Jornal Nacional do Movimento Negro Unificado, n.14, abr., 1988.

SINGER, Paul, BRANT, Vinícius Caldeira. *São Paulo: O povo em movimento*. 2. Ed. São Paulo/Petrópolis: Vozes/CEBRAP, 1980, 2. edição.

SIQUEIRA, Maria de Lourdes. *Ancestralidade e Contemporaneidade de Organizações de Resistência Afro-Brasileira*. Gestão Contemporânea, Cidades Estratégicas e Organizações locais. Rio de Janeiro: Fundação Getúlio Vargas, 1996.

SKIDMORE, Thomas E. *Preto no Branco: raça e nacionalidade no pensamento brasileiro*. Rio de Janeiro: Paz e Terra, 1976.

SODRÉ, Muniz. *A verdade seduzida: por um conceito de cultura no Brasil.* 2. ed. Rio de Janeiro: Livraria Francisco Alves, 1988.

_____. *O terreiro e a cidade: a forma social negro-brasileira*. Petrópolis: Vozes,1988

THOMPSON, Edward P. *A miséria da teoria ou um planetário de erros*. Rio de Janeiro: Zahar, 1978.

TINHORÃO. José Ramos. *Os negros no Brasil: Cantos, danças e folguedos*. São Paulo: Art Editora, 1988.

Uma síntese da desigualdade. Belo Horizonte, *O Tempo*, caderno magazine, 21,jun. 2000.

VENTURA, Adão. *A cor da pele*. Belo Horizonte: Edição do Autor, 1980. (Poesia).

VIANA, Oliveira. *Evolução do povo brasileiro*. São Paulo: Editora Nacional, 1933.

VILELA, Sônia Alcântara. *O que é o Intecab*? Belo Horizonte: Boletim, 1, ago. 2000. (mimeo)

WEBBER, Max. *Ciência e Política: duas vocações*. São Paulo: Editora Cultrix, 1999.

XAVIER, Arnaldo, SILVA, Nilza Iraci da. *Há um buraco negro entre a vida e a morte*. Rio de Janeiro: GELEDÉS – Instituto da Mulher Negra, SOWETO – Organização Negra, 1992.

Manifestação contra o racismo. Belo Horizonte, 1984.

Manifestação cultural negra. Belo Horizonte, 1993.

Inauguração do Monumento Liberdade e Resistência, *do artista Jorge dos Anjos Homenagem a Zumbi dos Palmares. Belo Horizonte, 1995.*

Congresso Nacional do Movimento Negro. Brasília, 1995.

Marcha Zumbi dos Palmares. Brasília, 1995.

Marcha Zumbi dos Palmares. Brasília, 1995.

Faixa do Movimento Negro Unificado. Marcha Zumbi dos Palmares. Brasília, 1995.

Ensaio do Afoxé 300 Filhos de Zumbi. *Belo Horizonte, 1995.*

Reunião com o Movimento Negro de Itabira. Itabira, 1997.

Seminário Racismo e Globalização. *Belo Horizonte, 1997.*

Reunião da Comissão Provisória do Conselho de Integração e Participação da Comunidade Negra de Minas Gerais. Belo Horizonte, 1997.

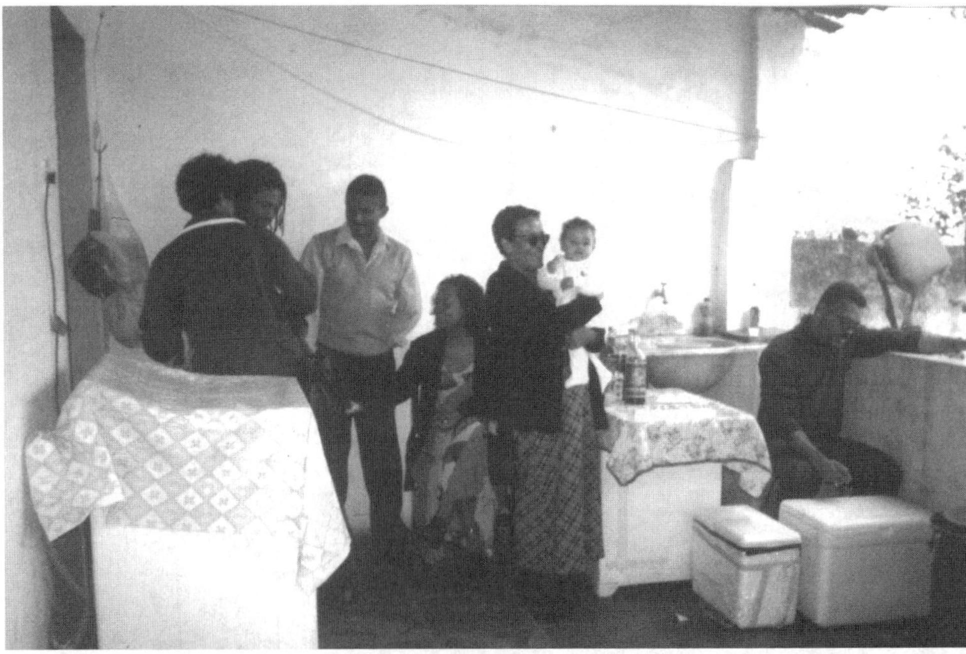

Reunião de confraternização. Belo Horizonte, 1997.

Festa do Rosário. Diamantina, 1997.

Este livro foi composto em tipologia Gatineau e
impresso em papel Offset 75 g/m² (miolo) e Cartão
250 g/m² (capa), em setembro de 2011.